Terézia Mora

Grimm-Poetikprofessur 3

Herausgegeben von
Stefanie Kreuzer

Terézia Mora

Kasseler Grimm-Poetikprofessorin 2021

Herausgegeben von
Stefanie Kreuzer

Königshausen & Neumann

Unter Mitarbeit von Caroline Frank

Bibliografische Information der Deutschen Nationalbibliothek

Die Deutsche Nationalbibliothek verzeichnet diese Publikation in der Deutschen Nationalbibliografie; detaillierte bibliografische Daten sind im Internet über http://dnb.d-nb.de abrufbar.

© Verlag Königshausen & Neumann GmbH, Würzburg 2022
Gedruckt auf säurefreiem, alterungsbeständigem Papier
Foto: Terézia Mora, 2019 | Antje Berghäuser
Covergestaltung: Stefanie Kreuzer, Markus Heinlein
Druckgraphiken: Doppelporträt von Jacob und Wilhelm Grimm
durch Ludwig Emil Grimm | Grimm-Sammlung der Stadt Kassel, Graph. 43-III[3
Alle Rechte vorbehalten
Dieses Werk, einschließlich aller seiner Teile, ist urheberrechtlich geschützt.
Jede Verwertung außerhalb der engen Grenzen des Urheberrechtsgesetzes ist
ohne Zustimmung des Verlages unzulässig und strafbar. Das gilt insbesondere
für Vervielfältigungen, Übersetzungen, Mikroverfilmungen und die Einspeicherung
und Verarbeitung in elektronischen Systemen.
Printed in Germany
ISBN 978-3-8260-7655-8
www.koenigshausen-neumann.de
www.ebook.de
www.buchhandel.de
www.buchkatalog.de

Inhalt

Vorwort zur Grimm-Poetikprofessur   7

Terézia Mora – eine (exemplarische) Einführung   13

I Terézia Mora als Kasseler Grimm-Poetikprofessorin 2021   23

Stefanie Kreuzer
Anmoderation der Poetikvorlesung Terézia Moras   25

Terézia Mora
Poetikvorlesung: Agoraphobiker auf Aussichtsplattformen   29

Stefanie Kreuzer
Webkonferenz mit Terézia Mora:
Laudatio, Preisverleihung, Film-Trailer   57

Stefanie Kreuzer
Anmerkungen zum Poetik-Seminar   71

Terézia Mora
Poetik-Seminar: ›Minutennovelle‹ als Schreibübung   73

Christoph Diehl, Sarah Engelhard, Nelli Fust, Vanessa Möller, Flora Saß, Svenja Schmidt, Antonin Steinke, Lea Vemino, Julia Wienczkewicz
Minutennovellen   75

Stefanie Kreuzer
Terézia Mora und/in
S*ie sagen immer Terézia Mora* (D 2021; R.: Thomas Henke)   101

Thomas Henke | Stefanie Kreuzer | Terézia Mora
Filmscript: S*ie sagen immer Terézia Mora* (D 2021)   125

II Literaturwissenschaftliche und literarische Kontexte zu Terézia Moras Texten — 149

Caroline Frank
Unter-, Nach- und Gegeneinander von Stimmen und Perspektiven
in Terézia Moras *Das Ungeheuer* – Roman und Hörbuch — 151

Karin Terborg
Pathologisierte Weiblichkeit und kaptialistische Wirtschaft:
Die fragile Frau in Terézia Moras Kopp-Roman-Trilogie — 169

Andreas Jungwirth | Terézia Mora
Fühl dich umarmt: Hörstück nach Briefen
(Februar 2020 bis Juli 2021) — 183

Anhang — 221

Zu Terézia Mora: Grimm-Poetikprofessorin 2021 — 223

Autorinnen und Autoren — 224

Vorwort zur Grimm-Poetikprofessur

Der vorliegende Band zu Terézia Mora ist der dritte im Rahmen der Publikationsreihe zur Kasseler Grimm-Poetikprofessur, welche die traditionsreiche Veranstaltungsreihe der Kasseler Grimm-Poetikprofessuren, seit Klaus Hoffer diese 2018 innehatte, kontinuierlich dokumentiert.[1] Die Publikations- wie auch die Veranstaltungsreihe wird von mir, der Reihen-/Herausgeberin dieses Buches, Stefanie Kreuzer, Professorin für »Neuere Deutsche Literaturwissenschaft / Medienwissenschaft« an der Universität Kassel, betreut bzw. organisiert.[2] Einen aktuellen Überblick über die vergangenen und zukünftig geplanten Veranstaltungen vermittelt die Homepage zur Grimm-Poetikprofessur der Universität Kassel.[3]

Die Grimm-Poetikprofessur ist eine Veranstaltung der Universität Kassel mit einer bereits Jahrzehnte langen Tradition. Diese geht auf die Anfänge der Hochschule zurück. Nach der Gründung der Gesamthochschule Kassel im Jahr 1971 wurde die Brüder-Grimm-Poetikprofessur bereits im Jahr 1985 von der Kasseler Hochschule eingeführt. Namensgeber für die Poetikprofessur sind die Brüder Jacob und Wilhelm Grimm, die in Kassel gelebt und gearbeitet haben. Seit dem Jahr

---

[1] Vgl. Stefanie Kreuzer (Hrsg.): Klaus Hoffer. Kasseler Grimm-Poetikprofessor 2018. Würzburg: Königshausen & Neumann 2020 (= Grimm-Poetikprofessur 1).
Vgl. Stefanie Kreuzer (Hrsg.): Felicitas Hoppe. Kasseler Grimm-Poetikprofessorin 2019. Unter Mitarbeit von Caroline Frank. Würzburg: Königshausen & Neumann 2020 (= Grimm-Poetikprofessur 2).

[2] Publikationen zu früheren Kasseler Grimm-Poetikprofessuren liegen vereinzelt und in unterschiedlichen Verlagen vor – so etwa zu Paul Maar (2015) und Sven Regener (2016). Vgl. Andreas Wicke u. Nicola Roßbach (Hrsg.): Paul Maar. Studien zum kinder- und jugendliterarischen Werk. Würzburg: Königshausen & Neumann 2017 (= Kinder- und Jugendliteratur Intermedial 5). Vgl. auch Stefan Greif, Nils Lehnert u. Anna-Carina Meywirth (Hrsg.): Sven Regener. München: edition text + kritik 2019 (= Text + Kritik. Zeitschrift für Literatur 224).

[3] Zu näheren Informationen zu Geschichte, Konzept sowie auch einer Übersicht aller Preisträger:innen vgl. die Homepage der Grimm-Poetikprofessur: www.uni-kassel.de/go/gpp.

2000 wird die Gastprofessur jährlich vergeben. Gestiftet ist sie von der Kasseler Sparkasse und aktuell mit 5.000 € dotiert.[4] Ursprünglich als zentrale Einrichtung der Reformhochschule Kassel initiiert, wurde die Poetikprofessur in den letzten Jahren vom Institut für Germanistik der Universität Kassel an herausragende Autor:innen, aber auch Dramatiker:innen und Regisseur:innen verliehen. Unter den Grimm-Poetikprofessor:innen der vergangenen Jahrzehnte finden sich Georg-Büchner-, Literatur-Nobel- und Oscar-Preisträger:innen. Es sind thematisch und stilistisch heterogen schreibende Literat:innen wie etwa Sarah Kirsch (1996), Herta Müller (1998), Christoph Hein (2002), Marlene Streeruwitz (2003), Rafik Schami (2010), Uwe Timm (2012), Sibylle Lewitscharoff (2013), Paul Maar (2015) oder Juli Zeh (2017).

Das Konzept der Poetikprofessur zeichnet sich zudem seit Beginn der Vorlesungsreihe durch einen weiten Autor- und Textbegriff sowie ein transmediales Poetikverständnis aus. Demzufolge finden sich unter den Preisträger:innen auch mediale Grenzgänger wie der Dramatiker Tankred Dorst (1986), der Regisseur Volker Schlöndorff (2011) sowie der Musiker, Schriftsteller und Drehbuchautor Sven Regener (2016).

Im Rahmen der Veranstaltungsreihe haben sich mittlerweile drei Veranstaltungsformate etabliert: (a) eine öffentliche *Antrittsvorlesung* zum Auftakt, (b) ein hochschulöffentliches *Poetik-Seminar* für Studierende der Universität Kassel sowie (c) eine öffentliche *Lesung* oder *Filmpräsentation* zum Abschluss der Gastprofessur. – Da Terézia Moras Grimm-Poetikprofessur 2021 zur Zeit der Corona-Pandemie stattgefunden hat, wurden die etablierten Veranstaltungsformen auf dem Campus der Universität Kassel durch synchrone und asynchrone digitale Veranstaltungsformate ersetzt.

Ad (a): So wurde Terézia Moras *Poetikvorlesung* – gerahmt von einer kursorischen An-/Abmoderation – als asynchroner Filmstream auf der Homepage der Grimm-Poetikprofessur dem interessierten Publikum zur Verfügung gestellt.[5] Drei Tage später erfolgte eine öffentliche Videokonferenz mit der Autorin. In diesem Rahmen fand die Preisverleihung statt und wurde ein Dialog des Publikums mit der Preisträgerin

---

[4] Seit 2019 wird die Grimm-Poetikprofessur zudem zusätzlich durch das Hotel Renthof gefördert, indem die Übernachtungskosten inklusive Frühstück der Preisträger:innen im Renthof übernommen werden. Vgl. die Homepage des Hotels unter www.renthof-kassel.de/.

[5] Vgl. die Website zu Terézia Moras Grimm-Poetikprofessur 2021 auf der offiziellen GPP-Homepage unter: www.uni-kassel.de/go/gpp-mora.

im virtuellen Raum ermöglicht. Überdies wurde im zweiten Teil der Online-Veranstaltung der Trailer zu dem filmisch experimentellen Autorinnenporträt SIE SAGEN IMMER TERÉZIA MORA (D 2021) erstmals öffentlich vorgeführt.[6]

Ad (b): Das *Poetik-Seminar* fand im Rahmen von zwei Online-Meetings mit Kasseler Studierenden statt.

Ad (c): Die Premiere des Films SIE SAGEN IMMER TERÉZIA MORA fand im Rahmen des 38. Kasseler Dokumentarfilm- und Videofests (kurz: ›DokFest‹)[7] 2021 statt und bildete den Abschluss von Moras Grimm-Poetikprofessur.[8] Der Film ist unter der Regie von Thomas Henke anlässlich der Gastprofessur entstanden und stellt den Auftakt zu einer *Begleitfilmreihe* dar, die gemeinsam mit dem Film- und Medienkünstler Thomas Henke, Professor für »Neue Medien: Medienpraxis und Medienwissenschaft« an der Fachhochschule Bielefeld, und mir als Organisatorin der Grimm-Poetikprofessur initiiert worden ist. Indem der Film auch viele Textausschnitte aus Moras zur Entstehungszeit des Films noch nicht erschienenem Tage- und Arbeitsbuch *Fleckenverlauf* (2021)[9] zitiert, stellt er in der Corona-Pandemiezeit zudem ein Äquivalent zu den bisher üblichen Autor:innen-Lesungen dar.

Im vorliegenden Band ist die Veranstaltungsreihe zur Grimm-Poetikprofessur 2021 mit Terézia Mora als Preisträgerin textlich dokumentiert und wird zudem durch einige Screenshots illustriert, die im Rahmen des Online-Meetings zur Kasseler Gastprofessur entstanden sind. Entsprechend dem Anspruch dieser Publikation, eine möglichst anschauliche Dokumentation der Veranstaltungsreihe zu leisten, sind Terézia Moras Antrittsvorlesung sowie die Einführung und Laudatio zum Online-Meeting im vorliegenden Band publiziert. Zum Poetik-Seminar gab es im Vorfeld einen ›Schreibauftrag‹ Moras zu sogenannten ›Minutennovellen‹. Dieser ist wie die daraus entstandenen Texte der Studierenden ebenfalls in diesem Band abgedruckt. Thematisch

---

[6] Vgl. die Homepage zum Film unter www.uni-kassel.de/go/gpp-morafilm.
[7] Vgl. die Homepage des Kasseler DokFests unter: www.kasselerdokfest.de.
[8] Neben dem öffentlich präsentierten Filmstream der Poetikvorlesung auf der GPP-Homepage sind auch die anderen GPP-Online-Veranstaltungen mit Terézia Mora filmisch dokumentiert und in dem aktuell von mir geleiteten »Film- und Medienarchiv« archiviert, das im Fachbereich 02 für »Geistes- und Kulturwissenschaften« angesiedelt ist. Im Rahmen von Studien- und Forschungszwecken können diese Filme im Film-/Medienarchiv angefragt und zur Verfügung gestellt werden (www.uni-kassel.de/go/filmarchiv).
[9] Vgl. Terézia Mora: Fleckenverlauf. Ein Tage- und Arbeitsbuch. München: Luchterhand 2021.

verbunden werden die verschiedenen Veranstaltungsteile zudem durch einige zusätzliche erläuternde Kommentare. Überdies gibt es einen Beitrag zum Film SIE SAGEN IMMER TERÉZIA MORA, und auch das mit Storyboard-Fotos illustrierte Filmscript gibt einen Einblick in die Filmentstehung. Den zweiten Teil des Bandes bilden literaturwissenschaftliche Beiträge zu Moras fiktionalen Texten von Caroline Frank und Karin Terborg sowie ein Hörstück nach Briefen von und zwischen Terézia Mora und dem befreundeten Schriftsteller Andreas Jungwirth.

Bei der Vorbereitung dieses dritten Bandes der Publikationsreihe zur Kasseler Grimm-Poetikprofessur habe ich mittlerweile bereits eingespielte Unterstützung erhalten. Ich danke in diesem Zusammenhang Daniel Seger, dem Programmleiter des Verlags Königshausen & Neumann, für seine kontinuierliche und nette Betreuung der Reihe. Dr. Markus Heinlein danke ich dafür, dass er mit mir gemeinsam die Gestaltung des Covers erarbeitet hat. An der Universität Kassel danke ich ganz besonders meiner Mitarbeiterin und Habilitandin Dr. Caroline Frank als vertrauter und dauerhafter Ansprechpartnerin rund um die Organisation der Grimm-Poetikprofessur-Veranstaltungen sowie für ihre wertvolle Mitarbeit beim Entstehen und Redigieren der Publikation. Schließlich möchte ich die Gelegenheit nutzen, allen Beiträger:innen für ihr Engagement und ihre Texte zu danken. Und last but not least danke ich selbstverständlich Terézia Mora, die zugleich titelgebender ›Gegenstand‹ und maßgebliche Akteurin respektive Autorin dieses Bandes ist. Ich freue mich überaus, dass ich sie trotz der Hochphase der Corona-Pandemie in diesem Kontext (digital) kennenlernen durfte!

Literatur

Greif, Stefan, Nils Lehnert u. Anna-Carina Meywirth (Hrsg.): Sven Regener. München: edition text + kritik 2019 (= Text + Kritik. Zeitschrift für Literatur 224).

Kreuzer, Stefanie (Hrsg.): Felicitas Hoppe. Kasseler Grimm-Poetikprofessorin 2019. Unter Mitarbeit von Caroline Frank. Würzburg: Königshausen & Neumann 2020 (= Grimm-Poetikprofessur 2).

——: Klaus Hoffer. Kasseler Grimm-Poetikprofessur 2018. Würzburg: Königshausen & Neumann 2020 (= Grimm-Poetikprofessur 1).

Mora, Terézia: Fleckenverlauf. Ein Tage- und Arbeitsbuch. München: Luchterhand 2021.

Wicke, Andreas u. Nicola Roßbach (Hrsg.): Paul Maar. Studien zum kinder- und jugendliterarischen Werk. Würzburg: Königshausen & Neumann 2017 (= Kinder- und Jugendliteratur Intermedial 5).

Film

SIE SAGEN IMMER TERÉZIA MORA (D 2021). Regie: Thomas Henke. Drehbuch: Thomas Henke, Terézia Mora u. Stefanie Kreuzer (mit Textauszügen aus Terézia Moras »Fleckenverlauf. Ein Tage- und Arbeitsbuch« (2021) sowie ihrem Roman »Auf dem Seil« (2019)). Kamera: Terézia Mora, Isabel Kriedemann, René Kriedemann, Stefanie Kreuzer. Interviews: Thomas Henke in Zusammenarbeit mit Stefanie Kreuzer. Montage: Peggy Henke. Endfertigung: Oliver Held (Heldfilm Köln). Redaktion: Stefanie Kreuzer. Cast: Terézia Mora, Karin Graf, Thomas Henke, Andreas Jungwirth, Stefanie Kreuzer, Katja Lange-Müller, Flora L. M. Saß, Klaus Siblewski. Produktion: HenkeMedien. Laufzeit: 79 Min.

Webpräsenz zur Kasseler Grimm-Poetikprofessur (GPP)

GPP-Begleitfilm SIE SAGEN IMMER TERÉZIA MORA (D 2021):
www.uni-kassel.de/go/gpp-morafilm

Grimm-Poetikprofessur (GPP) der Universität Kassel:
www.uni-kassel.de/go/gpp

Terézia Moras Grimm-Poetikprofessur 2021:
www.uni-kassel.de/go/gpp-mora

Homepages und Internetlinks

Film- und Medienarchiv der Universität Kassel:
www.uni-kassel.de/go/filmarchiv

Kasseler DokFest: www.kasselerdokfest.de

(Stefanie Kreuzer)

Terézia Mora
– eine (exemplarische) Einführung

Als Büchner-Preisträgerin 2018 ist Terézia Mora eine nicht nur im deutschen Sprachraum höchst geehrte, anerkannte und gewürdigte deutsche Gegenwartsautorin. Sie ist zugleich eine sprachlich experimentierende Autorin, die mitunter auch gängige Erzähltraditionen durchbricht – etwa wenn sie nicht konventionalisierte Formen der Bewusstseinsdarstellung wählt. Sie überrascht und irritiert die Leser:innen ihrer literarischen Texte oftmals durch viele Wechsel der Perspektiven und eine damit einhergehende Stimmenvielfalt. Beides hängt miteinander zusammen. Indem Stimmen und subtile Perspektivenwechsel nicht immer eindeutig zu identifizieren sind, evozieren sie rezeptionsästhetisch mitunter eine subtile Verunsicherung über die erzählten Welten. Zudem gehen die Perspektivenwechsel in Moras Texten häufig mit psychologisch eindrücklichen Figurendarstellungen einher, wobei ihre Protagonist:innen nicht selten auch eigentümlich, fremd, skurril, einsam oder solipsistisch anmuten.

In Moras Œuvre ist eine Vielzahl an ›Stimmen‹ auszumachen, die sich aus ganz unterschiedlichen Wahrnehmungsperspektiven mehr oder weniger direkt hören lassen, sei es in ihrem ersten Erzählband *Seltsame Materie* (1999),[1] ihrem ersten Roman *Alle Tage* (2004),[2] ihrer Romantrilogie um den IT-Spezialisten Darius Kopp – *Der einzige Mann auf dem Kontinent* (2009), *Das Ungeheuer* (2013) und *Auf dem Seil* (2019)[3] – oder in Moras zweitem Erzählband *Die Liebe unter Ali-*

---

[1] Vgl. Terézia Mora: Seltsame Materie. Erzählungen. Reinbek bei Hamburg: Rowohlt 1999.
[2] Vgl. Terézia Mora: Alle Tage [2004]. 9. Aufl. München: Luchterhand 2006.
[3] Vgl. Terézia Mora: Der einzige Mann auf dem Kontinent. Roman. München: Luchterhand 2009. Vgl. Terézia Mora: Das Ungeheuer. Roman. München: Luchterhand 2013. Vgl. Terézia Mora: Auf dem Seil. Roman. München: Luchterhand 2019.

ens (2016).[4] Für alle diese fiktionalen Texte sind eine heterogene ›Stimmenvielfalt‹ sowie schnelle Wechsel der Erzähl- und Wahrnehmungsperspektiven charakteristisch, die auch stilistisch den Geschichten in erzählerisch mitunter unkonventioneller Weise eingeschrieben sind.

Daniela Strigl hat in ihrer alphabetisch sortierten Laudatio auf Terézia Mora im Rahmen der Georg-Büchner-Preisverleihung am Ende unter »Z wie Zitatkunst« hymnisch konstatiert:

> Es braucht schon eine selbstbewußte Stimme, um so viele fremde Stimmen zu zitieren, zu amalgamieren, bauchrednerisch zu verschlucken. Mitunter auch ihnen den Vortritt zu lassen, ohne sich kleinzumachen. Es braucht die souveräne Bescheidenheit der Könnerin, die weiß, daß die Einzigartigkeit ihrer Kunst sich auch der Einzigartigkeit vieler Vorgänger verdankt. Seltsame Materie des kulturellen Erbes, das sich vermehrt, je mehr man davon zehrt.[5]

Wenngleich Strigl in ihrer Laudatio explizit die intertextuelle Dimension der Stimmenvielfalt in Moras Texten fokussiert, so ist das »[A]malgamieren« »viele[r] fremde[r] Stimmen« doch auch im Hinblick auf die Fülle an mitunter heterogenen und disparaten Erzähl- und Fokalisierungsinstanzen in Moras fiktionalen Texten als typisch für ihr Erzählen herauszustellen. Im Rahmen dieser Einführung sei diese These konkret an zwei exemplarischen Zitaten aus dem Roman *Das Ungeheuer* und der Erzählung *Verliefen sich im Wald* (2016) veranschaulicht.

In *Das Ungeheuer*, dem zweiten Band von Moras Kopp-Trilogie, erscheinen die zwei komplementären Sichtweisen der Figuren Darius Kopp und seiner Frau Flora ›räumlich‹ klar separiert, indem seine Geschichte auf den oberen drei Fünfteln der Buchseiten präsentiert wird und ihre Geschichte sich darunter auf den übrigen zwei Fünfteln diskontinuierlich einschreibt. So wie die beiden Perspektiven jedoch im konkreten Leseprozess nicht unabhängig voneinander rezipiert werden können und stattdessen entweder nacheinander oder im Wechsel miteinander gelesen werden müssen, wobei die Präsenz oder – im Falle Floras auch Absenz – der anderen ›Stimme‹ zwangsläufig mitrezipiert

---

[4] Vgl Terézia Mora: Die Liebe unter Aliens. Erzählungen. München: Luchterhand 2016.

[5] Daniela Strigl: Terézia Mora. Von der Unendlichkeit des Satzes. Ein Alphabet des Lobes für Terézia Mora. (2018). https://www.deutscheakademie.de/de/auszeichnungen/georg-buechner-preis/terezia-mora/laudatio (Zugriff: 22. Sept. 2021).

wird, so sind in Moras Roman oftmals auch unterschiedliche Wahrnehmungs- und Erzählperspektiven nicht klar voneinander zu unterscheiden. So ergibt sich die ›Stimmenvielfalt‹ indes nicht nur aufgrund unterschiedlicher Sprechinstanzen. Vielmehr sind in *Das Ungeheuer* – ebenso wie in anderen epischen Texten Moras – auch die Stimmen der jeweiligen Sprechenden oftmals heterogen. So hat Flora etwa in dialogischer Form eines Selbstgesprächs diaristisch notiert:

> Hör auf zu sagen, du wärst Übersetzerin. Einen Dreck bist du. Die korrekte Antwort lautet: ich jobbe als Kellnerin und Verkäuferin, ansonsten bin ich Hausfrau. Und offensichtlich ist mir das nicht fein genug. Snobistische Schlampe.[6]

Indem Flora sich selbst anspricht und maßregelt, kritisiert und beschimpft und ihr schriftliches Selbstgespräch dabei mal in Du-Anrede führt und mal »ich« sagt, sind unterschiedliche Formen der Bewusstseinsdarstellung ineinander verwoben. Die Protagonistin erscheint zugleich aggressiv, arrogant, selbstkritisch und devot. Und genau auf diese Weise entsteht – narrativ subtil angedeutet – ein ambivalentes Bild der Figur Floras, die mit ihren widerstreitenden Gefühlen kämpft. – Genau diese Multiperspektivität und Stimmenvielfalt sind charakteristisch für Terézia Moras fiktionales Erzählen.

Das zweite Textzitat für die Pluralität der Stimmen und Wahrnehmungsperspektiven stammt aus der Erzählsammlung *Die Liebe unter Aliens*. Die Erzählung *Verliefen sich im Wald* handelt von einem Treffen zweier erwachsener Halbgeschwister, einem 30-jährigen Bruder und einer 33-jährigen Schwester namens Peter und Petra.[7] Sie kennen sich nicht gut, haben einen gemeinsamen Vater, fühlen sich aber doch verbunden und versuchen in Kontakt miteinander zu bleiben. Die Darstellung ihrer Begegnung, die plötzlich durch einen spektakulären nächtlichen Autounfall gestört wird, zeichnet sich durch interessante und mitunter abrupte Fokalisierungswechsel aus, durch welche insbesondere Peter als komplexer und widersprüchlicher Charakter konturiert wird:

> Vielleicht ist mehr Stress das, was du brauchst, sagte sie neben ihm.
> Plötzlich wurde er wütend, dass ihm überall warm wurde. Er presste die Lippen aufeinander. Die Reste des fettigen Käses darauf. Ich bin rot ange-

---

[6] Terézia Mora: Das Ungeheuer. Roman. München: Luchterhand 2013. S. 592.
[7] Vgl. Terézia Mora: Verliefen sich im Wald. In: Dies.: Die Liebe unter Aliens. Erzählungen. München: Luchterhand 2016. S. 109–127. S. 126.

laufen, keine Frage. Mein roter Kopf über dem weißen Hemdkragen. 30 Jahre alt. Die Haare fangen schon an, mir auszugehen.
Sie ist nicht vollkommen unsensibel, sie wartete, bis er sich beruhigt hatte. Schaute hinaus auf den dunklen Wald, wartete die Zeit ab, dann erst fragte sie:
Was ist eigentlich dein Traum? Was würdest du am liebsten tun?
(Gar nichts. Der Sonne beim Auf- und Untergehen zusehen. Länger als für diese wenigen Minuten des Tages möchte ich gar nicht leben. Nicht essen müssen, nichts. Schlafen, wie ein Fabelwesen. Es schläft, es wacht auf, um die Sonne beim Auf- und Untergehen zu sehen, dann schläft es wieder. Immer so, auf ewig.)
Laut sagte er (und nur, um seine Wut nicht zu lange werden zu lassen, um weiter mit ihr reden zu können): eine Sandwicheria. So eine, wo wir eben waren. Gegrillte Sandwiches.[8]

An dieser Textpassage kann beispielhaft die besondere Weise aufgezeigt werden, wie Mora erzählt und Einblicke in das Innere ihrer Figuren gibt. Das äußerlich beobachtbare Geschehen an sich ist weitgehend unspektakulär. Es handelt sich um einen emotional etwas angespannten Dialog zwischen Halbgeschwistern über das alltägliche Leben, Stress und Lebensträume.

Der eigentliche ›Schauplatz‹ der Erzählung ist indes nicht das, was äußerlich sichtbar ist, sondern das, was im Figurenbewusstsein abläuft. Peters zunehmende Wut geht erzählerisch einher mit einem Wechsel von einer heterodiegetischen nicht-fokalisierten Erzählweise zu einem inneren Monolog, in dem Peter sich von innen und außen zugleich reflektiert und diese Überlegungen homodiegetisch mit interner Fokalisierung präsentiert werden. So wird Peter unvermittelt im Wechsel der Personalpronomina mal als »er« und mal als »ich« bezeichnet. Und in eine traditionelle Ich-Erzählsituation sind Momente einer physiologisch befremdlichen Außenperspektive auf Peter implementiert, wenn mal »[m]ein roter Kopf« und mal die »mir« ausgehenden Haare beschrieben werden. Unterschiedliche Formen der Bewusstseinsdarstellung treten irritierenderweise unvermittelt und direkt nacheinander auf. Und indem auch wörtliche Rede sowie Gedankenzitate grafisch nicht als solche gekennzeichnet sind, bestehen unterschiedliche Rede- und Bewusstseinsformen mitunter irritierend und übergangslos nebeneinander und ergibt sich gar eine Tendenz zur Verwischung derselben.

[»]Vielleicht ist mehr Stress das, was du brauchst[«], sagte sie neben ihm.

---

[8] Mora: Verliefen sich im Wald. S. 120 f.

Plötzlich wurde **er** wütend, dass ihm überall warm wurde. **Er** presste die Lippen aufeinander. Die Reste des fettigen Käses darauf. *[Ereignis- und Gefühlsbericht (null-fokalisiert)]* **Ich** bin rot angelaufen, keine Frage. **Mein** roter Kopf über dem weißen Hemdkragen. 30 Jahre alt. Die Haare fangen schon an, **mir** auszugehen. *[Gedankenzitat / <u>innerer Monolog</u> (intern fokalisiert, homodiegetisch)]* Sie ist nicht vollkommen unsensibel, sie wartete, bis **er** sich beruhigt hatte. Schaute hinaus auf den dunklen Wald, wartete die Zeit ab, dann erst fragte sie: *[Ereignisbericht (null-fokalisiert)]* [»]Was ist eigentlich dein Traum? Was würdest du am liebsten tun?[«] *[Direkte Rede (null-fokalisiert)]* <u>(Gar nichts. Der Sonne beim Auf- und Untergehen zusehen. Länger als für diese wenigen Minuten des Tages möchte ich gar nicht leben. Nicht essen müssen, nichts. Schlafen, wie ein Fabelwesen. Es schläft, es wacht auf, um die Sonne beim Auf- und Untergehen zu sehen, dann schläft es wieder. Immer so, auf ewig.)</u> *[<u>innerer Monolog</u> (intern fokalisiert)]* Laut sagte er (und nur, um seine Wut nicht zu lange werden zu lassen, um weiter mit ihr reden zu können *[Gefühlsbericht (null-fokalisiert)]*): [»]eine Sandwicheria. So eine, wo wir eben waren. Gegrillte Sandwiches.[«] *[Direkte Rede (null-fokalisiert)]*[9]

Im Gesamteindruck entsteht eine besondere atmosphärische Komplexität der Diegese als erzählter Welt. Die Widersprüchlichkeit von Gefühlen, die mitunter uneindeutige Motivierung von Handlungen, wie wir sie extrafiktional aus unserer Alltagswirklichkeit kennen, wird sprachlich kongenial in die Textwelt transformiert. So präsentiert der Text Peters vermutlich nur bedingt bewusste Gedanken und Gefühle sowie seine unterdrückte Wut im Wechsel mit Petras Aussagen und Fragen sowie einigen Situationsbeschreibungen. Letztere erscheinen überwiegend durch eine allwissende Erzählinstanz vermittelt, und es handelt sich weniger um Beobachtungen auf der Ebene der Sichtbarkeit, wie etwa bei Peters aufeinandergepressten fettigen Lippen. Insgesamt markant ist, dass alle Informationen in direkter Abfolge, ineinander verschränkt und – im Falle des ersten inneren Monologs – auch nicht durch typografische Marker hierarchisiert im direkten Nebeneinander präsentiert werden. Im zweiten inneren Monolog ist Peters Wahrnehmungsperspektive hingegen typografisch durch Klammern abgesetzt. Im Gegensatz dazu umschließt das zweite Klammerpaar in-

---

[9] Mora: Verliefen sich im Wald. S. 120 f. [Hervorh. SK]. Die wechselnden Personalpronomina sind zur Hervorhebung im Text gefettet. In eckigen Klammern sind die jeweils vorangegangenen Erzählweisen/-perspektiven und Bewusstseinsformen benannt. Die inneren Monologe sind durch Unterstreichung markiert.

des wohl eher eine nicht fokalisierte Erklärung der abstrakten Erzählinstanz, als dass an dieser Stelle auch Peters ›Stimme‹ durchscheinen würde. Insgesamt wird durch diese stilistisch und narrativ miteinander kompilierten Perspektiven erzählerisch der Eindruck von Gleichzeitigkeit erweckt und atmosphärisch eine Situation erzeugt, die mit einer besonderen Intensität die innere Bewegtheit und Erregung des Protagonisten spiegelt. Zugleich treten die Kontingenz und Fragilität des Geschehens hervor, die gar dafür sensibilisieren mögen, dass die Begegnung sowie das Leben des Geschwisterpaares auch anders hätten verlaufen können.

Anknüpfend an die in dieser exemplarischen Textarbeit aufgezeigten Simultaneität und zugleich Heterogenität der Erzähl- und Wahrnehmungsperspektiven in Terézia Moras fiktionalen Texten sowie der Stimmenvielfalt ihrer Texte, liegt im literaturwissenschaftlichen Teil dieses Bandes ein besonderer Fokus auf diesen erzählerischen Phänomenen und charakteristischen Schreibweisen Moras.

Im Rahmen von Terézia Moras Kasseler Grimm-Poetikprofessur 2021 gab es einen zusätzlichen produktionsästhetischen Schwerpunkt: So hat Terézia Mora in diesem Kontext sowohl der interessierten literarischen Öffentlichkeit als auch einer kleinen Gruppe Kasseler Studierenden poetologische Einblicke in ihre schriftstellerische Arbeits- und Denkweise eröffnet. Ihr Fokus lag dabei insbesondere auf dem sukzessiven und mitunter über Jahre andauernden Entstehen fiktionaler Texte, wobei sie sowohl ihre eigenen Texte als auch angeleitete Schreibübungen der Studierenden in den Blick genommen hat.

Der dritte Band der Grimm-Poetikprofessur-Reihe besteht entsprechend des Reihenkonzepts aus zwei Teilen: Im ersten Teil wird eine textliche und fotografische Dokumentation der digital abgehaltenen Kasseler Veranstaltungen sowie eine Vorstellung des experimentellen Autorinnenfilms präsentiert. Im zweiten Teil folgen literaturwissenschaftliche Beiträge sowie ergänzend ein literarischer Materialienzusatzteil.

Zu Beginn des ersten dokumentarischen Teils ist Terézia Moras ursprünglich digital als asynchroner Filmstream präsentierte *Poetikvorlesung* inklusive der rahmenden Moderation textlich dokumentiert. Mora reflektiert hier das schriftstellerische Entstehen ihrer fiktionalen Figuren aus diversen über Jahre gesammelten Beobachtungen. Am Beispiel der Figur des ›Marathonmann‹, des Protagonisten ihrer Erzählung *Fisch schwimmt, Vogel fliegt* aus *Die Liebe unter Aliens*,[10] reflektiert Mora ihr schriftstellerisches Schreiben auch als Ergebnis eines mehr oder weniger bewussten Rekurses auf assoziative und flüchtige Eindrücke ebenso wie denkwürdige Erlebnisse, singuläre Begegnungen, Anregungen durch Bekannte und Freunde sowie Textlektüren. Sie gibt auf diese Weise poetologisch retrospektiv einen kreativen Einblick in ihre Schreibwerkstatt.

In ihrem *Poetik-Seminar* hat Terézia Mora mit Kasseler Germanistik-Studierenden über das Schreiben fiktionaler Texte gesprochen und die Studierenden im Rahmen einer kreativen Schreibanregung angeleitet, kurze eigene Texte – und zwar sogenannte ›Minutennovellen‹ – zu verfassen. Von den Ergebnissen werden in diesem Band insgesamt neun ›Minutennovellen‹ von Kasseler Studierenden präsentiert.

Anstelle einer traditionellen *Lesung* ist mit und über Terézia Mora und unter der Regie von Thomas Henke der experimentelle Film SIE SAGEN IMMER TERÉZIA MORA (D 2021) entstanden. Dieser Film basiert konzeptionell auf einem Skript mit umfangreichen Zitaten, insbesondere aus Moras zur Zeit der Filmproduktion noch nicht erschienenem Tage- und Arbeitsbuch *Fleckenverlauf* (2021). Diese Zitate werden im Film überwiegend von Mora selbst gelesen und bieten gleichzeitig den Anlass zur Reflexion und Besprechung für Menschen, die Terézia Mora privat oder im Literaturbetrieb nahestehen. Im vorliegenden Band sind das Filmscript mit den Textpassagen aus *Fleckenverlauf* und auch (m)ein Beitrag zum Making-of aufgenommen.

Im zweiten Teil des vorliegenden Bandes werden ausgewählte Aspekte von Terézia Moras Texten in zwei literaturwissenschaftlichen Beiträgen reflektiert. Zudem ist ein Briefwechsel der Autorin mit dem befreundeten Schriftsteller Andreas Jungwirth als Hörstück bearbeitet angefügt, der sich auf die Zeit ihrer Grimm-Poetikprofessur während der Corona-Pandemie bezieht. Das Themenspektrum reicht damit von literaturwissenschaftlichen Text- und Hörbuchanalysen bis hin zu Auszügen aus einem ursprünglich privaten Briefwechsel.

Caroline Frank untersucht Terézia Moras Roman *Das Ungeheuer* (2013) im medienkomparatistischen Vergleich mit dem gleichnamigen Hörbuch im Hinblick auf deren je medienspezifische Vielstimmigkeit und Multiperspektivität. Dieser Vergleich ist insbesondere deshalb interessant und aufschlussreich, da der Roman bereits durch seine (ty-

---

[10] Vgl. Terézia Mora: Fisch schwimmt, Vogel fliegt. In: Dies.: Die Liebe unter Aliens. Erzählungen. München: Luchterhand 2016. S. 5–25.

po-)grafische Aufteilung der Seiten offensichtlich zwei Figurenperspektiven miteinander korreliert – Darius Kopps Perspektive oben und die Sichtweise seiner verstorbenen Frau Flora unten –, ohne dass eine definitive Leserichtung vorgegeben wäre.

Karin Terborg bezieht sich in ihrem Beitrag unter dem Fokus von Weiblichkeit und Wirtschaft auf die Frauenfigur ›Flora‹ aus Terézia Moras Kopp-Roman-Trilogie und stellt sie in die Tradition der Femme fragile. Flora wird als eine Neuinterpretation der leidenden ›fragilen Frau‹ gelesen, die einerseits selbst Depressionen durchlebt und Suizid begeht, der es andererseits aber auch zukommt, die kapitalistische Gesellschaftsordnung als krankhaft zu entlarven.

Andreas Jungwirth eröffnet gemeinsam mit *Terézia Mora* einen Einblick in ihre gemeinsame Korrespondenz als Schriftsteller:innen, die sie in Form einer anfangs postalischen und mittlerweile elektronischen Brieffreundschaft seit Beginn ihrer Laufbahn als freie Autor:innen pflegen. Auszüge aus ihrer Korrespondenz zwischen Februar 2020 bis Juli 2021 – und damit zur Zeit des Beginns der Corona-Pandemie bis zu Moras Grimm-Poetikprofessur – sind fragmentiert und rhythmisch miteinander montiert zu einem Hörstück verarbeitet.

Literatur

Mora, Terézia: Alle Tage [2004]. 9. Aufl. München: Luchterhand 2006.
——: Auf dem Seil. Roman. München: Luchterhand 2019.
——: Der einzige Mann auf dem Kontinent. Roman. München: Luchterhand 2009.
——: Fisch schwimmt, Vogel fliegt. In: Dies.: Die Liebe unter Aliens. Erzählungen. München: Luchterhand 2016. S. 5–25.
——: Die Liebe unter Aliens. Erzählungen. München: Luchterhand 2016.
——: Seltsame Materie. Erzählungen. Reinbek bei Hamburg: Rowohlt 1999.
——: Das Ungeheuer. Roman. München: Luchterhand 2013.
——: Verliefen sich im Wald. In: Dies.: Die Liebe unter Aliens. Erzählungen. München: Luchterhand 2016. S. 109–127.
Strigl, Daniela: Terézia Mora. Von der Unendlichkeit des Satzes. Ein Alphabet des Lobes für Terézia Mora. (2018). https://www.deutscheakademie.de/de/auszeichnungen/georg-buechner-preis/terezia-mora/laudatio (Zugriff: 22. Sept. 2021).

(Stefanie Kreuzer)

1 Terézia Mora als Kasseler Grimm-Poetikprofessorin 2021

Terézia Mora hatte im Sommersemester 2021 die Grimm-Poetikprofessur der Universität Kassel inne. Während der Corona-Pandemie-Zeit bedeutete dies, dass sämtliche Veranstaltungen mit ihr digital realisiert worden sind.

Die Poetikvorlesung ist am 7. Juni 2021 in Form eines asynchronen Filmstreams eingestellt worden. Zwei Tage später folgte ein öffentliches Publikumsgespräch mit Terézia Mora über ihre Poetikvorlesung. In diesem Rahmen wurde virtuell auch der Trailer zum experimentellen Film SIE SAGEN IMMER TERÉZIA MORA (D 2021) erstmals öffentlich vorgestellt. Das Poetik-Seminar mit den Kasseler Studierenden fand im Rahmen von zwei Online-Seminarsitzungen statt und hatte bereits eine Woche zuvor begonnen (Abb. 1).[1]

---

[1] Vgl. das Ankündigungsplakat zu Terézia Moras Grimm-Poetikprofessur. Die öffentliche Poetikvorlesung war als asynchroner Filmstream auf der Homepage der Universität Kassel eingestellt (www.uni-kassel.de/go/gpp-mora). Das öffentliche Publikumsgespräch sowie das Poetik-Seminar für die Kasseler Studierenden wurden als (Zoom-)Videokonferenzen realisiert.

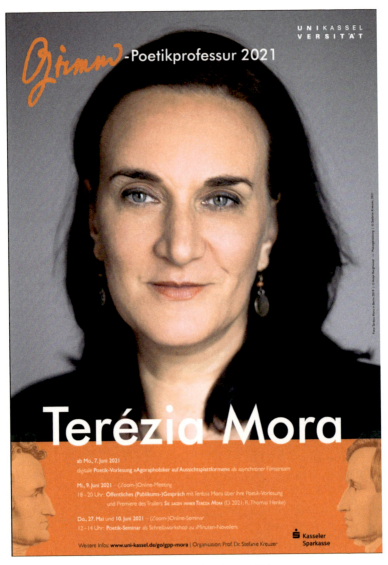

Abb. 1: Ankündigungsplakat zur Grimm-Poetikprofessur 2021
Plakatgestaltung: Stefanie Kreuzer, 2021 | Foto von Terézia Mora, Berlin 2019: Antje Berghäuser | Druckgraphiken: Grimm-Sammlung der Stadt Kassel, Graph. 43-III[3

Stefanie Kreuzer

Anmoderation der Poetikvorlesung Terézia Moras

Liebe Studierende,
liebe Kolleginnen und Kollegen,
liebe literarisch interessierte Öffentlichkeit,
sehr geehrte Vize-Präsidentin Prof. Dr. Ute Clement,
–
sehr geehrte Terézia Mora!

Abb. 1: Screenshot aus der von Stefanie Kreuzer anmoderierten Antrittsvorlesung von Terézia Mora (eingestellt am 7. Juni 2021) im Rahmen der erstmals digital präsentierten Grimm-Poetikprofessur der Universität Kassel (Keynote/Foto/Film: © Stefanie Kreuzer, Univ. Kassel)

Als Organisatorin der diesjährigen Kasseler Brüder-Grimm-Poetikprofessur 2021 mit Terézia Mora als Preisträgerin freue ich mich sehr, Sie im Rahmen dieser traditionsreichen Veranstaltungsreihe begrüßen zu dürfen! Mein Name ist Stefanie Kreuzer, und ich bin Professorin für Neuere deutsche Literaturwissenschaft und Medienwissenschaft an der Universität Kassel (Abb. 1).

Da aktuell aufgrund der seit dem vergangenen Jahr andauernden Corona-Pandemie kulturelle Großveranstaltungen in Präsenz leider nicht möglich sind, findet die Grimm-Poetikprofessur in diesem Jahr ausschließlich digital statt.

Bei der im Anschluss an meine Anmoderation – vom 7. Juni für mindestens zwei Wochen – asynchron präsentierten Poetikvorlesung Terézia Moras, die zugleich als Antrittsvorlesung zu verstehen ist, handelt es sich um den ersten Teil und Auftakt zu ihrer Gastprofessur.

Am Mittwoch, dem 9. Juni, sind Sie als literarisch interessierte Öffentlichkeit zumindest virtuell in Präsenz eingeladen, mit Terézia Mora in Dialog über ihre Antrittsvorlesung sowie auch andere poetologischen und literarischen Themen zu treten – und zwar im Rahmen einer (Zoom-)Videokonferenz zwischen 18 und 20 Uhr.[1]

In diesem Rahmen wird auch die Preisverleihung stattfinden, und für die zweite Hälfte der Veranstaltung ist eine digitale Podiumsdiskussion zum künstlerischen Experimentalfilm SIE SAGEN IMMER TERÉZIA MORA (D 2021) organisiert. Zwar ist die Filmpremiere (und somit der dritte Teil der Poetikprofessur) erst im Kontext des Rahmenprogramms des Kasseler Dokumentarfilm- und Videofests (kurz: DokFest) für November 2021 geplant. Den Trailer zu diesem Film, der unter der Regie von Thomas Henke im Kontext der neu initiierten Begleitfilmreihe zur Kasseler Grimm-Poetikprofessur entstanden ist, wird in diesem Online-Meeting indes erstmals öffentlich präsentiert. Neben Terézia Mora, dem Regisseur Thomas Henke sowie dem mit Mora befreundeten Schriftstellerkollegen Andreas Jungwirth, ihrem Lektor Klaus Siblewski und der Kasseler Studentin Flora Saß werde auch ich als Initiatorin anwesend sein.

Vorerst komme ich indes erst einmal zurück zu Terézia Moras Poetikvorlesung mit dem Titel »Agoraphobiker auf Aussichtsplattformen« und wünsche Ihnen nun eine spannende Filmsichtung.

---

[1] Der Zoom-Einwahllink zur Videokonferenz war auf der offiziellen Uni-Homepage zu Terézia Moras Poetikprofessur unter www.uni-kassel.de/go/gpp-mora hinterlegt.

– Terézia Moras Poetikvorlesung
»Agoraphobiker auf Aussichtsplattformen« –

[Im Rahmen des digitalen Filmformats, in dem Terézia Moras Poetikvorlesung präsentiert worden ist, folgte an dieser Stelle die von ihr selbst aufgezeichnete Antrittsvorlesung, die inklusive Moderation und Kommentierung als asynchroner Filmstream präsentiert wurde. Der Vorlesungstext ist im nachfolgenden Kapitel abgedruckt und damit in der Print-Reihenfolge des Buches diesem Kapitel nachgestellt.]

Nachbemerkung zu und Dank für Moras Poetikvorlesung

Das war nun also die autorpoetisch und produktionsästhetisch ausgesprochen spannende und textnah illustrierte Poetikvorlesung von Terézia Mora, mit der sie uns in essayistischer Form en passant quasi auch einen literarischen Kreativwerkstatt-Eindruck vermittelt hat. Zugleich ist ihre Poetikvorlesung als literarisch durchgeformtes, poetologisches Spiel mit einer Vielzahl nicht realisierter, doch durchaus möglicher Varianten und Alternativtexte zu ihrem literarischen Œuvre zu verstehen. – Liebe Terézia Mora, ich danke Ihnen an dieser Stelle bereits virtuell schon einmal ganz herzlich für diese beeindruckende Poetikvorlesung!

Ferner gehe ich davon aus, dass diese Vorlesung viele Anschlussmöglichkeiten für Gespräche und Diskussion zu bieten vermag. Wenn Sie also, liebe Zuschauerinnen und Zuschauer, nun Fragen haben, neugierig auf die Autorin Terézia Mora geworden sind oder – respektive: und – Ihr Interesse an den Grimm-Poetikprofessur-Veranstaltungen geweckt worden ist, dann sind Sie ganz herzlich für den kommenden Mittwoch, den 9. Juni, zum Online-Meeting mit Terézia Mora eingeladen, auf dass Sie sie live erleben und mit ihr in Dialog treten.

Wir freuen uns auf diese elektronische Begegnung!

Terézia Mora

Poetikvorlesung:
Agoraphobiker auf Aussichtsplattformen

Abb. 1: Terézia Mora während ihrer Poetikvorlesung (Keynote/Foto/Film: © Stefanie Kreuzer, Univ. Kassel, u. Terézia Mora)

Einleitung: Schreiben als ›Sesam öffne dich‹

Den Titel »Agoraphobiker auf Aussichtsplattformen« habe ich (Abb. 1) meinem Tage- und Arbeitsbuch *Fleckenverlauf* (2021)[1] entnommen, das dieses Jahr erscheinen wird, und zwar einem Eintrag, der im Zusammenhang mit der Arbeit an dem Roman *Auf dem Seil* entstanden ist. Genannter Roman ist der dritte Teil einer Trilogie um ei-

---

[1] Mittlerweile ist das Buch erschienen. Vgl. Terézia Mora: Fleckenverlauf. Ein Tage- und Arbeitsbuch. München: Luchterhand 2021.

nen Helden namens Darius Kopp und erschien 2019.[2] In Kapitel 10 – also etwa der Mitte – dieses Romans fährt Darius Kopp auf das Dach eines Hochhauses auf dem Potsdamer Platz in Berlin, auf dem es eine öffentliche Aussichtsplattform gibt, um sich nach einer Abwesenheit von drei Jahren wieder einen Überblick über seine Stadt zu verschaffen. Da er das tut, musste auch seine Autorin, also ich, auf diese Aussichtsplattform, und während ich das tat, mir also den gegebenen Ausschnitt der Stadt mit den Augen von Darius Kopp ansah, sah ich sie – ungeplant und durchaus auch etwas überraschend – gleichzeitig auch mit den Augen einer anderen (weiblichen) Hauptfigur, die ich zu schreiben noch gar nicht angefangen hatte. Sie würde erst die Heldin in dem von *Auf dem Seil* aus gesehen dritten zukünftigen Roman sein. Zum Vergleich: Während ist das sage, arbeite ich am ersten Roman nach *Auf dem Seil*. Eine der Besonderheiten der genannten zukünftigen Hauptfigur würde sein, dass sie vielleicht an Agoraphobie leiden würde und vielleicht nicht.

So stand ich also da und war zugleich:
- Darius Kopp in *Auf dem Seil*
- wie immer auf hohen Gebäuden: ich selbst auf den World Trade Center im Winter vor dem 11. September 2001
- der Protagonist in Zoltán Danyis Roman *Der Kadaverräumer* (ungar.: *A dögeltakarító*, Magvető, 2015),[3] den ich gerade übersetzte, der auf einem Turm an der kroatischen Adriaküste stand
- die genannte zukünftige Hauptfigur, die meinen Plänen nach, siehe oben, eventuell an Agoraphobie leiden und deswegen ihre Reisen ausschließlich im Zimmer machen würde; dieses Zimmer könnte sich aber in der obersten Etage eines Gebäudes befinden, womit es dann auch so eine Art Aussichtsplattform wäre, insbesondere, da man mithilfe einer Leiter auf das Dach des Gebäudes gelangen könnte; und eventuell hätte die Figur Angst unter Leute zu gehen, aber keine Angst, über Dächer zu spazieren, schließlich hat sie ja Agoraphobie (Platzangst) und nicht Akrophobie (Höhenangst)
- das wiederum rief mir den *Baron auf den Bäumen* (ital.: *Il barone rampante*, 1957) von Italo Calvino in Erinnerung (Notiz: nach-

---

[2] Vgl. Terézia Mora: Auf dem Seil. Roman. München: Luchterhand 2019.
[3] Vgl. Zoltán Danyi: Der Kadaverräumer [ungar.: A dögeltakarító (2015)]. Roman. Übers. von Terézia Mora. Berlin: Suhrkamp 2018.

schauen, ob sich etwas mit diesem Baron anfangen lässt, worum es ›eigentlich‹ ging),
- dann fiel mir ein, dass Péter Esterházy mir Calvino empfohlen hat, und dass Esterházys ›ontologische Heiterkeit‹ für – Achtung, der Kreis schließt sich – Darius Kopp eine Rolle spielt, ebenso wie John Updikes in den *Rabbit*-Romanen (1960–2002),[4] aber Hans Falladas *Kleiner Mann – was nun?* (1932/2016) und Heinrich Manns *Im Schlaraffenland* (1900) fallen mir sicher auch nicht rein zufällig ein.

Ich erzähle diese Anekdote, um daran zu erinnern, was wir alle wissen: wie viele Erinnerungen und Lektüren, aktuelle und lange zurückliegende, das jeweilige Erleben und in Folge dann den daraus entstehenden Text beeinflussen. Wenn mir also meine Agentin bei jedem neuen Buch sagt, ich brächte sie mit diesem an Orte, an denen *man* sonst nicht ist, dann muss ich mich jedes Mal doch sehr wundern: »Sie sind alle hier, du kennst sie alle.« Aber gleichzeitig hat sie natürlich Recht.

Ich schreibe über nichts, wo ich noch nicht war. Und dazu gehe ich auch noch an wirklich wenige Orte. (Die meiste Zeit bin ich also keine Nur-im-Zimmer-, aber wohl eine Um-den-Block-Reisende.) Warum? Weil ich mich persönlich so am wohlsten fühle. Einen überwältigenden Anteil meiner Reisen habe ich aus beruflichen Gründen unternommen. Die Themen, die auf der Straße liegen, liegen für mich meist auf *meiner* Straße, auf der ich mich jeden Tag aufhalte, es sei denn, etwas, eine Aufgabe (siehe oben) zwingt mich dazu, mich von ihr zu entfernen. Diese Straße befindet sich in Berlin. Meine Agentin befindet sich ebenfalls in Berlin, findet aber auf ihrer Straße ganz andere Dinge. Ihre Liste der Assoziationen auf der Aussichtsplattform wird ähnlich lang sein, aber wahrscheinlich gibt es nur an einzelnen und für uns beide völlig unerwarteten Punkten eine Überschneidung oder Berührung. Erzählen wir uns über unsere gemeinsame Stadt, kann das zu einem Reisebericht an exotische Orte ausarten. Mein Blick ist auch nicht ›besonderer‹ als ihrer, nur eben individuell. Und der wesentlichste Unterschied ist, dass es für meinen einen schriftlichen Beleg geben wird.

---

[4] Vgl. die fünfteilige Romanserie, die jeweils im Abstand von ungefähr einem Jahrzehnt entstanden ist und die folgenden englischsprachigen Originaltitel umfasst: *Rabbit, Run* (1960), *Rabbit Redux* (1971), *Rabbit Is Rich* (1981), *Rabbit at Rest* (1990), *Rabbit Remembered* (2002).

Hier stelle ich mir vor, wie ich meine Agentin bitte, auf dieselbe Aussichtsplattform zu gehen und mir anschließend zu berichten, was ihr alles eingefallen ist. Aber ich traue mich nicht, über anderer Leute Zeit auf diese Weise zu verfügen. Ich stelle mir ihre Fremdheit oder Ähnlichkeit nur vor. Ich stelle mir Fremdheit und Ähnlichkeit etwa zu gleichen Teilen vor. Warum? Weil das mein Interesse ist. Ich will etwas wiedererkennen, und ich will etwas Neues, Überraschendes erfahren. Damit geht es mir wie jedem anderen auch. Wie jedem Leser auch.

Das ist eigentlich etwas Wunderbares. Dumm ist nur, dass ich, seitdem ich und solange ich auf der Welt wandle, einer Minderheit angehöre,[5] und das führt zu einer gewissen Empfindlichkeit gegenüber manchen Reaktionen. Wenn meine Agentin sagt, meine Texte führten sie an Orte, an die man sonst nicht gehe, und sie damit eigentlich nur den individuellen Blick meint, den die Texte auf ein Phänomen richten, höre ich: Du bist anders als ›man‹ (also, wie ich es höre: als ein/e Angehörige/r der Mehrheit, also der ›Norm‹) im Allgemeinen ist. Natürlich bin ich das, und sobald man einen Menschen als Individuum wahrnimmt, ihn also aus der Masse oder auch nur einer Gruppe herauslöst, ist ein jeder ›anders‹, ich sollte mich damit nicht so aufhalten. Tue ich zum Glück auch nur selten, und mit diesem Fokus immer erst, wenn der Text schon fertig ist und andere ihn kommentieren. Während der Entstehung eines Textes passiert etwas anderes – oder etwas ähnliches; ich weiß es noch nicht genau, ich finde es gerade heraus. Schreiben besteht zu etwa gleichen Teilen aus einem zielgerichteten Tun und aus dem dabei ›spontan‹ an die Oberfläche gespülten Material, das man integriert oder abwehrt, je nachdem, wie man's braucht, bzw. je nachdem, was einem gerade möglich ist. Im Grunde, als wäre der Akt des Schreibens ein ›Sesam öffne dich‹ zu unserer persönlichen Räuberhöhle.

---

[5] Für diejenigen, für die das bisher eventuell nicht im Fokus ihrer Aufmerksamkeit stand: In Ungarn, wo ich geboren wurde, gehöre ich der deutschsprachigen Minderheit an, in Deutschland, wo ich lebe, der ungarischen.

Die Figur des ›Marathonmann‹:
Fisch schwimmt, Vogel fliegt (2016)

Ich versuche, das zu demonstrieren, indem ich mich Schritt für Schritt dem Entstehen einer Figur widme. Ich könnte, wie oben, Darius Kopp wählen, aber ich wähle nicht ihn, sondern »Marathonmann«, die Hauptfigur aus der Erzählung *Fisch schwimmt, Vogel fliegt* im Band *Die Liebe unter Aliens* (2016). Warum? Zum einen, weil ich über Darius Kopp nach drei Romanen zu viel weiß, als dass man es in einem einzigen Vortrag erzählen könnte; zum anderen, weil ein zentrales Merkmal Darius Kopps seine Durchschnittlichkeit ist (sofern das bei einer Figur überhaupt möglich ist; ich glaube, dass eine Figur per se eine Übertreibung ist, oder nennen wir es: eine Zuspitzung, aber man könnte es natürlich so sagen: in Darius Kopp wird die Durchschnittlichkeit zugespitzt), während Marathonmann zu jenen meiner Figuren gehört, die man in die Kategorie ›Sonderling‹ oder ›Randfigur‹ einordnen könnte. Ersterer Ausdruck wird in der Erzählung selbst verwendet, letzterer in den Feuilletons. Sehen wir, was es damit auf sich hat.

Jetzt wird es zeitlich etwas kompliziert, aber so ist es auch mit dem Schreiben. Das Erzählen einer Geschichte könnte man als das In-eine-zeitliche-Abfolge-Bringen von Ereignissen bezeichnen. Diese Reihenfolge ist eine künstliche. Sie ist von der Autorin (Männer sind mitgemeint) gemacht, und das ist ein Aspekt, der mir ganz besonders schwerfällt, weil ich jemand bin, dessen Wahrnehmungsweise von einer hohen Gleichzeitigkeit geprägt ist. Siehe weiter oben, die Sache auf der Aussichtsplattform.

Wie auch immer, ein Anfang muss gemacht werden, und ich beginne diesmal mit dem Auslöser für die Entstehung von *Fisch schwimmt, Vogel fliegt*. Dieser Auslöser ereignete sich sieben Jahre, bevor ich mit dem tatsächlichen Schreiben begann, im Jahre 2008. Ich schrieb damals an einer Kolumnenreihe mit, die im WDR in der Sendung *Mosaik* lief. Diese Kolumnen waren nur wenige Minuten lang. Ich kann also meinen ganzen (Hörfunk-)Beitrag mit dem Titel *Die gute Tat* hier präsentieren.

Ich kenne eine Person, die tut gute Taten am laufenden Band. »Heute habe ich einem alten Mann 20 Euro gegeben, weil er gesagt hat, er möchte so gerne mal wieder ein Steak essen. ... Kannst du mir 50 geben, damit ich über den Rest der Woche komme?« Und ich gebe ihr die 50, und dann tue ich noch eine gute Tat, indem ich sie nicht auf die zeitliche Abfolge unse-

rer guten Taten aufmerksam mache. Aber weil ich mich deswegen überlegen fühle, bekomme ich wieder einen Punktabzug, so, dass ich, für den Moment, plusminus 0 herauskomme. Das Endergebnis wird erst feststehen, wenn es endgültig geworden ist, ob ich die 50 Euro wiederbekommen habe oder nicht. (Bemerkung: ja, ich habe.)

Aber darüber wollte ich gar nicht reden. Ich habe heute früh in meinem Kiez ein kleines Plakat entdeckt. Auf diesem wurde mir mitgeteilt, Bernhard G., der seit 1948 in unserem Viertel lebte, sei vor wenigen Wochen überraschend verstorben. Da er keine Angehörige hatte und mittellos war, wolle ihn die Stadtteilverwaltung in einem anonymen Grab beisetzen. Einige Leute, die Bernhard G. kannten, haben herausgefunden, dass die Differenz zwischen einer vollständig anonymen Bestattung und einer, bei der es wenigstens ein kleines Namensschild gibt, sich auf genau 797 Euro beläuft. Wer Bernhard G. kannte, sei gebeten, in folgenden drei Läden seine Spende abzugeben.

Vom Foto sieht mich ein alter Mann mit einem gestutzten weißen Vollbart an. Er leidet bereits an der Magerkeit des Alters, sein Hemdkragen ist ihm zu weit. Hinter ihm an der Wand hängen zwei Gemälde. Ob er Maler war? Aber ich einige mich mit mir selbst auf Klempner, der bei der Aufnahme in einem Café saß, in dem Gemälde hingen.

Und dann frage ich mich noch zwei Sachen: Zum einen, wie es gekommen sein mag, dass er ohne Angehörige war?

Und zum anderen, wer und wieso wohl zum Schluss gekommen sein mag, dass die billigste Urnenbestattung eine anonyme sein müsse. Ob es wirklich gegen die Interessen der Steuerzahler verstoßen würde, pro Mensch 797 Euro mehr aus der Gemeinschaftskasse auszugeben für ein Namensschild und eine minimale Grabpflege (heißt: die Verhinderung dessen, dass das Namensschild von Unkraut überwuchert wird).

Das sind so Fragen, die ich mir stelle. Und ob mir der mir unbekannte Bernhard G. wohl auch zu Lebzeiten eine Spende wert gewesen wäre.

Und weil ich mich nach diesen Fragen nicht gut fühle, beschließe ich, dass Bernhard G. gerne Steak gegessen hat, und dass er einmal von einer vollkommen unbekannten, aufdringlichen Person 20 Euro bekommen hat: für ein Steak und ein Glas Wein. Oder, wenn er Abstinenzler war, eine Crème Caramel. Aber vielleicht mochte er eher Armer Ritter, weil ihn das an seine Kindheit erinnerte. Dann kaufte er sich vom Rest des Geldes eben Weißbrot, Milch, Butter und Zucker. Das müsste sich gerade so ausgegangen sein. Ein Glas Kirschkompott hatte er vielleicht noch zu Hause.

Wie der Arme Ritter da reingekommen ist? Keine Ahnung. Vielleicht gab es an diesem Tag noch etwas mit Armen Rittern, das niemand aufgezeichnet hat. Wesentlich ist: Diese Kolumne – sie ist, wie wir gesehen haben, nach dem Prinzip Fakt-Kontrafakt aufgebaut, oder, alltäglicher ausgedrückt: im Wechsel von Erleben und Phantasie, Erleben und Phantasie, bis ein Gerüst entsteht, das von alleine stehen kann: ein Text eben – diese Kolumne war das letzte Stück, das mir noch gefehlt hat für eine Figur, die ich zu diesem Zeitpunkt seit etwas mehr als 20 Jahren mit mir herumtrug: den oben erwähnten Marathonmann.

Damit wir uns orientieren können, lese ich die ersten drei Seiten der Erzählung vor.

[Textauszug:]
Fisch schwimmt, Vogel fliegt

Der junge Mann war vielleicht 18, der alte ist gar nicht alt, er ist erst 57, er sieht nur aus, wie manch anderer mit 75. Alt gewordenes herzförmiges Kindergesicht. Ehemals große Augen und ein spitzes Kinn, Nasolabialfalten und Krähenfüße, aber so welche, die seitlich am Gesicht hinunterfließen, als hätte ein stetes Rinnsal (wir wollen nicht sagen: aus Tränen) sein Bett in die Haut gegraben. Mit zarter Hand so lange darüber streichen, bis sie weggehen. Falten gehen niemals weg. Streicheln ist dennoch niemals unnütz, aber der Mann, der älter ist, als er aussieht, hat niemanden, der bzw. die ihn streichelte. Es gibt einige Menschen, denen er entfernt bekannt ist, diese nennen ihn Aug in Auge Hellmut, hinter seinem Rücken Marathonmann. Leute aus der Nachbarschaft, die man sporadisch trifft, zum Beispiel beim Mittagstisch in einer traditionellen Eckgaststätte (von denen es immer weniger gibt etc.). Dort wechselt man einige Worte, nichts Tieferes. Marathonmann antwortet ohnehin nur, wenn er gefragt wird, höflich und meist knapp. Ein Pensionist der Bahn, ein ehemaliger Schaffner, warum frühverrentet, keiner fragt. Er tut nichts Benennbares, dennoch ist klar, dass er ein Sonderling ist, und obwohl das kein offiziell anerkannter Grund für eine Frühverrentung ist, nehmen alle an, dass es etwas damit zu tun hatte. Er kommt nur zum Mittagstisch, wenn es Königsberger Klopse gibt, etwas anderes hat er hier noch nie gegessen. Den Rest seiner Tage lebt er von Kartoffeln mit Quark oder Speck. Als Dessert arme Ritter. Vielleicht muss er sparsam sein, vielleicht ist es seine Passion. Vielleicht fühlt er sich in seinen grau verwaschenen Lumpen einfach wohler, als er es in sogenannter ordentlicher Kleidung täte. Er scheint nicht unglücklich zu sein. Das Gesicht eines traurigen Clowns, aber traurig ist er nicht. Ein lächelndes Hutzelmännchen in zu kurzen Hosen und einer grauen Mütze, die er, abgesehen von 30-Grad-Hitzetagen, jeden Tag des Jahres trägt. An den wenigen 30-Grad-Hitzetagen, die es hier gibt, trägt Marathonmann ein Vogelnest aus graublondem Haar auf dem Kopf, das aussieht, als hätte er lediglich die Mütze gewechselt. An dem Tag, um den es hier geht, ist Marathonmann mit Mütze unterwegs, grau in grau, der Einkaufsbeutel in seiner Hand hingegen ist kanarienvogelgelb. Der Boden des Beutels ist etwas schmutzig. Im Stoffbeutel, in eine Ecke gerutscht: Portemonnaie und Schlüsselbund. Warum er Portemonnaie und Schlüsselbund (vier Schlüssel: Tor, Briefkasten, Wohnung, Kellerverschlag) im Stoffbeutel trägt, wo doch seine graue Jacke drei Taschen hat, davon eine Innentasche: ein Rätsel. Das heißt: er trägt sie so, weil er arglos ist. Weil er sich in seinem Stadtteil, auf seiner Straße, in der er seit 57 Jahren wohnt, einkauft usw. sicher fühlt. Er schwenkt den Beutel sogar ein wenig, und vielleicht pfeift er auch vor sich hin. Letzteres ist nicht verbürgt, die Straße ist voll und laut, und Marathonmann spitzt häufig die Lippen, beim Zuhören, beim Nachdenken. Ich denke nach, sagt er. Und sogar: ich träume. Entschuldige, was hast du gesagt, ich war in Gedanken gewesen/ich habe geträumt. War gewesen. Und: Entschuldige. Bevor er den Spitznamen Marathonmann bekam, nannte man ihn den Träumer. Wer? Der Höfliche. Ach, der.

Vom jungen Mann ist nur die Kleidung und das Aussehen überliefert, und auch das nur ungenau, dabei kam er nicht, wie man annehmen könnte, von hinten. Er kam von vorne, sie sahen sich sogar kurz ins Gesicht, ein junges, glänzendes, mit dicken schwarzen Augenbrauen, und ein altes, graues, spitzmündig schmunzelndes, und dann, als sie auf gleicher Höhe waren, duckte sich der Junge, entriss dem Alten den Beutel und rannte davon.

Die Sekunden, um zu begreifen, die Sekunden, das Gleichgewicht wieder zu erlangen, sich umzudrehen. Der Junge, nicht sehr groß, dafür wendig und schnell, ist in der Zeit schon an zwei Mietshäusern vorbei. Er macht große Sätze, er weiß von sich, dass er ein schneller Läufer ist, deswegen hat er auch diese Strategie gewählt, aber ist er auch ausdauernd? Besser, er wäre es, denn, was er nicht weiß, nicht wissen kann, ist, dass Marathonmann nicht aus Jux und Dollerei so heißt, wie er heißt. Er wird nicht etwa mit dem Gegenteil dessen geneckt, was wirklich auf ihn zutrifft, nicht der Glatzkopf, der Locke genannt wird. Marathonmann hat im jungen Alter von 6 Jahren seinen ersten Wettlauf absolviert und haushoch gewonnen und hat seitdem Tausende von Kilometern laufend zurückgelegt, durch

Wald und Wiesen, auf roter Schlacke und auf Beton, einmal sogar 24 Stunden lang, und es ist lange her, dass es ein Jahr gab, in dem er keinen ganzen Marathon lief. All das ausschließlich in Europa, denn er ist stolz darauf, niemals geflogen oder ein Schiff bestiegen zu haben. Auch Fahrzeuge mit Verbrennungsmotor nur wenige in seinem Leben. Züge, weil man manchmal doch von der Stelle kommen muss und sie einem berufsbedingt billig kommen. Aber im Großen und Ganzen gilt: Vogel fliegt, Fisch schwimmt, Mensch läuft, wie schon Emil Zátopek so richtig sagte. Emil Zátopek, so, so. Emil, sagte die Köchin des Mittagstischs, das ist ein schöner Name. Woraufhin Marathonmann bis über beide Ohren rot wurde. Natürlich hat er auch ein wenig abstehende Ohren. Die tschechische Lokomotive, sagte jemand vom Mittagstisch, und die Röte verging wieder. Das Laufen ist das einzige, zu dem Marathonmann mehr als nur ein oder zwei Floskeln sagt, und das sogar ungefragt. Am Wochenende war ich ja in Wien zum Marathon. Und dann, en detail: mit welchem Zug er fuhr, wann und wo dieser ab- und wo er entlangfuhr und wann und wo er ankam (unter Erwähnung besonderer Bahnhofsarchitekturen), von dort aus wie zu welcher Unterkunft, wie diese Unterkunft war (einfach und bahnnah, aber man muss sich früh kümmern, ein Jahr vorher muss man sich schon kümmern), was er zu Abend gegessen, was er gefrühstückt hat, wann er aufgestanden, wie er sich vorbereitet, wie er seine Startnummer erhalten, wie viel Startgeld er im Vorfeld entrichtet hatte, was außer der Startnummer noch im Beutel war, den jeder Läufer für sein Startgeld bekommt, wie der Beutel selbst dieses Jahr im Vergleich zu dem im Vorjahr ausfiel (mithilfe zweier Kordeln zu einem Rucksack schnürbar oder ein unverschließbares Totebag usw.), und dann, wie es bei Kilometer 10, 15, 25, 30, 35, 40 und schließlich 42,195 war, und was danach, ob es Bananen, Orangen und isotonische Getränke gratis und ob es genügend Toiletten gab undsoweiter undsofort, man kann ihn nicht abstellen, manch einer geht schon, aber einige haben immer den Schwarzen Peter und müssen bleiben, denn soviel Benehmen muss einfach ein jeder haben, der sich nicht schon vollkommen aufgegeben hat, dass er nicht einfach davongeht, wenn einer über seinen Marathonlauf erzählt, auch wenn man sich denkt, der lügt doch, das Hutzelmännchen, in deinen Träumen, Alter, in deinen Träumen, aber irgendwann musste man ihm dann doch glauben, denn, als einer mal sagte: bringst du mir das nächste Mal was mit?, brachte er das nächste Mal doch tatsächlich einen Sportbeutel, einen Regenponcho, *einen Stadtplan und ein Miniradio mit und verteilte sie unter den Anwesenden.*⁶

Soweit der Anfang der Erzählung. Was wir daraus bereits aus der Kolumne kennen, ist: ein in die Jahre gekommener Mann ohne Verwandtschaft, der gerne Armer Ritter isst, aber nicht Steak, sondern Königsberger Klopse. – Warum? Weil es bei den billigen Mittagstischen selten Steak gibt, dafür umso öfter Königsberger Klopse, und die Autorin wollte diesen Mittagstisch und diese Klopse haben.– Warum? Dazu kommen wir noch.

Der ›Ur-Marathonmann‹

Gehen wir erst einmal die soeben erwähnten 20 Jahre in der Zeit zurück, zu jemandem, der vom Unbekannten mit dem Steak und von Bernhard G. (denen ich beiden nicht begegnet bin, ich habe nur von ihnen gehört) heraufbeschworen wurde. 2008 – 20 = 1988. Etwas früher noch könnte es gewesen sein. Irgendwann in der Zeit zwischen 1985 und 1989, als ich jeden Schultagmorgen mit dem Personenzug um 07:03 Uhr von meinem Dorf in die nächste Kleinstadt (Sopron) ins Gymnasium fuhr.⁷ Mit dem gleichen, entweder überheizten oder eiskalten, nach Knoblauchwurst und Diesel riechenden Zug fuhren auch andere Schüler sowie Arbeiter, die nicht schon um 6 Uhr anfangen mussten. (Diese fuhren mit dem Personenzug um 05:14.) Unter den Arbeitern in unserem Zug war einer, der eine Station nach mir einstieg, ein nicht mehr ganz junger Mann – weil ich selbst ein Teenager war, kann ich sein Alter schwer schätzen, sagen wir, um die vierzig –, von Kopf bis Fuß in ausgeblichene Arbeitskleidung gehüllt, der eines Tages ohne gefragt worden zu sein und ohne jede weitere Einleitung im Vierersitz meinem Gegenüber folgenden Satz anstimmte: »Am Wochenende war ich ja in Wien zum Marathon. Und dann, en detail: mit welchem Zug er fuhr, wann und wo dieser ab- und wo er entlang-

---

6   Terézia Mora: Fisch schwimmt, Vogel fliegt. In: Dies.: Die Liebe unter Aliens. Erzählungen. München: Luchterhand 2016. S. 5–25. S. 5–9. Das Zitat ist zur Markierung kursiviert (S. K.).
7   An dieser Stelle denken wir alle an die Frühe der Schultagmorgen und an die Verkehrsmittel, mit denen wir in die Schule fuhren. Die Züge um 07:03 sind ewig. Wie die Busse um 06:52.

fuhr und wann und wo er ankam«[8] usw., wie es in der Erzählung heißt.

In der Realität hat der Ur-Marathonmann natürlich nicht ganz dasselbe gesagt wie die spätere Figur, ich erinnere mich auch nicht mehr an jedes einzelne Wort, aber die mittlerweile vergangenen Jahrzehnte machen ohnehin einige Verschiebungen notwendig. Die Art und Weise, wie ein ungarischer Arbeiter in den 1980er Jahren über die Südfrüchte erzählte, die man am Rande der Strecke gratis bekam, lässt sich nicht mehr verwenden bzw., wenn man es täte, würde es etwas anderes bedeuten, und selbstverständlich schlief der echte Marathonmann auch nicht in irgendeiner bahnnahen Unterkunft, egal, wie günstig diese auch gewesen wäre, sondern im Bahnhof. Läuft einen Marathon, übernachtet auf einer Bank auf einem Wiener Bahnhof, fährt am nächsten (Sonntag-)Morgen mit dem Zug über die kontrollierten Grenzen nach Ungarn zurück und nimmt am Montag die Arbeit wieder auf. Man lese gerne in diesem Zusammenhang *Laufen* (franz.: *Courir*, 2008) von Jean Echenoz[9] über den tschechoslowakischen Läufer Emil Zátopek, dem ich den Titel dieser Erzählung verdanke und den ich selbstverständlich auch im Text erwähne, als zweifache Verneigung: erstens vor Zátopek, der zu den Wettkämpfen unter ganz anderen Umständen anreiste als seine Konkurrenten aus dem Westen, und zweitens vor Echenoz, der wieder einmal eine Meistererzählung geschrieben hat.

Der Ur-Marathonmann im 80er-Jahre-Vorortszug wurde selbstverständlich belächelt, für alles: dass er Marathon lief, dass er ihn in Wien lief, dass er darüber erzählte, weil bei uns auf dem Dorf jeder und für alles belächelt wurde, das ›aus der Norm‹ fiel – also alles, was nicht Am-Auto-Schrauben, Fußball, die richtige Zubereitung ungarischer Nationalspeisen, Kirche, vorsichtige politische und hemmungslose rassistische und sexistische Witze, schlüpfriger Tratsch oder Bier nach Feierabend in der Kneipe gegenüber der Zuckerfabrik war. (Das ist weder eine Über- noch eine Untertreibung. Auch das ist ein ganzer Kosmos. Es gibt ungarische Autoren, die widmen ihr ganzes Schaffen dem Umfeld dieser Kneipen. Imre Kertész' letzter Roman heißt auch nur auf Deutsch etwas hochtrabend *Letzte Einkehr* (2015). Auf unga-

---

[8] Mora: Fisch schwimmt, Vogel fliegt. S. 8.
[9] Jean Echenoz: Laufen [franz.: Courir (2008)]. Roman. Übers. von Hinrich Schmidt-Henkel. Berlin: Berlin Verlag 2009.

risch heißt er *Utolsó kocsma* (2014),[10] und »kocsma« ist: die ›Kneipe‹, und es gibt – räumlich und zeitlich – immer eine letzte davon.) Dieses Belächeln des Ur-Marathonmanns floss, wie man eben hören konnte, auch in die Erzählung ein, aber auch dazu komme ich noch. Bleiben wir weiter nah an der Figur selbst.

Meine Erzählung fängt mit der Beschreibung des Äußeren des Marathonmanns an, und zwar mit seinem Gesicht. Die Beschreibung geht auf eine Erinnerung an kullerrunde blaue Augen zurück, die zu einem Mann im eben geschilderten Vorortszug gehörten. Ich kann allerdings nicht beschwören, ob dieser Mann der Ur-Marathonmann war oder eventuell ein anderer, den sie den ›Intelligenten‹ nannten, weil er so gerne und ausführlich über Dinge erzählte, mit denen er sich auskannte. Waren der Intelligente und der Ur-Marathonmann eventuell dieselbe Person? Und gehörten die kullerrunden blauen Augen zu dieser Person oder doch zu jemand anderem, einem Mann, der einmal einen Hustenanfall im Zug hatte und dafür von allen strafend angesehen wurde, und waren diese ein bis drei Männer vielleicht derselbe, der eine späte Liebe fand und mit seiner ältlichen, unterdurchschnittlich attraktiven Braut die ganze Zeit im Zug Händchen halten musste, was von den anderen Passagieren natürlich ebenfalls belächelt wurde? – Ob all diese Details zu einer Person gehörten oder zu zwei, drei oder zu vier, wer weiß das noch? Das Einzige, was sicher erscheint, sind die murmelgleichen Augen, bei denen die Beschreibung des Äußeren der Figur ihren Anfang nimmt, und die selbst dann gar nicht mehr im Text auftauchen.

In *Fisch schwimmt, Vogel fliegt* heißt es:

> Alt gewordenes herzförmiges Kindergesicht. Ehemals große Augen und ein spitzes Kinn, Nasolabialfalten und Krähenfüße, aber so welche, die seitlich am Gesicht hinunterfließen, als hätte ein stetes Rinnsal (wir wollen nicht sagen: aus Tränen) sein Bett in die Haut gegraben.[11]

Wohin sind die kullerrunden Augen verschwunden? Nun, sie haben einem Merkmal Platz gemacht, das mir wichtiger für die ganze Figur erschien: den tiefen Tränenfalten, die man wegstreicheln möchte. Wo ich diese herhabe, weiß ich nicht. Möglicherweise habe ich sie irgendwo mal gesehen, oder ich habe sie niemals gesehen, außer in dem

---

[10] Imre Kertész: Letzte Einkehr. Ein Tagebuchroman [ungar.: A végső kocsma. Magvető (2014)]. Übers. von Kristin Schwamm, Adan Kovacsics und Ilma Rakusa. Reinbek bei Hamburg: Rowohlt 2015.
[11] Mora: Fisch schwimmt, Vogel fliegt. S. 5.

Moment, als ich sie schrieb. Ich wollte mit den runden Augen anfangen, aber dann fing ich an, das Gesicht zu ›zeichnen‹, wie es Kinder tun: zuerst den Umriss. Ich entschied mich ohne den geringsten Zweifel für die Herzform. Meine Tochter hat ein herzförmiges Gesicht, deswegen ist mir das die liebste Gesichtsform. Sie ist noch dazu die am kindlichsten, also am verletzlichsten, wirkende Form. Das will ich für meinen Helden. Aber da er ein alternder Mann ist, wird er schon einige Falten in diesem kindlichen Gesicht haben, und während ich sie beschreibe, entwickeln sie sich zu tiefen Gräben, und wenn das passiert, dann gehst du zurück im Text und tauscht die »murmelrunden Augen«, die vorher dort standen, gegen »[e]hemals große« aus, damit die Figur, erstens, noch etwas gealterter wirkt und es, zweitens, nicht zu viele auffällige Merkmale gibt, die ihm zu viel Clowneskes oder Seltsames verleihen würden. Denn das wollen wir nicht. Er soll nicht komisch, nicht lächerlich, nicht gruselig sein, sondern *eigen*, das, was *man* nicht erwartet.

Wer ist dieses ›man‹ schon wieder? In der Erzählung kann das zum Glück etwas konkretisiert werden. ›Man‹ wird im Text repräsentiert durch die Nebenfiguren, die an dieser Stelle auftauchen. Von den Falten im Gesicht des Mannes, der aussieht »wie manch anderer mit 75«, kommen wir zum sie ›Glattstreichen-Wollen‹, »mit zarter Hand«, natürlich, denn menschliche Haut ist so ein Gewebe, aber dazu bräuchte es einen zweiten Menschen, der einem nahe genug stünde. Gelegenheit, dass wir erfahren, dass es so einen Menschen für unseren Helden nicht gibt. Wen gibt es dann? Andere Menschen, die ihm nicht so nahestehen, Bekannte eben, die ihn so sehen, wie wir ihn gerade gesehen haben, mit dieser gewissen Distanz. »Menschen, denen er entfernt bekannt ist, diese nennen ihn Aug in Auge Hellmut, hinter seinem Rücken Marathonmann.«[12] Die Beziehung ist also derart, dass sie einen geheimen Spitznamen für ihn haben. Oder einen Spottnamen? Beides.

Aug in Auge Hellmut mit zwei ›l‹, hinter seinem Rücken Marathonmann, beides wusste ich nicht, bevor ich es nicht hingeschrieben habe, spontan: Hellmut – mit zwei ›l‹ natürlich, damit das Helle herauskommt und dadurch auch der Mut; und ja, all das wird so schnell entschieden, dass es einem spontan vorkommt, ebenso wie: Marathonmann. Die gerade erfundenen (bzw. offenbar aus dem Zug mitgebrachten) Nebenfiguren, die (be)lächelnden Anderen haben beides ausgesprochen. Ich lege mich nicht fest, ob auch schon der Kommen-

---

[12] Mora: Fisch schwimmt, Vogel fliegt. S. 5.

tar im ersten Satz »er sieht nur aus, wie manch anderer mit 75« von ihnen stammt oder von dem ebenfalls kommentierenden Erzähler. (Den ich hier im generischen Maskulinum verwende, um etwas Distanz zu mir, die ich weiblich bin, zu schaffen. Denn ich bin die Autorin, aber ich bin der Erzähler nur soweit, wie ich alles andere im Text bin.) Als Autorin bin ich diejenige, die diese Elemente mitgebracht und angeordnet hat, die die Entscheidungen getroffen hat. Die nicht viel Zeilen verloren hat, bevor sie dem reflexiven Erzähler den Chor beigeordnet hat, und zwar einen, wie sie ihn gerne hat: profan, plebejisch, ›Volkes Stimme‹, die die Ereignisse mit ›ungesuchten Worten‹, wie es im Ungarischen heißt, kommentiert. (Im Original: »keresetlen szavak«. Laut Wörterbuch bedeutet »keresetlen« unformell, ungekünstelt.) So, wie anno dazumal in einer meiner ersten Erzählungen *Der Fall Ophelia* (1999)[13] aus dem Band *Seltsame Materie* der Schwimmtrainer die Protagonistin Ophelia nennt. Nicht wie es Literaturwissenschaftler oder ein Feuilletonist tun würde, sondern wie im Umfeld, aus dem ich stamme, eben zitiert wurde: Man hat von Ferne etwas von einer Ophelia im Wasser gehört. Das ist das Umfeld, wo man sich morgens im Vorortszug Telenovelas nacherzählt, die gerade Mode sind, und dabei »Komondor« statt Commendador sagt, »Infrakt« statt Infarkt und »Infulenza« statt Influenza.[14] Ich saß im Laufe von 4 Jahren grob 165 Stunden mit solchen Sprechern zusammen, und dazu kommen noch die etwa 2500 Stunden, die ich im Laufe von 50 Jahren mit den gleichen Leuten in einem Thermalwasserbecken saß. (In dem Dorf, in dem ich aufgewachsen bin, gibt es, wie in nicht wenigen ungarischen Dörfern, ein Sommerbad mit Thermalwasser.) Ja, mein ›Volk‹ habe ich aus Ungarn mitgebracht. In meinem Haus in Berlin gab es zwar auch lange Jahre eine sogenannte Sportkneipe, aber hier kann ich als Abstinenzlerin und Nichtraucherin nicht so gut unsichtbar bleiben. Oder vielleicht doch, man muss sich nur lange genug in den Ecken herumdrücken, aber in Deutschland habe ich stattdessen hunderte Stunden damit verbracht, die Geisteswissenschaftler und die sogenannte ›technische Intelligenz‹ für die Chöre in *Alle Tage* (2004)[15]

---

[13] Terézia Mora: Der Fall Ophelia. In: Seltsame Materie. Erzählungen. Reinbek bei Hamburg: Rowohlt 1999. S. 113–129.
[14] ›Komondor‹ ist eine ungarische Hunderasse. Vgl. dazu die Publikation zu den Frankfurter Poetik-Vorlesungen: Terézia Mora: Nicht sterben. Frankfurter Poetik-Vorlesungen. München: Luchterhand 2014.
[15] Terézia Mora: Alle Tage. München: Luchterhand 2004.

und den ›Kopp-Romanen‹ (2009, 2013, 2019)[16] zu sammeln. Nicht zielgerichtet, natürlich, sondern sozusagen als Beifang.

Weitere Referenzen zum ›Marathonmann‹

An diesem Punkt beschleunigen sich die Ereignisse, respektive wieder passiert vieles gleichzeitig. Der Chor und seine Kommentare, der Name und der Spitzname tauchen auf, aber dann komme ich selbst wieder ins Spiel (die ich nicht der Chor bin, ich schreibe ihn nur) und mein peripheres Wissen darüber, dass es einen Film gibt, der *MARATHON MAN* (USA 1976; R.: John Schlesinger) heißt. Das Bild des laufenden Dustin Hoffmann taucht auf. Wie ich jetzt nachgeprüft habe: ein falsches. Erstens war mein Erinnerungsbild schwarz-weiß. Ein schwarz-weißes Fernsehbild. Was darauf hindeutet, dass ich es zu einer Zeit gesehen habe, als ich noch keinen Farbfernseher hatte, also als Kind. Also noch früher als in den 1980er Jahren. Und wieso habe ich es überhaupt abgespeichert? Ich bezweifle, dass ich den ganzen Film gesehen habe. Oder wenn doch, dann habe ich ihn wieder vergessen. Ich weiß, dass er mir etliche Jahre später während des Studiums wieder begegnete, und ich weiß, dass ich ihn wegen der Folterszene nicht sehen wollte. Möglicherweise habe ich ihn gesehen, aber wegen der Folterszene verdrängt. Alles, was ich davon noch habe, ist dieses Standbild des grau in grau laufenden Dustin Hoffmann, möglicherweise auch schon vermischt mit dem von Tom Courtenay, der die Hauptrolle in der tatsächlich in schwarz-weiß gedrehten Verfilmung (GB 1962; R.: Tony Richardson) von Alan Sillitoes *The Loneliness of the Long Distance Runner* (1959; dt. *Die Einsamkeit des Langstreckenläufers*)[17] spielt, aber soviel weiß ich über den *MARATHON MAN*-Film, dass er sich um Holocaust-Aufarbeitung dreht. Das aber spielt hier in meiner Erzählung keine Rolle. Ist es dann nicht gefährlich, diesen Namen zu benutzen? Entstehen dadurch nicht falsche Verweise?

---

[16] Vgl. die Romantrilogie in chronologischer Folge: Terézia Mora: Der einzige Mann auf dem Kontinent. Roman. München: Luchterhand 2009. Terézia Mora: Das Ungeheuer. Roman. München: Luchterhand 2013. Terézia Mora: Auf dem Seil. Roman. München: Luchterhand 2019.
[17] In der deutschen Ausgabe Alan Sillitoe: Die Einsamkeit des Langstreckenläufers [1961; engl.: The Loneliness of the Long Distance Runner (1959)]. Erzählung. Neuausgabe. Übers. von Günther Klotz. Zürich: Diogenes 2007.

Möglicherweise. Dennoch konnte ich die Figur nicht anders nennen. Beziehungsweise: Natürlich hätte ich es *gekonnt,* ich hätte mich dazu durchringen können, aber ich tat es nicht. Ich überließ mich, was das anbelangt, der Gnade der Rezipienten und hoffte, die Art und Weise, wie das Wort im Text auftauchte, wie der Chor ihn aussprach, würde den Namen benutzbar genug machen. Wenn immer alles perfekt abgestimmt wäre, käme man ja nie voran.

Aber da wir schon bei Schwarz-Weiß und Grau angekommen sind, machen wir weiter im Text, wo nach dem Gesicht, dem Namen, den Essgewohnheiten des Helden nun seine Kleidung zur Sprache kommt. Die etwas zu kurzen Hosen (die wieder etwas Kindlichkeit mit sich bringen), die Jacke, mal mit Mütze, mal ohne, aber immer grau in grau, und in der Hand: ein kanarienvogelgelber Stoffbeutel.

Dieser kanarienvogelgelbe Beutel gehört mir, ein Werbegeschenk. Die graue Jacke und die graue Mütze haben mir auch mal gehört, als Studentin in den 1990ern. Mir war nicht bewusst, dass ich darin wie eine Pennerin aussah, bis mir das eine Bekannte mitteilte. Ein anderes Mal, als ich eine Second-Hand-Lederjacke und eine Ledermütze (beides Geschenke) trug, hielten mich wiederum einige Halbwüchsige für eine Hure. Das habe ich noch nicht verwendet, vielleicht eines Tages. Wenn, dann muss ich mir überlegen, ob ich die Frau in der Lederkluft jung bleiben oder mittelalt oder sogar richtig alt sein lasse. Mal sehen.

Wer sieht wen? Als Autorin kann ich diesen Blick lenken. Das ist natürlich sehr befriedigend. Ich ziehe einer Figur meine Jacke an, von der ich, wenn ich's mir recht überlege, doch von Anfang an wusste, dass sie wie ein Stück Lumpen wirkt – deswegen habe ich sie ja auch gekauft. »Vielleicht fühlt er sich in seinen Lumpen einfach wohler, als er es in sogenannter ordentlicher Kleidung täte.« Ich nenne, was ich alles im Hintergrund vermute. Respektive: sicher nicht alles. Einen Teil. Das, was mir als erstes einfällt, also sich offenbar am meisten in den Vordergrund drängt: Dass es dort, wo ich aufwuchs, diese Arbeiterjacken gab. Siehe oben. Ich beschreibe den Ur-Marathonmann als jemanden in ausgeblichener Arbeitskleidung. In Wahrheit weiß ich nicht mehr genau, was er anhatte. Es ist nur sehr *wahrscheinlich,* dass es ausgeblichene Arbeitskleidung war, weil einfach jeder so eine trug. Vor allen Dingen waren da diese Jacken. Die Sommerjacken und die Winterjacken, die wattierten Winterjacken in Schlammfarben. In den Farben verschiedenen Schlammes. Mal militärischer, mal industrieller, mal in der Farbe von Gefangenenjacken. Damals wie heute fällt mir das dazu ein: Militär, Industrie, Gefangene. Man stelle sich all das im

Zuckerrübensilagegeruch vor. Denn all das trug sich im Umfeld einer Zuckerfabrik auf dem Dorf zu. Irgendwo, in der Stadt, sicher in Budapest, gab es wohl auch andere Mäntel und Farben, aber dort, wo ich wohnte, nicht. Gleich in meiner allerersten Erzählung *Durst* (1997)[18] im Band *Seltsame Materie*, die in diesem Umfeld spielt, kommt ein vom »Großvater geerbte[r]« »Wattemantel« im »Army Look«[19] vor, in dem sich die Ich-Erzählerin wie ein »Guerilla-Kämpfer«[20] vorkommt. Während mein eigener Winterparka in Wirklichkeit nicht army- sondern petrolfarben war und aus dem Westen. Er beschützte mich vor kleineren Übeln. Er wird in der richtigen Farbe später in der Erzählung *À la Recherche*[21] in *Die Liebe unter Aliens* (2016) auftauchen. (Und ich erwähne das, um zu unterstreichen, was für eine große Wichtigkeit diese Winterparkas für mich offenbar haben. Sie haben sich mir eingeschrieben, so dass ich sie ständig aus mir herausschreiben muss.)

Parallel zum Arbeitergrau kam in den 1980er Jahren, als die ersten privaten Boutiquen in Ungarn aufmachten, ein Modetrend auf, in dem man dem Jungvolk irrsinnige Summen für Hemden und Cargohosen abknöpfte, die aussahen wie der graue Abdeckfilz, den man auf Baustellen benutzt. Die Eltern in Arbeitergrau, die Teenager in Modegrau.

Und dann, natürlich, siehe oben: der Schwarz-Weiß-Fernseher, mit dem ich den Großteil meiner Kindheit verbracht habe, und auch die meisten Abbildungen in Büchern waren aus technischen und aus Kostengründen schwarz-weiß. Denke ich an Emil Zátopek, sehe ich ihn in verschiedenen Grautönen vor mir.

Außerdem nicht vergessen wollen wir jenen Winter vor gar nicht so vielen Jahren, der auch in *Das Ungeheuer* (zweiter Teil der Kopp-Trilogie) erwähnt wird, der so hart und so lang war, dass es, als er Anfang April endlich aufgab, »5 Tage dauerte [...], bis auch die letzten Krusten aufgebrochen waren und die Straße in ein Feld nach der Schlacht verwandelt: Endmoränen aus Streusplitt, Asche, Müll, Hundekot, Feuerwerkskörpern und Kadavern kleiner Tiere [...]. Die Men-

---

[18] Terézia Mora: Durst. In: Seltsame Materie. Erzählungen. Reinbek bei Hamburg: Rowohlt 1999. S. 204–222.
[19] Mora: Durst. S. 211.
[20] Mora: Durst. S. 211, 217.
[21] Terézia Mora: À la Recherche. In: Dies.: Die Liebe unter Aliens. Erzählungen. München: Luchterhand 2016. S. 187–212.

schen sahen auch nicht gut aus. Sie selbst und ihre Kleidung waren grau geworden, sie sammelten sich vor einer Suppenküche.«[22]

All das spielt eine Rolle dabei, wieso Marathonmann grau in grau laufen muss. Nicht, dass ich das alles vorher sammle. Ich sehe ihn vor mir, und dann verstehe ich, warum ich ihn so sehe. Ich erkenne seine Vorgänger und Einflüsse, mich selbst, die ich mich am entspanntesten und sichersten fühle, wenn ich quasi in Lumpen gehe. Ich war Sportschülerin. Das mag auch seine Auswirkung gehabt haben. Mit Feinstümpfen und Frisuren kannst du nicht laufen. Obwohl das nicht stimmt. Ein Nachbar von mir, der auch Marathonläufer ist, hat mir erzählt, dass er gegen irgendwas an den Füßen (Verhärtungen?) in Feinstrümpfen läuft. Also kann man wohl doch in Feinstümpfen laufen. Aber das wäre für die Figur meines Marathonläufers zu viel gewesen. Die Figur ist mit genügend Elementen (und nicht zuletzt Kommentaren, erzählerischen Lösungen) ausgestattet, die ihn exzentrisch erscheinen lassen.

All diese Elemente kann der Leser (generisches Maskulinum) natürlich nicht erkennen, das ist klar, und ich kann auch nur sehr eingeschränkt lenken, was ihm/ihr/them zu allein lebenden 57-jährigen Pensionären der Bahn, Marathonläufern, dem Namen Marathonmann, grauen Jacken, kanariengelben Stoffbeuteln und der Kombination dieser Elemente einfällt. Man hofft einfach, dass es *irgendwas* sein wird. Wer einmal gelebt hat, kann nicht nichts bei Bahn, Marathonlauf oder Farben denken bzw. fühlen. Ja, es wird etwas anderes sein als bei »Frau, Kaschmirmütze, Gummistiefel, Golden Retriever« oder »schwarzer Junge, Glasauge, Maiskonserve«. (Spielt es eine Rolle, dass er schwarz ist? Wie alt ist er? Wann ist ein Junge ein Junge? Was hat es mit dem Glasauge auf sich? Wo befinden sich Junge und Maiskonserve? Ist jemand bei ihm? – etc. Wer schreibt daraus was für eine Geschichte? Und warum?)

›Marathonmann‹ oder Banker
– Rand oder Mitte der Gesellschaft?

Was mich zum nächsten Punkt bzw. Exkurs bringt, der mir jedes Mal aufstößt, wenn er in Feuilletons auftaucht, nämlich der Behauptung, meine Texte würden sich besonders gerne Figuren am Rande der Ge-

---

[22] Mora: Das Ungeheuer. S. 16.

sellschaft widmen. Das wird, wie ich zur Beruhigung meines selektiv überempfindlichen Gehörs feststellen durfte, sehr vielen Schriftstellern bescheinigt und ist auch gar nicht als negative Kritik gemeint, wie auch? Denn: Wo hätte eine plurale Gesellschaft *keine* Ränder? Je heterogener eine Gesellschaft ist, umso mehr wird über Zugehörigkeit zu dieser oder jener Gruppe verhandelt, auch in angeblichen ›Mitten‹. Man denke nur an so etwas Kleines wie die Scharmützel zwischen Zugezogenen und Alteingesessenen in gentrifizierten Stadtteilen, wie dem nämlichen, in dem auch das letzte Stück des Marathonmanns gefunden worden ist, weil seine Autorin dort lebt. Nennen wir ihn beim Namen: Prenzlauer Berg. Die fremdartigen Sitten der Neuen (nennen wir sie Schwaben), ihre Kleidung, ihre Art zu sprechen, Dinge zu benennen, lösen immer wieder Spannungen zwischen ihnen und denen aus, die vor ihnen da waren (nennen wir sie Ex-Ossis), was bislang gottlob nur zu symbolischen ›Kriegsgesten‹ geführt hat, wie dem Besudeln der Käthe-Kollwitz-Statue mit Spätzle.

Wir wollen nicht vergessen, dass wir diese Aktion deswegen eher albern und amüsant finden als traurig und potenziell bedrohlich, weil sich hier zwei kleine Gruppen der dominanten Kultur kabbeln (und weil es Teigwaren auf Stein sind und nicht was anderes), und obwohl die Probleme, um die es dabei geht – Verdrängung, Diskursbeherrschung –, gar nicht so klein sind, sind wenigstens alle Beteiligten weiß. Das entschärft die Situation wieder ein wenig, nicht wahr? Und während sich (vorerst) keine der erwähnten beiden Gruppen in Prenzlauer Berg als ›die Norm‹ in diesem Stadtteil zementieren kann, hindert sie das natürlich keineswegs daran, Nicht-Weiße und nicht-deutsche Zugewanderte und andere Minderheiten als Rand zu definieren. Die Mehrheit ist mächtiger. Die Mehrheit ist, wer die Landessprache als Muttersprache spricht und wer weiß ist. So ist es. Auch in meinen Texten sind fast alle weiß. Ich habe mir das nicht ausgesucht. So lebe ich: unter Weißen. Die sind höchstens mal arm oder allein. Ja, das macht ihre Situation prekär, und ja, das interessiert mich. Der schwarze Junge mit dem Glasauge ist im Übrigen eine Figur aus *Alle Tage*. Er ist dazu auch noch frühreif. Alles zusammengenommen könnte man annehmen, er habe es nicht leicht. Sein Status ist allerdings gesicherter als der seines weißen, staatenlosen Stiefvaters. Er ist nicht arm, er ist nicht allein, er hat Zugang zu Bildung. So kann es gehen. Ich behaupte nicht, dass die Kaschmirmütze und der Golden Retriever weniger interessant wären oder dass man damit nicht auch prekär leben kann. Teure Mützen und schöne Hunde verhindern nicht per se, dass man etwas mit Tiefe über sie erzählen könnte. Ich tue es nur nicht – bis jetzt nicht. Weil andere Dinge für mich zuerst kommen. Weil andere Dinge – sprechen wir es aus – mein Herz eher berühren. Ich erzähle über Dinge, die mich emotionell berühren und intellektuell stimulieren. Marathonmänner eben.

Machen wir also weiter mit diesem Marathonmann. Mal sehen, vielleicht stellt sich auch noch etwas über diese Ränder-Sache heraus. Wir sind ja immer noch erst bei der ersten Schicht der Figur, dem Ur-Marathonmann aus dem sozialistischen Pendlerzug. Neben diesem beinhaltet die Figur auch den verstorbenen Bernhard G. (siehe die Kolumne oben) sowie mindestens zwei bis vier weitere Personen aus der Realität, die ich noch identifizieren kann.

Diese sind:

– einer meiner Nachbarn, ein Marathonläufer, im zivilen Leben Kreditbanker, in den 1990ern aus Bayern nach Prenzlauer Berg zugezogen; als ich die Geschichte schrieb, gerade 57 Jahre alt.

– mein Lektor, promovierter Germanist, aus dem Hessischen stammend, bei München lebend, als die Figur zusammengesetzt wurde, ebenfalls in seinen 50ern und ebenfalls Marathonläufer.

– Dazu kommen noch zwei Männer, die ich flüchtig kannte, den einen aus dem Studium in Budapest, den anderen aus dem Studium in Berlin. Ersterer floss schon in Abel Nema in *Alle Tage* ein. Er war derjenige, der Fremdsprachen im Sprachlabor erlernte. Außerdem hatte er einige zwanghafte Züge, wie das radikale Fan-Sein eines (Achtung!) Langstreckenläufers und Vegetariers, was so weit ging, dass im Wohnheim kein ›Fleischfresser‹ das Messer *anfassen* durfte, mit dem er die Margarine auf sein Schwarzbrot schmierte (merke: der Ungar, als solcher, isst Weißbrot). Außerdem hätte er niemals einen Plastikbeutel in die Hand genommen, ausschließlich Beutel aus Stoff. Denke ich an einen Mann mit Stoffbeutel, fällt er mir ein. – Der zweite Mann, ein Deutscher, hatte auch einige Besonderheiten. Unter diesen befand sich ein stets, also auch an der Uni, mitgeführter Weidenkorb, aber mit Weidenkörben in der Hand kann man wirklich schlecht Leuten nachrennen. Von ihm habe ich die Ostbiografie der Figur und die für Sonderlinge typische Sturheit (oder Blockiertheit?), Dinge nur auf eine gewisse Weise machen zu können. Die Ostbiografie zog dann die Figur der Mutter nach sich, die unseren Helden in jungen Jahren nicht Teil des DDR-

Sportsystems werden ließ und zu allem »Da brauchst du dich nicht wundern« sagt.

Warum habe ich mich von dieser Auswahl nicht für den Banker und nicht für einen der drei zur Auswahl stehenden Geisteswissenschaftler entschieden, sondern für den sogenannten ›einfachen Mann‹? Zum einen, weil der Ur-Marathonmann, den ich am längsten bei mir hatte, Arbeiter war. Bemerkenswert ist, dass ich auch Bernhard G., der für das letzte Puzzleteil gesorgt hat, ohne Not statt zu einem Kunstmaler zu einem Klempner gemacht habe.

(Zäsur: An dieser Stelle bin ich zum Laden gestiefelt, in dessen Auslage immer noch sein Bild mit den Worten »einer fehlt …« hängt. Aber der Laden ist pandemiebedingt geschlossen. Ich kann niemanden fragen, wer er wirklich war.)

Aber mir fällt noch etwas mit Verbindung zum Ur-Marathonmann ein, das am Ende vielleicht entscheidend war – und zwar: die Tschechen. Die Tschechen, wie sie in den tschechoslowakischen Filmen unserer Jugend und bei Bohumil Hrabal auftauchen. (Und prompt hat Hellmut mit zwei ›l‹ ein wenig das Gesicht von Bohumil Hrabal. Eben sah er noch dem ungarischen Vegetarier mit dem Stoffbeutel ähnlich.) Hier gibt es wieder keine richtige Reihenfolge, wieder taucht alles quasi gleichzeitig auf:

- der Ur-Marathonmann und die Leute im Zug,
- die zugleich wie die Leute im Umfeld der ›scharf beobachteten Züge‹ sind, wie sie in Hrabals gleichnamiger Erzählung beschrieben werden[23], die ich zu jener Zeit, in der zweiten Hälfte der 1980er Jahre, las,
- dazu Echenoz' Buch über einen anderen Tschechen, Emil Zátopek, das ich las, als ich die Geschichte – 30 Jahre später – schließlich anfing zu schreiben.

Hat Zátopek Hrabal mit zur Party gebracht? Oder war es das Gesicht des Marathonmanns, in dem ich, während ich es gerade be-

---

[23] Genauer gesagt habe ich Hrabals Erzählung *Ostře sledované vlaky* (1965) in der ungarischen Übersetzung unter dem Titel ›Streng kontrollierte Züge‹ gelesen. Auf Deutsch wurde sie unter dem Titel *Reise nach Sondervorschrift, Zuglauf überwacht* (2016) verlegt. Vgl. Bohumil Hrabal: Reise nach Sondervorschrift, Zuglauf überwacht [1968]. Erzählung [tschech.: Ostře sledované vlaky (1965)]. Übers. von Franz Peter Künzel. Frankfurt am Main: Suhrkamp 2016. – Im deutschen Fernsehen lief Jiří Menzels 1966 veröffentlichter (Schwarz-Weiß-)Film auf Grundlage dieser Erzählung unter dem Titel SCHARF BEOBACHTETE ZÜGE und im Kino schließlich unter der kongenialen Überschrift LIEBE NACH FAHRPLAN (CS 1966).

schrieb, die Gesichter erkannte, die ich mitgebracht habe – aus physisch erlebten sozialistischen Zügen ebenso wie aus der Kunst? Wie es auch immer war, die Sogwirkung all dieser Elemente war einfach zu stark, als dass ich mich für den Banker hätte entscheiden können. Wobei es auch sicher interessant gewesen wäre, über einen Banker zu erzählen, der wegen 40 Euro einen Mann durch die Stadt jagt. Ober wegen 400? Oder 4.000? Wieso hat er 4.000 in bar dabei? Und wenn es 40.000 wären, wie bei Darius Kopp? Schau, wie die ganze Geschichte anders wird, wie es um etwas anderes geht, durch dieses einzige Element: die Summe. Was alles an Geheimnissen, Rätseln, Erklärbarem und Unerklärbarem dahinterstecken kann. Die Schönheit der 0. Die Schönheit der 0 vor dem Komma. Die Schönheit der 0 hinter dem Komma. Die Schönheit der 0, wenn sie ganz allein dasteht. Dass da trotzdem etwas steht. Das ist ein schönes Spiel.

Die 40.000 gehören zu Darius Kopp, also geben wir dem Banker 4.000. Die ihm ebenso nicht gehörten wie Darius Kopp die 40.000 gehören. Sagen wir, sie gehören seiner Mutter. Sagen wir, sie beschäftigen für Renovierungsarbeiten jemanden schwarz und brauchen dafür Bargeld. Ja, das würde ich über jemanden aus der Mittelklasse erzählen. Etwas über Schwarzarbeit. Die Mittelklasse könnte es sich leisten, gesetzestreu zu sein, findet es aber zu teuer. Oder findet auf der Gegenseite keinen Partner dafür. Nur Bares ist Wahres. Und dann musst du diesem Geld hinterherjagen. Diese Figur könnte ich aus lauter (man könnte fast sagen: beliebigen) Leuten meines heutigen Freundes- und Bekanntenkreises aufbauen. Die, anders als Hellmut mit zwei ›l‹, den Kontinent schon mehr als einmal verlassen haben, den Marathon in Boston gelaufen sind. Und darüber auch auf eine gewisse Weise erzählt haben. Die jede Woche nach Düsseldorf und zurück fliegen, weil sie kurz vor der Rente mir nichts dir nichts versetzt worden sind. Die kein schlechtes Gewissen wegen dieser Flüge haben und schon gar nicht wegen denen, die sie dreimal im Jahr in den Urlaub bringen. Deren Eltern gerade noch rechtzeitig starben, so dass die Pflege nicht das gesamte Erbe verschlungen hat. Oder wenigstes nicht mehr als das Erbe. Die nichts gegen Königsberger Klopse haben, aber Weißwurst jederzeit vorziehen würden. Die dir sagen, du musst das Salz von den Brezeln entfernen, wenn du willst, dass sie länger knusprig bleiben. Die sehr sportlich sind und trotzdem Asthma haben. Die wegen eines Burnouts krankgeschrieben waren. Deren Schulkameraden aus der ersten Klasse nicht hier wohnen wie Hellmuts Freund Claus, aber die ein so gutes Verhältnis zu ihren Nachbarn haben, dass sie dort ihren Zweitschlüssel hinterlegen können. Die graue Jacke könntest du dann allerdings knicken, die wäre bei unserem Banker zu sehr eine Verkleidung, und warum sollte er sich verkleiden? Du kennst den Banker im Anzug und in Funktionskleidung, aber Letzteres geht nicht, denn für die Erzählung muss man die Klamotten nicht zum Laufen, sondern zum Geld passend aussuchen. Darius Kopp mit seinem immerzu enger werdenden Anzug, seinen bekleckerten Hemden. In rahmengenähten Lederschuhen rennen. In Feinstümpfen in rahmengenähten Lederschuhen rennen. Oder, wenn wir gnädiger wären, in sogenannter Freizeitkleidung. Warum sollten wir gnädiger sein? Nun, zum Beispiel, um kein unnötiges Drama durch das falsche Schuhwerk zu erzeugen. Ein Banker in Freizeitkleidung, in Freizeitsneakers, der heimlichem Geld hinterherrennt. Ein Banker in rahmengenähten Schuhen, das wäre zu viel bzw. würde etwas anderes erzählen, als du erzählen willst. Der Ausgang der Geschichte wäre in jedem Falle gleich. Dieser Held würde ebenso allein kämpfen, exakt denselben Fehler begehen und schließlich genauso einen Herzkasper bekommen. Das Argument der Mutter gegen den Leistungssport als Beruf wäre möglicherweise ein anderes. Aber dass er sich nicht zu wundern brauche, wäre gleich. Zátopek wäre vielleicht nicht dabei. Obwohl er auch im Westen bekannt ist und obwohl er es war, der auch »Man kann nicht mit Geld in den Taschen laufen« gesagt hat.

An diesem Punkt habe ich meinen Marathon laufenden Nachbarn aus dem Westen gefragt, wer seine Laufvorbilder sind. Er nannte spontan Kathrine Switzer, und erst auf meine Nachfrage hin auch zwei Männer: Haile Gebrselassie und Paul Tergat, der wiederum gesagt haben soll: »Frage dich selbst: Kann ich noch mehr leisten? Die Antwort ist meistens: Ja.« Wenn man statt Zátopek Tergat nähme, wäre nicht nur der Titel anders. Dafür könnte jemand unseren Helden zum Beispiel wegen einer herausragenden Laufleistung einmal einen ›heimlichen Afrikaner‹ genannt haben. Die wir ja bekanntlich alle sind, nur nicht jedem sieht man es heute an. (Und eingefallen ist es dir, weil ein anderer Freund einmal nach einer Tanzeinlage von seinen Mosambikanischen Mitstudenten ›weißer Afrikaner‹ genannt worden ist, also quasi Afrikaner ehrenhalber, und das hat ihm sehr viel bedeutet. Denn nur weniger Jahre zuvor in der Mittelschule war er genauso rassistisch wie alle seine Mitschüler, aber das kam nicht aus ihm selbst, wie er sagt, anders als dieser Tanz.)

Aber noch interessanter wäre es, wenn der Bezugspunkt im Laufen tatsächlich Kathrine Switzer wäre, die erste Frau, die 1967 den Boston-

Marathon lief, wobei sie Männer versucht haben, von der Rennstrecke zu zerren. Dass sie die erste Wahl meines Nachbarn war, hat mich erstaunt. Es kam mir bis jetzt selten unter, dass Männer Frauen als Vorbild genannt hätten. »Einen Fuß vor den anderen setzen.« »Die Wut loslassen, denn du kannst nicht rennen und wütend bleiben.« Das sind Sachen, die Kathrine Switzer gesagt hat. Ebenso wie: »Talent ist überall, was es braucht, ist Gelegenheit.« Das in einer Geschichte mit einem privilegierten weißen Mann zusammenzubringen, würde mehr am Text ändern als alles andere bis jetzt. Wobei wir wissen, dass jeder Pelz mal die Motten kriegen kann, auch der des privilegierten weißen Mannes. Das wäre keine uninteressante Geschichte, aber insgesamt ist es doch gut, dass ich meinen Nachbarn erst gefragt habe, nachdem ich *Fisch schwimmt, Vogel fliegt* so geschrieben habe, wie sie jetzt ist. Mir fiel nicht ein, ihn zu fragen, weil ich genug mitgebrachtes – und teilweise schon sehr lange mitgeführtes – Material hatte, um damit arbeiten zu können. Dieses Material musste zuerst verarbeitet werden und wird auch sonst meist zuerst verarbeitet, wenn es darum geht, auf Beobachtetes zu assoziieren, auf heutige Auslöser zu reagieren.

Interessant für mich ist, dass ich immer wieder beobachten kann, wie sehr die mitgebrachten Sachen durch den Ort, an den sie gebracht wurden – Berlin, wo ich lebe –, erst erzählbar werden. Den Ort und die Sprache. Als müssten sie erst migrieren, um eingeordnet, um fruchtbringend verwertet werden zu können. Als müssten sie, genau wie ich selbst, erst woanders verpflanzt werden, um erblühen zu können.

Das zu beobachten ist immer wieder hilfreich. Hinterher darüber nachzudenken, wie *Fisch schwimmt, Vogel fliegt* und wie der Marathonmann noch hätten sein können, stört die ursprüngliche Arbeit nicht, hilft aber bei zukünftigen. Bis zu *diesem* Moment hätte ich mir nicht vorstellen können, jemals über einen Banker zu schreiben. Ab jetzt kann ich es mir vorstellen. Wozu es gut sein wird? Wir werden sehen.

Auch, dass ein Mann eine Frau (und nicht seine Mutter) als Vorbild nennt, und mich das so überrascht hat, ist etwas, womit ich arbeiten kann. Ich mühe mich gerade mit meiner ersten Protagonistin und ihrem männlichen Antagonisten ab, und das konfrontiert mich nach 50 Lebens- und 25 Schreibjahren mit bislang unbeachtet gelassenen Fragen. Es bringt mich an Orte, wo man vielleicht schon gewesen ist, aber ich noch nicht, oder schon, aber ich habe sie nicht aus einer Perspektive betrachtet, die es bräuchte, um etwas Gescheites dazu zu schreiben.

Im Moment bin ich nur soweit gekommen festzustellen, wie tiefgehend meine internalisierte Misogynie ist. Und dass ich, solange das so ist, diesen neuen Text nicht auf eine zufriedenstellende Art und Weise werde lösen können.
Darum geht es im Endeffekt bei jedem Text. Um die Befriedigung eines bekannten Bedürfnisses (wie beispielsweise dem belächelten Ur-Marathonmann aus dem Zug Tribut zollen zu wollen) und um das Erschließen neuer, bis dahin noch nicht gekannter Perspektiven, die nicht nur den aktuellen, sondern auch zukünftige Texte möglich machen. Umgehen mit dem eigenen Reichtum und dem eigenen Mangel, wie er sich spiegelt in der einen umgebenden Welt.

Nachtrag: Agentin auf Aussichtsplattform

Ich habe meine Agentin schließlich doch gefragt, und sie hat mir erzählt, was sie sieht, wenn sie auf die Aussichtsplattform am Potsdamer Platz geht. Sie sieht den Platz, wie er war, bevor es dieses Haus mit der Plattform gab:
- die großen Pfützen Grundwasser, die sich in den Baustellen gesammelt hatten, und dass sie dachte, wie schön es wäre, dort ein Schwimmbad hinzubauen,
- dass sie, als sie nach Berlin zog, ihren Kindern die Mauer zeigte, und dass sie vor dem Weinhaus Huth, dem letzten Haus auf der Westseite, aus dem Bus stiegen,
- dass sie gesehen hat, wie der historische Kaisersaal, der heute Teil des Ensembles des Sony Centers ist, auf Tiefladern dorthin umgezogen worden ist,
- dass sie einmal im Kaisersaal noch zu Westzeiten eine Inszenierung gesehen hat, bei der Bruno Ganz mitgespielt hat,
- dass sie, wenn sie an Bruno Ganz denkt, immer an DER HIMMEL ÜBER BERLIN (D/F 1987; R.: Wim Wenders) denken muss
- und dass sie zum letzten Mal auf diesem Dach war, als Ken Adam bei der Berlinale die Goldene Kamera erhielt,
- und Ken Adam wurde als Klaus Hugo Adam am 5. Februar 1921 geboren (also genau 50 Jahre vor mir), seine Eltern hatten ein Sportgeschäft Friedrichstraße Ecke Leipziger Straße (einen Block vom Potsdamer Platz entfernt).

Außerdem habe ich eine E-Mail-Adresse ausfindig gemacht und an den Laden geschrieben, in dessen Auslage das Bild Bernhard G.s (der in Wirklichkeit anders hieß) stand. Sie haben geantwortet. Auch sie wissen nicht, was er in seinem Leben getan hat. Sie kannten ihn erst aus einer Zeit, als er nichts mehr getan hat, außer auf der Straße zu spazieren und die Leute zu grüßen.

Literatur (allg.)

Danyi, Zoltán: Der Kadaverräumer [ungar.: A dögeltakarító (2015)]. Roman. Übers. von Terézia Mora. Berlin: Suhrkamp 2018.

Echenoz, Jean: Laufen [franz.: Courir (2008)]. Roman. Übers. von Hinrich Schmidt-Henkel. Berlin: Berlin Verlag 2009.

Hrabal, Bohumil: Reise nach Sondervorschrift, Zuglauf überwacht [1968]. Erzählung [tschech.: Ostře sledované vlaky (1965)]. Übers. von Franz Peter Künzel. Frankfurt am Main: Suhrkamp 2016.

Kertész, Imre: Letzte Einkehr. Ein Tagebuchroman [ungar.: A végső kocsma. Magvető (2014)]. Übers. von Kristin Schwamm, Adan Kovacsics und Ilma Rakusa. Reinbek bei Hamburg: Rowohlt 2015.

Sillitoe, Alan: Die Einsamkeit des Langstreckenläufers [1961; engl.: The Loneliness of the Long Distance Runner (1959)]. Erzählung. Neuausgabe. Übers. von Günther Klotz. Zürich: Diogenes 2007.

Texte von Terézia Mora (chronologisch)

Mora, Terézia: Seltsame Materie. Erzählungen. Reinbek bei Hamburg: Rowohlt 1999.

—: Durst. In: Seltsame Materie. Erzählungen. Reinbek bei Hamburg: Rowohlt 1999. S. 204–222.

—: Der Fall Ophelia. In: Seltsame Materie. Erzählungen. Reinbek bei Hamburg: Rowohlt 1999. S. 113–129.

—: Alle Tage. München: Luchterhand 2004.

—: Der einzige Mann auf dem Kontinent. Roman. München: Luchterhand 2009.

—: Das Ungeheuer. Roman. München: Luchterhand 2013.

—: Nicht sterben. Frankfurter Poetik-Vorlesungen. München: Luchterhand 2014.

—: À la Recherche. In: Dies.: Die Liebe unter Aliens. Erzählungen. München: Luchterhand 2016. S. 187–212.

—: Fisch schwimmt, Vogel fliegt. In: Dies.: Die Liebe unter Aliens. Erzählungen. München: Luchterhand 2016. S. 5–25.

—: Auf dem Seil. Roman. München: Luchterhand 2019.
—: Fleckenverlauf. Ein Tage- und Arbeitsbuch. München: Luchterhand 2021.

Filme (chronologisch)

THE LONELINESS OF THE LONG DISTANCE RUNNER (GB 1962; dt.: DIE EINSAMKEIT DES LANGSTRECKENLÄUFERS). Regie: Tony Richardson.
OSTŘE SLEDOVANE VLAKY (CS 1966; dt.: LIEBE NACH FAHRPLAN). Regie: Jiři Menzel.
MARATHON MAN (USA 1976). Regie: John Schlesinger.
DER HIMMEL ÜBER BERLIN (D/F 1987). Regie: Wim Wenders.

Stefanie Kreuzer

Webkonferenz mit Terézia Mora: Laudatio, Preisverleihung, Film-Trailer

Abb. 1: Galerieansicht (Ausschnitt) während des öffentlichen Online Meetings am 9. Juni 2021: Terézia Mora (oben rechts), Klaus Siblewski (mittlere Zeile links), Ute Clement (unten links) – (Foto: Stefanie Kreuzer)

Sehr geehrte Damen und Herren,
liebe Studierende,
liebe Kolleginnen und Kollegen,
liebe Literatur- und Poetik-Interessierte,
sehr geehrte Vizepräsidentin, Prof. Dr. Ute Clement,
–
liebe Terézia Mora!

Ich freue mich sehr, Sie im Namen der Universität Kassel zum Online-Meeting im Rahmen der diesjährigen Brüder-Grimm-Poetikprofessur mit Terézia Mora als Preisträgerin begrüßen zu dürfen! Mein Name ist

Stefanie Kreuzer, und ich bin Professorin für Neuere Deutsche Literaturwissenschaft und Medienwissenschaft am Institut für Germanistik.

Die Grimm-Poetikprofessur wird in diesem Jahr aufgrund der andauernden Corona-Pandemie erstmals online veranstaltet. Wir haben es somit heute (auch) mit einem virtuellen Experiment zu tun, das einerseits natürlich nur ein zweidimensionaler Ersatz für die Gegenwärtigkeit einer Präsenzveranstaltung darzustellen vermag. Andererseits ermöglicht dieses Format eine besondere Flexibilität und digitale Öffnung über die Kasseler Großregion hinaus. Und nach der asynchron eingestellten Antrittsvorlesung Terézia Moras haben wir nun zumindest auch eine Live-Veranstaltung organisiert (Abb. 1).

[An dieser Stelle folgten einige organisatorisch-technische Anmerkungen zur Videokonferenz. So wurde etwa über die Aufzeichnung des (Zoom-)Online-Meetings zu Forschungs- und Dokumentationszwecken informiert und für Vortrags- und Diskussionsteil der Umgang mit digitalem Ton, virtuellen Ikons und Chat geregelt.]

Und nun übergebe ich zunächst einmal – und das hat seit den Poetikvorlesungen von Klaus Hoffer und Felicitas Hoppe bereits Tradition – das Wort an die Vizepräsidentin (und zukünftige Präsidentin) der Universität Kassel, Frau Prof. Dr. Ute Clement (Abb. 2). Sie wird Sie alle als Vertreterin des Präsidiums offiziell begrüßen.

– Grußwort der Vizepräsidentin –

Abb. 2: Prof. Dr. Ute Clements Grußworte zur Webkonferenz mit Terézia Mora (Foto | Online-Meeting-Screenshot: Stefanie Kreuzer)

Preisverleihung (›Laudatio‹)

Jetzt kommen wir zur Preisverleihung und der damit einhergehenden Würdigung der Autorin Terézia Mora. Und in diesem Kontext sei vorab auf einen besonderen Umstand hingewiesen: So haben wir mit Terézia Mora als Brüder-Grimm-Poetikprofessorin im Jahr des 50-jährigen Jubiläums der einstigen Reformhochschule und heutigen Universität Kassel nämlich eine Preisträgerin, die in diesem Jahr auch selbst just ihren 50. Geburtstag gefeiert hat. – Diese zeitliche Analogie war indes natürlich nicht das (entscheidende) Auswahlkriterium!

Terézia Mora (*1971) ist im ungarischen Grenzgebiet zu Österreich zweisprachig aufgewachsen. Sie hat 1989 in Budapest begonnen zu studieren, ihr Studium der Theaterwissenschaften und Hungarologie 1990 an der Berliner Humboldt-Universität fortgesetzt und 1995 mit ihrem Magisterabschluss beendet. In den darauffolgenden Jahren hat sie als Produktionsassistentin bei einer Filmgesellschaft gearbeitet und an der Deutschen Film- und Fernsehakademie Berlin studiert. In diesem Kontext sind auch Drehbücher, Theater- und Hörspielarbeiten entstanden.

In der literarischen Öffentlichkeit hervorgetreten ist Terézia Mora insbesondere als Prosaautorin und Übersetzerin. Mittlerweile hat Mora zwei Erzählungsbände und vier Romane publiziert. Nach ihrem ersten Erzählungsband *Seltsame Materie* (1999) und dem Roman *Alle Tage* (2004) hat sie über die Dauer eines Jahrzehnts die sogenannte ›Kopp-Romantrilogie‹ vorgelegt. Diese erzählt von dem zugleich extremen und kuriosen Leben des IT-Spezialisten Darius Kopp. Die Trilogie reicht von *Der einzige Mann auf dem Kontinent* (2009) über *Das Ungeheuer* (2013) bis hin zu *Auf dem Seil* (2019). Ihr zweiter Erzählband *Die Liebe unter Aliens*, der eine Sammlung fiktionaler Figuren-Kosmen enthält, wurde 2016 zwischen den beiden letzten Kopp-Romanen publiziert. Aktuell schreibt sie am ersten Band einer anvisierten zweiten Romantrilogie, bei deren Hauptfigur es sich erstmals um eine Protagonistin handelt.

Für ihre literarische Arbeit ist Terézia Mora bereits mit einer Vielzahl an renommierten deutschen Literaturpreisen geehrt worden, darunter beispielsweise der Preis der LiteraTour Nord (2005), der Adelbert-von-Chamisso-Preis (2010), der Deutsche Buchpreis (2013) sowie der Georg-Büchner-Preis (2018). Sie hat zudem den Übersetzerpreis der Kunststiftung NRW (2011) erhalten. Ferner hat sie bereits drei Poetik-Dozenturen übernommen: die Tübinger Poetik-Dozentur zusammen mit Péter Esterházy (2006/07), die Frankfurter Poetik-Dozentur (2013/14), und 2014 hat sie auch die Salzburger Stefan-Zweig-Poetikvorlesung gehalten. Seit 2015 ist sie (Ehren-)Mitglied der Deutschen Akademie für Sprache und Dichtung.

Ein Charakteristikum von Moras fiktionalen Texten und ihrem spezifischen Erzählstil ist, dass ihr Fokus auf dem Personal, also den Figuren, liegt. Die Handlungen und Settings ihrer fiktionalen Welten scheinen gar von den Figuren aus entwickelt zu sein. Wiederholt und in unterschiedlichen Variationen geht es um Identität und Identitätssuche, um Sprache, Sprachlosigkeit und Mehrsprachigkeit sowie um Migrationskontexte.[1] Moras Textwelten sind von einem Figurenpersonal bevölkert, das häufig Sonderlinge, prekäre Existenzen, moderne Nomaden, unglücklich wirkende Einzelgänger und skurrile, sympathische Fremde versammelt. Daniela Strigl hat Moras fiktionale Texte gar als »von Grund auf« xenophil charakterisiert, »insofern wir alle Fremde sind, Aliens füreinander; den ›Fremden‹ sieht man es nur eher an.«[2] Viele Figuren in Moras Texten erscheinen als schrullige Charaktere, die sich mehr oder weniger gut in ihrem Leben behaupten und dieses mitunter auch gar nicht mehr ertragen können. Prototypisch anzuführen wäre etwa der Protagonist Abel Nema aus *Alle Tage*, der als Migrant für die Flüchtlingsthematik als globale Krisenerfahrung unserer Gegenwart steht und trotz seiner zehn akzentlos gesprochenen Sprachen ein stummer, unverstandener und dissozial anmutender Fremder bleibt. Tim und Sandy, die adoleszenten und beständig kiffenden Hauptfiguren der titelgebenden Erzählung aus der Sammlung *Die Liebe unter Aliens*, die sich in einer (Entzugs-)»Einrichtung kennengelernt«[3] haben und »danach nicht mehr auseinandergegangen« sind, bezeichnen sich gegenseitig gar explizit als »Alien«[4] und verschwinden schließlich getrennt voneinander, ohne »gerettet«[5] werden zu können.

---

[1] Auch Anne Fleig hat die »Themen Identität, Migration und Sprache beziehungsweise Mehrsprachigkeit« als zentral für die »bisherige Forschung zu Mora« herausgestellt: Anne Fleig: Tragödie und Farce. Formen der Mehrstimmigkeit in Terézia Moras Romanen. In: Klaus Siblewski (Hrsg.): Terézia Mora. München: edition text + kritik 2019 (= Text + Kritik. Zeitschrift für Literatur 221). S. 55–69. S. 56.
[2] Daniela Strigl: Terézia Mora. Von der Unendlichkeit des Satzes. Ein Alphabet des Lobes für Terézia Mora. (2018). https://www.deutscheakademie.de/de/auszeichnungen/georg-buechner-preis/terezia-mora/laudatio (Zugriff: 22. Sept. 2021).
[3] Terézia Mora: Die Liebe unter Aliens. In: Dies.: Die Liebe unter Aliens. Erzählungen. München: Luchterhand 2016. S. 27–54. S. 27.
[4] Mora: Die Liebe unter Aliens. S. 28.
[5] Mora: Die Liebe unter Aliens. S. 54.

Insbesondere die Protagonisten von Moras Romanen sind als vielschichtige Charaktere mit ambivalenten Handlungsmotivationen angelegt, die sich selbst noch finden müssen, sich dazu relativ mühsam mit ihrer Umgebung auseinandersetzen und – respektive oder – ihre Umwelt weitgehend ziellos durchstreifen. – So verbringt etwa Darius Kopp im ersten Teil der Trilogie zunächst beruflich erfolgreiche und privat glückliche Zeiten in Berlin. Als er im zweiten Teil mit dem Suizid seiner ungarischstämmigen Frau Flora konfrontiert wird, erlebt er diesen als Schicksalsschlag. Er zieht sich aus seinem bisherigen Leben zurück und bricht in ein zielloses Nomadendasein auf. Mit Floras Urne im Gepäck macht er sich auf die Suche nach ihrer Herkunft, reist nach Ungarn und weiter durch Osteuropa. Im dritten Teil strandet er mittellos als Gelegenheitsarbeiter, Touristenführer und Pizzabäcker auf Sizilien. Von dort bricht er mit seiner schwangeren, minderjährigen Nichte schließlich zurück nach Berlin in ein neues Leben auf.

Insgesamt beeindrucken Terézia Moras fiktionale Texte – wie bereits im Rahmen der Büchner-Preis-Verleihung herausgestellt – durch »ihre eminente Gegenwärtigkeit und lebendige Sprachkunst, die Alltagsidiom und Poesie, Drastik und Zartheit vereint.«[6] Terézia Moras Erzählweise ist handlungsreich, bedient sich ganz unterschiedlicher Sujets – vom akademisch geprägten Leben eines Japanologie-Professors im Ruhestand bis hin zur Schilderung widersprüchlicher Gefühle während einer Vergewaltigung – und wartet sprachlich mit einem großen Spektrum heterogener Töne und Stillagen auf. Ferner treten (sprach)spielerisch experimentelle Elemente und selbstreflexive Momente hervor, welche die erzählten Welten mitunter ironisch brechen. Exemplarisch anzuführen sind etwa durchgestrichene Wörter und graphisch strukturierte Textanordnungen.

Will man Moras fiktionale Texte formal charakterisieren, so sind einerseits *Multiperspektivität* und damit einhergehende Perspektivenwechsel sowie andererseits *Simultaneität* im Sinne einer Gleichzeitigkeit des Ungleichzeitigen zentrale Aspekte, die ihre spezifische Erzählweise kennzeichnen. Simultane Erzählstränge und -perspektiven sind dabei mitunter textlich direkt nebeneinander platziert und offerieren so verschiedene individuelle Leserichtungen.

---

[6] Ernst Osterkamp, Aris Fioretos, Wolfgang Klein u. Monika Rinck: Urkundentext: Die Deutsche Akademie für Sprache und Dichtung verleiht den Georg-Büchner-Preis 2018 Terézia Mora (27. Okt. 2018). https://www.deutscheakademie.de/de/auszeichnungen/georg-buechner-preis/terezia-mora/urkundentext (Zugriff: 5. Nov. 2021).

In ihrem Roman *Das Ungeheuer* wird beispielsweise die Perspektive des Protagonisten Darius Kopp sukzessive und im durchaus wörtlich zu verstehenden Sinne im Subtext durch Floras Sichtweise ›unterwandert‹. Graphisch ist diese Doppelung der Perspektiven und Ambivalenz der Lebensanschauungen durch eine permanente Trennlinie visualisiert, die den gesamten Roman in der Horizontalen durchzieht: Dabei finden sich im jeweils unteren Teil der Seiten diaristische Eintragungen, alltägliche Notizen, Lyrikübersetzungen, Beipackzettel, aphoristische Anmerkungen, Krankheitsbeschreibungen und poetische Sentenzen Floras, die Darius Kopp (entsprechend der Fiktionslogik) posthum in Einzeldateien auf ihrem Computer gefunden hat. Aus diesen Einzeltexten konstituiert sich kaleidoskopisch Floras ›Geschichte‹, die Kopps Sichtweise ergänzt, kontrastiert und korrigiert. Durch diese experimentelle Erzählweise gelingen Mora eine raffinierte multiperspektivische Konzeption des Romans und ein diffiziles Spiel mit erzählerischer Unzuverlässigkeit, die auf einer narrativen Makro-Ebene angesiedelt ist.

Doch auch auf einer Mikroebene finden sich in vielen fiktionalen Texten Moras subtile Perspektivenwechsel und -konfusionen, indem oftmals abrupt und nicht immer eindeutig zwischen Erzähl- und Figurenperspektiven hin- und hergesprungen wird, beide mitunter gar amalgamieren. Es wird mit Innen- und Außensichten gespielt. Formen der Bewusstseinsdarstellung wechseln rasant zwischen neutralen Gedankenberichten, Passagen mit Anklängen an erlebte Rede und stark subjektiv gefärbten inneren Monologen. Überdies sind auch Passagen mit direkter Rede graphisch unmarkiert und ohne Inquit-Formeln implementiert, wodurch diese nicht immer sicher von Gedankenzitaten zu unterscheiden sind. Insgesamt irritierend an Moras Erzählweise ist, dass oftmals in der Schwebe bleibt, welche Instanz jeweils sieht und/oder spricht. Exemplarisch an ihrer Erzählung *Fisch schwimmt, Vogel fliegt* (2016) kann zudem gezeigt werden, dass auch unterschiedliche Personalpronomina (›er‹, ›ich‹, ›du‹) oftmals im schnellen grammatikalischen Wechsel folgen, obwohl die damit bezeichneten Figurenidentitäten konstant bleiben. Mitunter könnten zudem Du-Ansprachen der Lesenden intendiert sein.

Exemplarisch zu dieser multiperspektivischen Konstitution von Moras Texten sei eine Passage aus ihrer Erzählung *Fisch schwimmt, Vogel fliegt* (2016) angeführt, die auch zentral für ihre Poetikvorlesung ist. Als der Marathonmann den Dieb seiner Wertsachen auf seinem Verfolgungslauf durch die Stadt an einer roten Ampel verloren hat, heißt es:

Als es Grün wird, ist nichts mehr von ihm zu sehen. **Marathonmann** läuft trotzdem wieder los, hinüber auf den Platz, über den Platz und weiter die Straße hinunter. **Er** wäre gerne größer, um über die Köpfe der Passanten sehen zu können, aber **du** kannst nicht gleichzeitig laufen und größer sein, und von hier unten betrachtet hat sich die Stadt hinter dem Jungen geschlossen, wie die Zweige eines Waldes hinter dem fliehenden Wild. Um nicht Dschungel sagen zu müssen. Dennoch: **Marathonmann** hört nicht auf zu laufen. *[Null-Fokalisierung]* **Ich** bin noch fit, **ich** hab noch alles, mehr noch, **ich** bin gerade erst warm geworden, **ich** könnte das Tempo erhöhen, die Schuhe sind gut, die Jacke zu schwer, egal. *[innerer Monolog – interne Fokalisierung]* **Er** kann nicht gehen, **er** muss laufen, auch wenn im Moment das Ziel nicht zu sehen ist. *[Null-Fokalisierung]*[7]

Kurzum, genau aus dieser Vielzahl an subtilen Ambiguitäten auf der Ebene der narrativen Darstellung, den gleichzeitig vorhandenen Innen- und Außen-, Erzähl- und Figurenperspektiven inklusive der durch die Du-Ansprachen simultan evozierten Assoziationen der Lesenden, die als implizite oder auch impliziierte Rezipient:innen ebenfalls eine Rolle im Text zugewiesen bekommen, speist sich der spezielle ›Mora-Sound‹!

Und damit komme ich zur offiziellen Preisverleihung:

Liebe Terézia Mora, es freut mich sehr, Ihnen Ihre Urkunde als Grimm-Poetikprofessorin 2021 überreichen zu dürfen! Das Preisgeld zur Brüder Grimm-Poetikprofessur von 5.000 € ist auch in diesem Jahr wiederum von der Kasseler Sparkasse gestiftet. Im Namen der Universität möchte ich meinen aufrichtigen Dank dafür aussprechen!

Und nun, sehr geehrtes Videokonferenz-Publikum, verfolgen Sie mit uns gemeinsam, wie die Urkunde den virtuellen Raum von Kassel nach Berlin wie von Zauberhänden geführt überwindet (Abb. 3–4).

---

[7] Mora: Fisch schwimmt, Vogel fliegt. S. 15 (Hervorh. S. K.). Die Fettungen und Klammerzusätze sind nicht im Originaltext vorhanden und dienen im zitierten Textausschnitt der Markierung von Fokalisierungswechseln und einer Bewusstseinsdarstellung.

– Urkundenüberreichung –

Abb. 3–4: digitale Urkundenüberreichung und -annahme in der Webkonferenz zwischen Stefanie Kreuzer und Terézia Mora am 9. Juni 2021 (Foto | Online-Meeting-Screenshot: Stefanie Kreuzer)

Eröffnung der Fragerunde

Und nun kommen wir zum dialogischen Teil dieser Veranstaltung und es ist an Ihnen, Fragen an Terézia Mora zu richten! – Allerdings möchte ich – entsprechend der Tradition von (Poetik-)Vorlesungen, die sich ursprünglich ja speziell an Studierende richten – vorerst die Studierenden priorisieren und ihnen das Wort geben und sie zu Fragen ermuntern! Im Anschluss ist die Fragerunde dann für alle geöffnet.

[Ein (Hinter-)Grund für diesen Vorrang der Studierenden ist auch das Begleitseminar zur Grimm-Poetikprofessur von Terézia Mora im Sommersemester 2021. In diesem Seminar haben sich Kasseler Studierende unter der Leitung von Stefanie Kreuzer bereits vor den GPP-Veranstaltungen mit einer Auswahl von Terézia Moras Romanen und Erzählungen intensiv auseinandergesetzt und auf die Veranstaltung vorbereitet.]

– Diskussion und Fragerunde mit Terézia Mora –

SIE SAGEN IMMER TERÉZIA MORA (D 2021)
Ein experimenteller Film mit/über Terézia Mora

Wir kommen nun zum zweiten Teil unseres Online-Meetings mit Terézia Mora und damit zum angekündigten Trailer des experimentellen Films SIE SAGEN IMMER TERÉZIA MORA (D 2021; R.: Thomas Henke). Es handelt sich dabei um den ersten Film im Rahmen einer neu initiierten begleitenden Filmreihe zur Kasseler Grimm-Poetikprofessur, die auf meiner Kooperation mit dem Medienkünstler und Regisseur Prof. Thomas Henke (FH Bielefeld) basiert.

Der Film ist anlässlich von Terézia Moras Grimm-Poetikprofessur Anfang 2021 während der Corona-Pandemie unter Einhaltung der Abstands- und Hygieneregeln entstanden. Es handelt sich um einen medienästhetisch experimentellen Film, dessen Material zu einem großen Teil aus (Zoom-)Videokonferenz-Aufzeichnungen einer Lesung von sowie Interviews über Terézia Mora hervorgegangen ist. Diese ›pandemietypischen‹ Videotelefonie-Formate sind in der Postproduktion filmisch aufwändig bearbeitet, visuell in den (Lebens-)Kontext der Autorin eingebettet und dialogisch in thematischen Komplexen montiert worden (Abb. 5).

Das Ergebnis ist ein 79-minütiger (Lang-)Film über Terézia Mora. Als Autorin liest sie insbesondere Textauszüge aus ihrem (erst) im September 2021 im Luchterhand-Verlag erscheinenden Tage- und Arbeitsbuch *Fleckenverlauf* sowie zusätzlich eine Passage aus *Auf dem Seil*. Diese Lesung wird im Film indes nicht kontinuierlich gezeigt, sondern beständig unterbrochen und kommentiert, indem Aussagen von Schriftstellerkolleg:innen (Andreas Jungwirth, Katja Lange-Müller), ihrem Lektor (Klaus Siblewski), ihrer Agentin (Karin Graf), einer Kasseler Studentin (Flora L. M. Saß) und Professorin (nämlich mir: Stefanie Kreuzer) sowie auch des Regisseurs (Thomas Henke) dazwischen montiert sind. Es handelt sich somit weder um eine konventionelle Literatur-Lesung noch um ein Filmporträt im traditionellen Sinne. In Anspielung auf den Filmtitel ist vielmehr kontinuierlich danach zu fragen, wer eigentlich was meint, wenn SIE [IMMER] TERÉZIA MORA [SAGEN]. Eine am Ende des Films im Abspann angeführte und im Anschluss sogleich wieder verworfene Antwort ist: »die Einheit aus Person und Werk«. Es sind indes viele weitere Antworten denkbar, implizit und auch impliziert …

Abb. 5: Screenshot eines Überblicks an Filmbildern aus SIE SAGEN IMMER TERÉZIA MORA (D 2021) von der GPP-Homepage – www.uni-kassel.de/go/gpp-morafilm (Zugriff: 7. Okt. 2021)

Den Trailer zu diesem Film – in einer Langversion von dreieinhalb Minuten – möchten wir Ihnen nun erstmals öffentlich präsentieren! Die Premiere des Films – und damit der dritte Teil der Veranstaltungsreihe zu Terézia Moras Grimm-Poetikprofessur – wird voraussichtlich im Rahmenprogramm des diesjährigen Kasseler Dokumentarfilm- und Videofests stattfinden.

[Der Link zum Filmtrailer (www.uni-kassel.de/go/gpp-morafilm) wird im Chat zum Online-Meeting notiert, so dass der Film im Anschluss von allen am Meeting Beteiligten direkt aufgerufen werden kann.]

Webkonferenz mit Terézia Mora: Laudatio, Preisverleihung, Film-Trailer

Abb. 6–11: digitale Podiumsdiskussion mit Terézia Mora (oben links), Stefanie Kreuzer (oben rechts), Klaus Siblewski (Mitte links), Thomas Henke (Mitte rechts), Andreas Jungwirth (unten links) und Flora Saß (unten rechts) am 9. Juni 2021

Eröffnung des Podiums mit einigen am Film Beteiligten

Am digitalen Podium (Abb. 6–11) nehmen neben Terézia Mora und Stefanie Kreuzer vier weitere Filmbeteiligte teil:
- der Regisseur *Thomas Henke*, der zugleich Professor für ›Neue Medien: Medienpraxis und Medienwissenschaft‹ an der Fachhochschule Bielefeld ist,
- *Andreas Jungwirt*, ein mit Mora seit Jahren befreundeter Schriftsteller und langjähriger Brieffreund,
- *Klaus Siblewski*, der langjährige Lektor *Terézia Moras* vom Luchterhand Verlag, sowie
- *Flora Saß*, eine Kasseler Literatur- und Kunst(wissenschafts)-Studentin.

– Podiumsdiskussion und Fragerunde zum Film –

Credits

Regie:
 Thomas Henke
›Cast‹:
 Terézia Mora, Karin Graf, Thomas Henke, Andreas Jungwirth, Stefanie Kreuzer, Katja Lange-Müller, Flora L. M. Saß, Klaus Siblewski
Kamera:
 Terézia Mora, Isabel Kriedemann, René Kriedemann, Stefanie Kreuzer
Interviews:
 Thomas Henke in Zusammenarbeit mit Stefanie Kreuzer
Montage:
 Peggy Henke
Endfertigung:
 Oliver Held (Heldfilm Köln)
Redaktion:
 Stefanie Kreuzer
Produktion:
 HENKE-MEDIEN
Textauszüge aus Terézia Moras *Fleckenverlauf. Ein Tage- und Arbeitsbuch* (Luchterhand 2021) sowie ihrem Roman *Auf dem Seil* (Luchterhand 2019)
© Thomas Henke, Stefanie Kreuzer, Terézia Mora | 2021

Film

SIE SAGEN IMMER TERÉZIA MORA (D 2021). Regie: Thomas Henke. Drehbuch: Thomas Henke, Terézia Mora u. Stefanie Kreuzer (mit Textauszügen aus Terézia Moras »Fleckenverlauf. Ein Tage- und Arbeitsbuch« (2021) sowie ihrem Roman »Auf dem Seil« (2019)). Kamera: Terézia Mora, Isabel Kriedemann, René Kriedemann, Stefanie Kreuzer. Interviews: Thomas Henke in Zusammenarbeit mit Stefanie Kreuzer. Montage: Peggy Henke. Endfertigung: Oliver Held (Heldfilm Köln). Redaktion: Stefanie Kreuzer. Cast: Terézia Mora, Karin Graf, Thomas Henke, Andreas Jungwirth, Stefanie Kreuzer, Katja Lange-Müller, Flora Saß, Klaus Siblewski. Produktion: HenkeMedien. Laufzeit: 79 Min.

Literatur

Fleig, Anne: Tragödie und Farce. Formen der Mehrstimmigkeit in Terézia Moras Romanen. In: Klaus Siblewski (Hrsg.): Terézia Mora. München: edition text + kritik 2019 (= Text + Kritik. Zeitschrift für Literatur 221). S. 55–69.

Mora, Terézia: Die Liebe unter Aliens. In: Dies.: Die Liebe unter Aliens. Erzählungen. München: Luchterhand 2016. S. 27–54.

Osterkamp, Ernst; Aris Fioretos, Wolfgang Klein u. Monika Rinck: Urkundentext: Die Deutsche Akademie für Sprache und Dichtung verleiht den Georg-Büchner-Preis 2018 Terézia Mora (27. Okt. 2018). https://www.deutscheakademie.de/de/auszeichnungen/georg-buechner-preis/terezia-mora/urkundentext (Zugriff: 5. Nov. 2021).

Strigl, Daniela: Terézia Mora. Von der Unendlichkeit des Satzes. Ein Alphabet des Lobes für Terézia Mora. (2018). https://www.deutscheakademie.de/de/auszeichnungen/georg-buechner-preis/terezia-mora/laudatio (Zugriff: 22. Sept. 2021).

Stefanie Kreuzer

Anmerkungen zum Poetik-Seminar

Abb. 1: Galerieansicht (Ausschnitt) während des ersten Online-Meetings im GPP-Begleitseminar am 27. Mai 2021 (Foto | Online-Meeting-Screenshot: Stefanie Kreuzer)

Terézia Mora war im Rahmen ihrer Grimm-Poetikprofessur an zwei Terminen im Sommersemester 2021 zu Gast im Seminar »Terézia Mora: Grimm-Poetikprofessorin 2021« (Abb. 2). In der ersten Seminarsitzung am 27. Mai hat sie einen Schreibauftrag zu Minutennovellen gegeben und stand für Nachfragen zur Verfügung (Abb. 1). Zum zweiten Termin am 10. Juni hat sie die ihr eingereichten Texte gemeinsam mit den Studierenden im Seminar besprochen.

Terézia Moras Schreibauftrag ist im folgenden Kapitel dokumentiert. Im Anschluss ebenfalls aufgenommen sind neun der im Seminarkontext entstandenen Minutennovellen, die die Studierenden nach dem Seminargespräch mit Terézia Mora und entsprechend ihrer individuellen Rückmeldungen für den Druck leicht modifiziert und umgearbeitet haben.

Abb. 2: Terézia Mora während des ersten Online-Meetings
im GPP-Begleitseminar am 27. Mai 2021
(Foto | Online-Meeting-Screenshot: Stefanie Kreuzer)

Von insgesamt zehn Studierenden, die im Seminarkontext einen eigenen Text verfasst haben, haben neun ihre Texte autorisiert und unter ihrem Namen abdrucken lassen.

Terézia Mora

Poetik-Seminar:
›Minutennovelle‹ als Schreibübung

Abb. 1: Galerieansicht (Ausschnitt) während des zweiten Online-Meeting im Poetik-Seminar am 10. Juni 2021 (Foto | Online-Meeting-Screenshot: Stefanie Kreuzer)

›Schreibübung‹ für Studierende

[SK: Terézia Mora (Abb. 2) hat ihre Schreibübung in Form eines Handouts der Seminargruppe (Abb. 1) zukommen lassen, das den folgenden Wortlaut enthält:]

Ausgehend vom Satz: »Ich ging hinunter zum Wasser, um X zu sehen« soll eine ›Minutennovelle‹ geschrieben werden. Zeitform, Verb und Person können geändert werden, also: »Y ist zum Wasser hinuntergegangen, um X zu sehen«, oder »N. rennt zum Wasser, um M. zu sehen« geht natürlich auch.

X zu Y, am Wasser, (geplante) Interaktion – das sind die Elemente.

Länge in Minutennovellenformat: 1 bis 3 Seiten. (Niemand wird für 4 Seiten belangt, niemand wird für 2 Zeilen belangt etc.)

Möglichst spontan. (Und möglichst relevant für den/die Schreibende/n. Denn: wozu sonst darüber schreiben, nicht wahr?) Deadline: Donnerstag, 3. Juni 2021 Besprechung: Donnerstag, 10. Juni 2021

Abb. 2: Terézia Mora während des zweiten Online-Meetings im Poetik-Seminar am 10. Juni 2021
(Foto | Online-Meeting-Screenshot: Stefanie Kreuzer)

Christoph Diehl
Sarah Engelhard
Nelli Fust
Vanessa Möller
Flora Saß
Svenja Schmidt
Antonin Steinke
Lea Vemino
Julia Wienczkewicz

Minutennovellen

Christopher Diehl:
Freizeit umgesetzt

Ich gehe hinunter zum Wasser, um die Enten zu sehen. Mein Smartphone und andere Ablenkungen bleiben zuhause. Eine Pause am Wasser. Wann bin ich so alt geworden? Ich sehe mich, wie ich früher die Alten sah, die die Enten und Tauben fütterten.

Die Enten sind zu dieser Zeit kaum zu finden, dafür jedoch reichlich andere Menschen, die hier ihre Zeit vertreiben.

Meine Ruhe finde ich nicht.

Am Steg streiten sich die Surfer und Taucher um die Nutzungszeiten, während ein paar Meter weiter kleine Kinder schreien. Kein Wunder, dass die Enten zu dieser Zeit lieber woanders sind.

Mein Blick fällt auf diejenigen, die sich auch Ruhe gönnen wollen, aber den Fehler gemacht haben, ihre Mobilgeräte mitzunehmen. Gezwungen, alle paar Minuten nach dem Statusupdate oder nach Nachrichten anderer zu schauen, immer erreichbar zu sein.

Das Schicksal aller teilen, egal ob man selbst betroffen ist oder nicht. Aber darüber will ich mir keine Gedanken machen, heute nicht. Ich gehe weiter, um mir einen ruhigeren Ort zu suchen, so wie es die Enten gemacht haben. Jedoch komme ich nicht umhin, den Müll anderer zu sehen, die ihn liegen gelassen haben. Da ertappe ich mich selbst. Wie viele andere, die mir auf meinem Weg begegnen, stört mich der Müll, aber macht jemand von uns etwas dagegen? – Nein, ich bin hergekommen, um das Wetter etwas zu genießen und dem Lärm zu entkommen.

Nun bin ich auf der Suche nach einem ruhigen Fleck, mit dem nagenden Gefühl, Dinge zu verpassen und nichts gegen den Müll zu unternehmen. Ich finde keinen Ort, der mir gefällt, doch sehe ich eine Familie, die den Müll aufsammelt. Eine Familie, an einem sonnigen Tag. Ich kenne ihre Motivation nicht, bezahlt werden sie wahrscheinlich nicht, und es freut mich, dass es noch Menschen gibt, die lieber Taten sprechen lassen, statt sich aufzuregen. – Wenige Meter weiter sehe ich eine Familie, die wahllos Müll von ihrem Picknickplatz in das Gebüsch wirft.

Ich habe genug. Ich finde keine Ruhe, kann mich nicht entspannen. Ich finde Lärm, Müll, Konflikt und den Grund für all das, andere Menschen. Statt einer entspannten Pause schäme ich mich für das Verhalten anderer und von mir selbst, bin nervöser als zuvor.

Zuhause angekommen, sitze ich in Ruhe in meinem Zimmer. Ich reflektiere. Ich bin nicht zufrieden mit der Situation. Meine (milde?) Misanthrophie ignorierend schalte ich den PC an, um wieder Teil der ›Informationsgesellschaft‹ zu sein. E-Mails, Social Media, Streaming ... Und doch kann ich nicht die friedlich wirkenden, Vögel fütternden Alten vergessen. Ich fühle eine bittere Melancholie aufsteigen.

Ich sehe, wie sich früher Erlebtes digital abspielt. Menschen steigern sich in Konflikte und Diskussionen, verlieren Kontext und Sachlichkeit, geschützt durch die empfundene Ferne und Anonymität des Internets. Wären wir im Internet des Jahres 2010 würde man vieles einfach ignorieren. Heute muss jeder für alles verantwortlich gemacht werden, man muss sich empören, und jeder muss einen Stellvertreter-Krieg für jeden führen.

Wann bin ich so alt geworden? Warum fühle ich mich, als ob der digitale Diskurs das reale Leben versucht zu verzerren, Menschen zu bevormunden und Lebensgrundlagen zu zerstören für Dinge, welche in grauer Vorzeit geäußert wurden und nun an neuen Maßstäben gemessen werden?

Ich schließe die Fenster, die mich in diesen Sog des Wahnsinns zerren wollen. Social Media bringt auf Dauer doch nur Unglück.

Auf der Suche nach einem Film-Review wird mir ein Video empfohlen.

Eine Mandarinenten-Fütterung.

Ich sehe die Illusion.

Ich vermisse die Enten.

Christopher Diehl (* 1989 in Nordshausen) – Student an der Universität Kassel. Seit 2013 Bachelorstudium mit den Kombinationsfächern Germanistik (Hauptfach) und Kunstwissenschaft (Nebenfach).

Abb. 1: Christopher Diehl im digitalen Poetik-Seminar mit Terézia Mora am 10. Juni 2021 (Foto | Online-Meeting-Screenshot: Stefanie Kreuzer)

Sarah Engelhard:
Whisky Sour mit Amarena-Kirschen

Sie ging hinunter zum Wasser, um Emil aus nächster Nähe zu sehen. Vorher hatte Marlies aus ein paar Metern Entfernung beobachtet, wie er am Steg saß und seine Beine knietief im Wasser hängen ließ, neben sich ein kleines Glas, gefüllt mit gekühltem Kaffee. Er rauchte genüsslich eine Zigarette. Wie ich das hasse. Ich hasse es, dass er raucht. Dabei habe ich ja selbst erst vor einem Jahr aufgehört – wie anmaßend. Irgendwann wird Emil (und auch viele andere geliebte Menschen) viel zu früh an den Spätfolgen der ständigen Zum-Kaffee-Zigaretten, An-der-Haltestelle-warten-Zigaretten, Nach-dem-Sex-Zigaretten, Nach-dem-Essen-Zigaretten, Flucht-vor-unangenehmen-Situationen-Zigaretten und den lässig An-der-Theke-Drinks-schlürfend-Zigaretten sterben. Eigentlich vermisste Marlies letztere selbst am meisten. Oder vielleicht vermisste sie vielmehr ihr altes Ich, das sich nachts an den unterschiedlichsten Bartresen der Stadt mit einem Wein und einem Päckchen Tabak vor sich befand?

Sie betrat den Steg und setzte sich neben Emil. Ganz nah. Sie blickte nach links, direkt in sein Gesicht. Sein Blick war nach vorn auf das Wasser gerichtet. Er nahm einen tiefen Zug. Seine Augen müde, erschöpft, aber nicht traurig. Ganz im Gegenteil strahlten sie etwas sehr Zufriedenes aus. – Wir steigen in denselben Fluss und doch nicht in denselben, wir sind es und sind es nicht. Das Wasser ist kühl. Ganz reinspringen mag ich heute nicht.

»Willst du einen Schluck?«

»Nein, danke. Weißt du noch, wie kalt es war, als wir letztes, oder war es vorletztes Jahr, nachts reingesprungen sind? Es war eisig kalt.«

Ja, ich hatte so eine aufregende Vorstellung einer Sommernacht. Mit dem Fahrrad durch die Stadt, durch den Park, um dann nackt im Fluss baden zu gehen. That's romantic!

Sie grinste. Die Realität besagter Nacht sah so aus, dass Marlies und Emil am Wasser gestanden und ins tiefe, schwarze Wasser geschaut hatten, was dazu führte, dass es sie mehr Überwindung kostete, als sie geahnt hatten. Schließlich waren sie doch reingesprungen, um dann festzustellen, dass es viel zu kalt war. Nach nur ein paar Sekunden vor Kälte zitternd hatten sie ihre Klamotten wieder anzogen, waren auf die Fahrräder gestiegen, um im Fahrtwind noch mehr zu frieren. Marlies wendete ihren Blick von Emils Gesicht ab und richtete ihn nun nach vorne aufs Wasser. Sie beobachtete kleine und mittelgroße Fische, die mal mehr und weniger nah, mal hektischer und langsamer umeinanderkreisten. Einzelne Gräser schwammen an der Oberfläche neben mehreren Stücken von Treibholz. Am Grund ließen sich Steine unterschiedlichster Größe erahnen, mehr oder weniger mit Moos bedeckt. Das Moos verteilte sich in vielen kleinen Partikeln im Wasser, zwischen den Pflanzen, Steinen, Hölzern und Fischen. Gedanklich waren beide wieder in jener Nacht: Wie sie in jener Nacht zu ihm fuhren, heiß duschten, einen Joint am Fenster rauchten, sich über den Mond unterhielten und sich im Anschluss liebten. Wer in denselben Fluss steigt, dem fließt anderes und wieder anderes zu. Man kann nicht zweimal in denselben Fluss steigen.

»Wollen wir bald nach Hause?«

»Ja, lass uns bald los.«

Während sie auf ihre Räder stiegen und durch den Park und die Straßen der Stadt nach Hause fuhren, erzählte er von der kommenden stressigen Phase seiner Arbeit. Er zählte auf, was er alles in den nächsten Wochen zu tun habe, wie sehr sein Chef ihn für die gute Arbeit der letzten Wochen gelobt habe und dass er sich darauf freue, einfach mal wieder früher Feierabend zu machen. Emil hat eine gute Arbeit, die er gerne macht. Die ihn aber manchmal komplett einnimmt. Marlies hörte nur halb zu. Sie fing an, über ihre eigene Arbeit nachzudenken. Sie hatte auch eine gute Arbeit, die sie ebenfalls gerne machte, die sie aber auch manchmal komplett einnahm. Klar, wir lieben das, was wir tun, aber es kann trotzdem unbedeutend sein. Wen interessiert das alles? Was verändern wir damit? Bewegen wir überhaupt etwas? Ist es unsere Aufgabe, die Welt zu ändern? Würde man nicht einen viel größeren Beitrag leisten, wenn man alten Leuten im Pflegeheim den Arsch abwischte? Den Eltern letztens vorgehalten, sich ihr Leben lang über die Arbeit definiert zu haben.

»Lass uns auf dem Weg noch kurz beim Supermarkt halten. Ich will dann nicht nochmal losmüssen.«

»Okay.«

Zuhause angekommen erstmal etwas trinken. Die Einkäufe verstauen. Die Rucksäcke vom Badeausflug auspacken. Eine Flasche Wein aus dem Kühlschrank holen.

»Willst du auch ein Glas?«

»Ja. Lass uns duschen.«

(Es gab für beide nichts Besseres als eine gemeinsame warme Dusche mit einem kalten Getränk.) Frisch geduscht, bereiteten sie gemeinsam eine Riesenportion Pasta mit frischen Tomaten und Zitro-

nenbutter zu, die sie im Anschluss auf ihrem kleinen Balkon verspeisten. Sie aßen, tranken, unterhielten sich angeregt und lachten.
»Geht's los?«
»Ich rauch noch eine. Dann können wir los.«
»Okay.«
Sie stiegen wieder auf ihre Räder und fuhren durch die Straßen zu ihrer Donnerstags-Abend-Stammbar. Die Räder schlossen sie an der Straßenlaterne an. Sie gingen hinein, nahmen ihre Lieblingsplätze an der Theke ein. Der Barkeeper begrüßte sie herzlich wie immer. Sie bestellten zwei Whisky Sour. Seine Hand auf ihrem Knie liegend hörte er Timo zu, der von einer neuen Getränkekreation erzählte. Sie hörte nicht zu. Marlies war gedanklich wieder am Fluss. Unsere Welt, die Welten unter Wasser, die Welt der Fische, seine Welt, die der Moospartikel, Timos Welt, die Welt der Pflanzen, meine Welt. Sind Steine die ›Häuser‹ der Unterwasserwelt? Wenn alles kleine, eigene Welten sind, dann sind alle im Großen und Ganzen gesehen eh unbedeutend. Timo stellte die beiden Whisky Sour vor ihnen ab. Er zündete sich eine Zigarette an, rührte um, nahm einen Schluck. Er beobachtete sie. Sie nahm den Spieß mit den beiden Amarena-Kirschen und steckte ihn in den Drink. Das schmeckte ihr am besten, wenn sich die Kirschen mit dem Getränk vollsaugten. Eine der Kirschen wird sie schon nach ungefähr der Hälfte essen, die andere erst ganz am Ende, wenn das Glas komplett leergetrunken ist. Als nächstes wird sie die halbe Orangenscheibe herausnehmen und das Fruchtfleisch herausbeißen. Dann die Schale wieder zurück ins Glas tun. Wo sie wohl mit ihren Gedanken ist? Sie denkt nicht nur, dass sie zu viel denkt. Ich weiß, dass das bei ihr so ist. Ich kenne keinen Menschen, der so oft mit dem Sinn des eigenen Daseins auf dieser Welt hadert.

Sarah Engelhard (* 1994 in Frankfurt a. M.) – Studentin an der Universität Kassel. Von 2014 bis 2019 Bachelorstudium der Fächer Germanistik/Politikwissenschaft. Seit 2019 Masterstudium des Faches Germanistik.

Abb. 2: Sarah Engelhard im digitalen Poetik-Seminar mit Terézia Mora am 10. Juni 2021 (Foto | Online-Meeting-Screenshot: Stefanie Kreuzer)

Nelli Fust:
Einatmen – Ausatmen

Ich ging hinunter zum Wasser, um dich zu sehen. Ich spüre bereits die Wärme der aufgehenden Sonne, die meine Haut berührt, so wie du es damals getan hast. Ein Windstoß überkommt mich, und ich atme tief ein. Sehr tief. Ich schließe die Augen und laufe immer langsamer, weil ich weiß, dass dieses Gefühl wieder da sein wird, als wären wir nie auseinander gewesen.

Vorsichtig laufe ich den gewohnten schmalen Pfad entlang und nehme den Duft der frischen Blüten wahr. Ich habe mich nie sonderlich für Pflanzen interessiert, aber dem Geruch kann ich nicht widerstehen. Blüten, die pünktlich zum Frühlingsbeginn ihre feinen Blätter öffnen und diesen zarten Hauch der Natur freigeben. Alles wird schöner, ruhiger und frei. Frühling ist stets ein guter Grund, spazieren zu gehen.

Ich gehe etwas langsamer, da ich weiß, dass gleich ein großer Baumstamm im Weg liegen muss. Ich ertaste ihn und klettere geschickt hinüber. Mich kann nichts mehr aufhalten auf meinem Weg zu dir. Voll Vorfreude nehme ich diesen Pfad, ohne die Augen zu öffnen. Es freut mich, wie gut ich mich hier doch mittlerweile auskenne.

Damals war es für uns normal, zusammen spazieren zu gehen. Doch es hat sich viel verändert. Die Zeit ging an uns vorbei. Wir schienen es nicht zu merken. Wir waren glücklich und hatten Ziele, wenn auch nicht immer dieselben. Aber wir schauten immer zusammen in eine Richtung.

Ich werde von Vogelgesang abgelenkt. Es scheint fast so, als würden sie um meine Aufmerksamkeit streiten. Oder streiten sie gar miteinander? Mit jedem Schritt entferne ich mich vom Zwitschern und nähere mich dem Wasser.

Plötzlich werde ich ganz aufgeregt. Bin ich dafür schon bereit? Mein Herz rast. Ich bleibe kurz stehen und halte inne. Es wird sich doch nichts geändert haben? Wir werden uns nicht geändert haben? Du wirst da sein mit deinen großen Augen und ganz gespannt auf alles sein, was kommt. So waren wir immer. Keine großen Ansprüche, nur bedingungslose Zuneigung. Dass wir uns lieben, hatten wir uns nie gesagt. Man muss es aber auch nicht.

Mir wird heiß und kalt. Ich spüre den Sand. Ich kann meine Augen nicht öffnen – nein, ich traue mich nicht, sie zu öffnen. Zu groß ist die Befürchtung, dass ich die Veränderungen in dir erkenne, dass ich den

Traum von dir und mir nicht weiter träumen darf, dass die Zeit den Glauben an uns gewendet hat. Ich spüre wieder den Windstoß.

Ich öffne die Augen und schaue langsam auf den See, das ruhige Wasser und den fast wolkenlosen Himmel darüber. Ich erkenne ein kleines Boot, das sich langsam und einsam in weiterer Ferne auf dem Wasser bewegt.

Ich sehe mich um – weit und breit keine Menschenseele zu sehen.

Wir haben doch immer zusammen in eine Richtung geschaut.

Nelli Fust (* 1990 in Ufa, Russland) – Studentin an der Universität Kassel. Seit 2010 Bachelorstudium der Fächer Germanistik und Politikwissenschaften.

Abb. 3: Nelli Fust im digitalen Poetik-Seminar mit Terézia Mora am 10. Juni 2021 (Foto | Online-Meeting-Screenshot: Stefanie Kreuzer)

Vanessa Möller:
Erinnerungen

Ich ging hinunter zum Wasser, um mir die Ebbe anzusehen. Noch nie war ich am Meer gewesen, noch nie so weit weg von zu Hause. Meine Zehen gruben sich in den kalten Sand. Die Sonne hatte ihn noch nicht erwärmt. Später würde es unerträglich heiß werden, und man müsste eine Gummisohle zwischen die aufgeheizten Sandkörner und die eigenen Füße bringen. Mein Vater hatte mir einmal erklärt, was es mit den Gezeiten auf sich hat. Seitdem war ich fasziniert von diesem Schauspiel. Ich habe mir unzählige Meeresdokumentationen in der Hoffnung angeschaut, dass ich das Phänomen kurz zu Gesicht bekommen würde. Oftmals wurde es nur am Rande erwähnt, viel zu oft wurde es komplett ausgelassen. Während ich im Kopf immer wiederholte, wie es zu Ebbe und Flut kommt – Anziehungskraft des Mondes, Wasserberg, Flut, Fliehkraft, Ebbe, Anziehungskraft – ging ich am Strand weiter zum Meer. Noch war nichts zu sehen, aber es müsste jeden Moment beginnen. Ganze zwölfeinhalb Stunden konnte es dauern. Ich würde wahrscheinlich nicht die ganze Zeit hierbleiben können, aber zumindest den Anfang konnte und wollte ich mir nicht entgehen lassen. Die Wellen rauschten rhythmisch. Vögel und Wind spielten die Instrumente. Mit einem wohligen Gefühl näherte ich mich dem Wasser und sog den salzigen Geruch ein. Meine Haare wehten mir ins Gesicht. Ich konnte mich nicht mehr beherrschen. Ich fing an, dümmlich vor mich hinzugrinsen. Den Rest des Weges joggte ich, bis das Wasser meine Füße umspülte. Es prickelte. So stand ich eine ganze Weile da, die Augen geschlossen, den ersten Sonnenstrahlen des Tages zugewandt. Nach und nach spürte ich, wie sich das Wasser mir entzog und in die Weite hinauszog. Ich setzte mich in den Sand und schaute zu, wie sich das Meer entfernte. Ich wusste, es würde zurückkommen, und es breitete sich eine tiefe Ruhe in mir aus. Endlich. Ich war angekommen.

Vanessa Möller (* 1999 in Kassel) – Studentin an der Universität Kassel. Seit 2018 Bachelorstudium der Fächer Germanistik und English and American Studies. Sie arbeitet aktuell als Hilfskraft und Tutorin. Nach ihrem Bachelorabschluss plant sie ein Masterstudium in Berlin.

Abb. 4: Vanessa Möller im digitalen GPP-Begleitseminar am 27. Mai 2021 (Foto | Online-Meeting-Screenshot: Stefanie Kreuzer)

Flora Saß:
Schwimmen

Maria ging hinunter zum Wasser, um die Enten zu sehen. Sie hatte die trockenen Brötchen dabei, die sich über die Woche angesammelt hatten. Nach dem Frühstück am Feiertag zum Beispiel waren die Weltmeisterbrötchen übriggeblieben. Kein Wunder, dachte sie, wer will schon von allem ein Bisschen, ohne befriedigt zu sein – wie das die Körnermischung auf den trockenen Teigkugeln bei ihr auslöste? Die Enten aber liebten alle noch so kleinen Krümel, die aus ihrer Tüte fielen. Beim Rieseln des Sandes, den ihre Füße auf dem Weg zur Wasserkante aufwarfen, wirkten die Tierkörper wie kleine luftgefüllte Schiffchen, die die Wellen geschickt nutzten, um ihr Tempo zu erhöhen. Die orangenen Dreiecksfüße bemühten sich, schnell Sand unter sich zu bringen und dem Rascheln der Tüte nachzugehen. Maria mochte das – ein echter Empfang. Sie sah ihnen beim Fressen zu. Alles an ihnen war länglich und gleichzeitig rund. Ihre braunen Schnäbel mit Löchern drin. Jedes Mal wieder fragte sie sich, wie es sein konnte, dass nicht andauernd kleinste Dinge in ihnen landeten. Genauso wahrscheinlich war es doch, dass Partikel, zu fein für das menschliche Auge, mühelos durch die offenen Schnabellöcher Eingang in den Entenkörper fänden und nicht mehr herauskämen.

Es war schon das dritte Mal diesen Monat, dass Maria eine Stunde durch den Ort gelaufen war, um an den Strandabschnitt zu kommen, den sie nicht teilen wollte. Zwar mit Tieren, aber nicht mit anderen Menschen. Sie kam her, um zu wissen, was sie fühlte, und dafür brauchte sie all ihre Konzentration.

Beim Meer war es leicht: Es brauchte nicht viel mehr als Weite, um Erhabenheit zu spüren. Aber manchmal wollte sich das Gefühl nicht einstellen, so auch heute. Da konnte sie noch so lange mit zugekniffenen Augen auf die blaue Fläche vor sich starren, sich vergegenwärtigen, dass andere Menschen Urlaub machten, wo sie wohnte – am Ende war es doch nur Wasser, das in großer Menge den Boden bedeckte, auf dem sie an anderer Stelle (ohne nass zu werden!!) stehen konnte. Sie merkte schon, wie die Wut wieder kam. So war es jedes Mal, wenn die Dinge sich ihr entzogen, in den Augen anderer etwas zu sein schienen, was sie nicht sehen konnte, und sie verständnislos zurückblieb.

Sand, zum Beispiel, war auch nur körniger Untergrund fürs Handtuch und nicht ach-so-toll, weil ehemals große Steine, die über Milliarden von Jahren klein und kleiner und noch kleiner geworden waren

… blabla. Oder Enten: diese komisch runden Wesen mit grünem Kopf, Patschefüßen und undichten Löchern in der Nase. Alles einfach sinnlos.

Marias Körper wurde ihr zu schwer, sie musste ihn auf den Steg legen. Während ihre Beine über dem Wasser baumelten, hörte sie das Plätschern unter sich. Aufgeregt, geradezu euphorisch trieben die ovalen Tierkörper wieder auf der Wasseroberfläche durcheinander. Zum Glück. Sie wurde ruhig, wenn andere in Bewegung waren. In der Ferne hörte sie das tiefe Dröhnen des ablegenden Kreuzfahrtschiffs, das das Meer verschmutzte, um Buffet-fressende Menschen zu einer fremden Stadt zu bringen, die aussah, wie die Stadt zuhause.

Zu dumm, dass sie Maria nicht mitnehmen konnten. Sie stellte sich vor, wie sie auf dem Steg stehend ihren Daumen ausstreckte, und das kilometerlange Schiff an ihrem kleinen, brüchigen Steg anlegen würde, weil die Kapitänin sie gesehen hatte. Unvermittelt musste sie grinsen, ein ungewohntes Gefühl in den Mundwinkeln. Selbst wenn sie mit einem Boot hinausrudern und längsseits gehen würde, käme niemand auf die Idee, ihr eine Strickleiter hinunter zu werfen. Man würde sie nicht sehen, sie war zu klein. Von den mächtigen Bugwellen abgedrängt, würde ihr Boot auf dem Wasser hüpfen wie die Enten, die Luft in sich trugen, um nicht unterzugehen.

Maria hatte keine Luft in sich.

Flora Saß (* 1996 in Kiel) – Studentin an der Universität Kassel. Seit 2017 Bachelorstudium der Fächer Kunstwissenschaft und Germanistik. Neben dem Einsprechen von Texten und dem Verfassen von Ausstellungstexten liegt ihr Interesse besonders in der Kunstvermittlung.

Abb. 5: Flora Saß im digitalen Poetik-Seminar mit Terézia Mora am 10. Juni 2021 (Foto | Online-Meeting-Screenshot: Stefanie Kreuzer)

Svenja Schmidt:
Der Abschied am Wasser

Ich warte auf seine Antwort. Warum braucht er nur so lange? Ich gehe den Weg vor meinem kleinen Haus auf und ab. Ich zähle die großen roten aneinander liegenden rechteckigen Steine. Sie wirken schwer. Schwer – so wie ich mich fühle.
 Das Handy summt. Mit schnellem Griff schnappe ich es mir. Ich schaue mit angehaltenem Atem auf das Display.
 »Okay. Bin in 10 min. da.«
 Mit schnell klopfendem Herz, einem Gefühl von Schwindel und Übelkeit eile ich den Weg von meinem Haus zum Wasser hinunter. Ich verlangsame meine Schritte. Kann ich es ihm wirklich sagen? Auf einmal erscheint mir der Weg zu unserem Platz so weit – wie die Distanz, die neuerdings zwischen uns ist ...
 Ich warte an unserem Platz. Unserem Platz. So lange haben wir uns schon nicht mehr hier gesehen. Der Platz, unser Platz, seit wir uns kennen. Ich setze mich schon mal ans Ufer und lasse meinen Blick auf dem klaren Wasser umherschweifen. Die Sonne geht langsam unter. Die letzten Strahlen spiegeln sich im Wasser.
 »10 min. später ...«
 Er ist mal wieder zu spät. Eine Nachricht. Wenige Worte. Keine Entschuldigung. Keine Erklärung.
 »Komme später«
 Eine ganz tolle Aussage ... Mehr bekomme ich nicht?
 Ich ziehe meine Schuhe und Socken aus. Rutsche weiter auf dem Steg nach vorn. Lasse zuerst ganz vorsichtig einen Zeh die Wasseroberfläche berühren. Ganz angenehm. Ich tauche mit beiden Füßen ins Wasser und schwinge sie vor und zurück im Rhythmus mit den Wellen.
 Ich blicke ins Weite. Verfolge die Wellen mit meinen Blicken. Gehe ihren Bewegungen nach. Ich schweife ab. Es ist hypnotisierend. Es ist beruhigend.
 Vor einigen Wochen saß ich genau an dieser Stelle und habe auf ihn gewartet. Er war pünktlich. Er war gesprächig. Er war glücklich. Er hat gelacht.
 Eine kaum merkbare Erinnerung. Sie entschwindet immer mehr in die Vergessenheit.

Ich saß am Steg. Treffpunkt seit unserer Kindheit. Es war unser Ort. Ein Ort der Freude, Trauer und freundschaftlichen Liebe. Dachte ich zumindest immer. Freundschaftliche Liebe.

»Weißt du, wovon ich in letzter Zeit immer träume?«

»Nein, woher auch? Du hast es noch nicht gesagt«, sagte er lachend.

»Ich weiß. Es ist albern. Vergiss es lieber.«

»Komm schon. Jetzt hast du mich neugierig gemacht.«

Er stupste mich mit seiner Schulter an. Ich lehnte mich an ihn. Schaute kurz hoch und grübelte ...

»Lina?«

»Es geht um meine Zukunft. Ich will etwas Eigenes aufbauen. Mich hält hier nichts mehr. Ich will was Neues sehen. Ein Abenteuer beginnen. Ich schnappe mir einen Koffer und packe alles Wichtige ein. Ich vermiete mein Haus samt Möbeln und kaufe mir ein One-Way-Ticket nach Portugal. Ich habe keinen konkreten Plan. Einmal in meinem Leben habe ich keinen Plan, nur diesen Traum. Ich suche eine Wohnung. Dann einen Job. Ich habe Glück. Es gibt eine Galerie, die jemanden sucht. Später eröffne ich meine eigene.«

»Ist das dein Ernst? ... Eine schöne Fantasie. Aber auch nur eine Fantasie. Oder?«

»Ja! Vielleicht ist es auch mein Wunsch, etwas Neues zu beginnen.«

»Lächerlich. Warum solltest du hier wegwollen? Du bist doch glücklich hier! Und was sollte ich ohne dich machen?«

Ich nickte. Ich konnte ihm nicht sagen, dass mir dieser Traum gefiel, sehr gefiel. Hier war ich nicht mehr glücklich. Das Gefühl von Zuhause hatte ich an diesem Ort schon lange nicht mehr. ...

Wir sahen uns weniger. Er hatte jemanden kennengelernt. Er war nicht glücklich. Er hatte Stimmungsschwankungen. Er hatte keine Zeit mehr ...

Ein kalter Windzug zieht mich ins Hier und Jetzt. Wie lange war ich in der Erinnerung versunken?

Es ist dunkel. Ich friere, meine Füße sind taub, immer noch im Wasser, er nicht da.

Er kommt nicht.

Wut. Trauer. Unwohlsein. Was beschreibt meinen Zustand eher? – Was fühle ich?

Ein Blick aufs Handy. Eine Nachricht. »Ich schaffe es doch nicht. Ihr geht es nicht gut. Ich bleibe bei ihr.«

Ich rufe ihn an. Nicht mal das konnte er tun, um mir mitzuteilen, dass er nicht kommen würde.

»Ja?«

»Wirklich? Nur eine Nachricht, dass du nicht kommst? Ich habe auf dich gewartet. Was ist nur mit uns passiert? Bin ich dir überhaupt noch wichtig?«

»Mein Leben ist jetzt anders.«

»Das ist eine Ausrede. Wir haben uns Wochen nicht gesehen.«

»Ich weiß. Tut mir leid.«

»Wirklich?«

»Ja. Weshalb wolltest du mich sehen?«

»Ich ziehe morgen weg. Ich wollte es dir seit Wochen sagen, aber du warst beschäftigt.«

Er sagt nichts. Stille. Ein kaum hörbarer Atemzug klingt durch die Leitung. Stille.

»Willst du nichts dazu sagen?«

»Alles Gute! Wir hören uns.«

Er legt auf. – War das das Ende? Kann er mal wieder nicht reden?

Ich bleibe noch einen kurzen Moment auf dem Steg sitzen. Bemerke, dass mir Tränen die Wangen hinunterlaufen. Wische sie weg.

Stehe auf und gehe …

Svenja Schmidt (*1998 in Moers) – Studentin an der Universität Kassel. Seit 2017 Bachelorstudium der Fächer Kunstwissenschaft und Germanistik. Neben dem Studium ist sie in vielen Bereichen der Kunst- und Kulturlandschaft Kassels tätig, wie zum Beispiel bei dem Verein »Die Galerien der Kasseler Südstadt e. V.«.

Abb. 6: Svenja Schmidt (Foto | Online-Meeting-Screenshot: Svenja Schmidt)

Antonin Steinke:
Wahrscheinlich September

Eigentlich war ich selten in diesem Teil der Stadt, denn er war im Grunde völlig neu. Erst in den letzten Jahren hatte man die Gebiete am Fluss nördlich des Stadtzentrums erschlossen und zu bebauen begonnen. Am rechten Ufer gab es eine Art Promenade, hier hatten wir uns verabredet. Ich ging hinunter zum Wasser, um ihn zu treffen, aber ich konnte ihn nirgends sehen. Auch das Ufer hatte man neugestaltet, die Bäume gefällt und die Böschung betoniert. Es gab jetzt große moderne Stufen, auf denen man sitzen und zum Wasser hinabsteigen konnte. Ich setzte mich ganz unten hin, um zu warten; das Wasser, trüb und irgendwie farblos, schob sich langsam strudelnd vorbei. Ich nahm mein Handy, um ihm eine Nachricht zu schreiben: *bin schon da*. Unser Nachrichtenverlauf war knapp: Die Verabredung zum Treffen hier, seine Ankündigung, dass er in der Stadt sei; die Nachrichten darüber waren fast ein Jahr alt, ich konnte mich nicht erinnern, worum es da ging –

Ein Jahr war es jetzt auch her, dass wir uns zuletzt gesehen hatten. Er war nach dem Abitur regelrecht verschwunden. Plötzlich die Einsicht, dass ich ihn eigentlich kaum kannte und ich nicht wusste, ob man überhaupt von Freundschaft sprechen konnte, erst recht nach einem Jahr ohne Kontakt.

Es war schon herbstlich. Das Sonnenlicht kam merklich flacher und kraftloser, nur am anderen Ufer, wo es auf die Spitzen der Pappeln fiel, deren Blätter sich im Wind flirrend bewegten, wirkte es noch ganz warm. Die großen Bäume hatte man stehen gelassen, aber dahinter erhoben sich jetzt neue Gebäude, manche davon noch im Bau und nur leere Betonflächen mit Fensterlöchern.

Früher hatte ich mit Freunden hier gespielt. Wir kletterten durch den Bauzaun und über die Wiesen, und dann verbrachten wir Stunden in den Bäumen und Gebüschen am Wasser, bauten Lager, versteckten Dinge in hohlen Baumstämmen oder kletterten auf die langen Äste, die über das Wasser ragten. Später kamen wir zum Biertrinken und Rauchen hierher. Seitdem war ich nicht an dieser Stelle gewesen, und nun war es ein anderer Ort.

Ich entdeckte ein rotes Graffito, das jemand auf die unterste Betonstufe gesprüht hatte.

Ich wusste, dass auch seine Eltern weggezogen und sie jetzt aus irgendwelchen Gründen zu Besuch hier waren und er mitgekommen war und dass sie im Hotel wohnten. Eine absurde Vorstellung, im Hotel in der eigenen Stadt. Aber war es denn seine Stadt? Er war irgendwann in der Mittelstufe hergezogen ...

In die Betonfläche hatte man Bäumchen gepflanzt; die Radien der Löcher, aus denen sie wuchsen, waren so klein, dass man sich wunderte, wie sie da wurzeln sollten.

Er kommt fast vierzig Minuten zu spät, etwas habe länger gedauert, sagt er zur Entschuldigung. Wir sitzen eine Weile nebeneinander unten am Wasser und trinken Bier. Es gibt nicht mal Steinchen, die man ins Wasser werfen könnte, er schmeißt seinen Kronkorken. Hinter uns tönt Lärm; in den Neubauten sind Restaurants, Filialen, wie es sie überall gibt. Er sieht anders aus, etwas an seinem Gesicht ist irgendwie verändert. Wenn er erzählt, spricht er viel und redet lauter, nicht so wie früher, aber wenn ich erzähle, schweigt er, und richtig unterhalten können wir uns nur, wenn wir an eine gemeinsame Erinnerung denken, die eigentlich immer aus der Schule stammt. Ich frage ihn nach der Stadt, in der er jetzt wohnt, aber dazu sagt er nicht viel, er weicht aus, spricht von seinem Studium und Möglichkeiten. Erst später merke ich, dass er, wenn er von zuhause spricht, gar nicht mehr das Haus meint, wo seine Eltern gewohnt haben, sondern einen anderen Ort. Ich frage ihn, wie es ist, hierher zurückzukommen, nachdem er ausgezogen ist, und wieder sagt er zunächst nichts Konkretes, nur, dass es ihm kleiner vorkomme, dass er die Begrenztheit jetzt besser sehen könne. Und dann sagt er: »Als ich jetzt mit dem Bus gefahren bin, habe ich gemerkt, dass ich jedes Detail kenne. Das ist mir alles so vertraut, weil ich es früher tagtäglich gesehen habe. Ich kenne die Muster der Polster, ich kenne die Materialien der Fassaden und die Plakate in den Schaufenstern der Geschäfte, ich kenne die Graffitis am Stromkasten dort, wo der Bus an der Ampel hält, und ich kenne jedes Loch und jeden Hubbel im Asphalt. Aber mir war das nicht bewusst. Ich könnte die genauen Dinge auch jetzt nicht aufzählen, ich konnte sie nur im Moment des Vorbeifahrens wiedererkennen.« Ich frage mich, ob mir ein anderer Ort so vertraut werden könnte, und ich habe das Gefühl, er fragt sich das auch.

Zwei Wochen später besuchte ich ihn. Ich hatte gefragt, und er hatte nichts dagegen. Also war ich hingefahren, durch die ganzen fremden Straßen gelaufen bis zum angegebenen Haus, ein Treppenhaus hoch, an einer Wohnungstür geklingelt und eingetreten, durch den Flur, und da sitzt er, in der Küche, im Kerzenschein, im Kreise seiner Mitbewohner und anderer Leute, die zu Besuch sind; er trinkt und lacht leise, wenn jemand etwas Lustiges sagt, selbst sagt er wenig.

Antonin Steinke (*1998 in Berlin) – Student an der Universität Kassel. Schulzeit in Heilbronn. 2019–2020 Studium im Orientierungsprogramm der FU Berlin. Seit 2020 Bachelorstudium der Fächer Kunstwissenschaft und Germanistik an der Universität Kassel.

Abb. 7: Antonin Steinke im digitalen Poetik-Seminar mit Terézia Mora am 10. Juni 2021 (Foto | Online-Meeting-Screenshot: Stefanie Kreuzer)

Lea Vemino:
Der Augenblick

Ich ging hinunter zum Wasser, um dich zu sehen. Du wartetest auf mich, wie immer. Dort, inmitten des Wassers wartetest du. Meine Schritte waren bestimmt. Sie kannten ihr Ziel. Der Boden unter meinen Füßen war weich und schmiegte sich an ihre Form an. Wie immer spürte ich diesen Drang zu rennen, immer schneller zu werden, um endlich bei dir zu sein. Aber ich musste mich zurückhalten. Denn bei dir sein kann ich nicht. Niemals. Also gehe ich. Langsam, aber bestimmt. Mein Ziel kennend.

Ich stoppte erst, als ich das Wasser an meinen Zehen fühlte. Ganz sanft umspielte es sie, streichelte meine Haut. Nur bis zu den Knöcheln, nicht weiter. Zu große Angst hatte ich vor dem Wasser, der Masse, die alles verschlucken und ins Unergründliche ziehen kann. Und das wusstest du. Dennoch wähltest du diesen Platz. Den Platz, an dem wir uns für immer treffen würden. Aber wir würden nie zusammen sein, nein. Wir würden uns nie berühren oder sprechen können. Immer würde ich dich nur anschauen können, für eine gewisse Zeit. Und du würdest immer inmitten des Wassers auf mich warten, auf meine Schritte und meine Knöchel im Wasser. Bei dieser Vorstellung musste ich lächeln. Mir schmerzte mein Herz.

Noch immer lächelnd schaute ich direkt zu dir. Langsame Tränen liefen an meinen Wangen hinunter, fielen und wurden eins mit dem Wasser. Nie sprachst du mit mir, und nie sprach ich mit dir. Wir schauten uns nur an, den ganzen langen Augenblick, den wir miteinander hatten. Ich wippte langsam auf und ab. Kleine Wellen bildeten sich, wurden immer größer und zogen von mir davon, zu dir. Wie eine Liebkosung. Mir schmerzte mein Herz noch immer. Mehr als das würde es nie geben. Und dennoch hatten wir alles. Zumindest versuchte ich, dies zu glauben.

Der Augenblick war fast vorbei. Das wusste ich, du auch. Langsam ausatmend drehte ich mich um. Ging weg, vom Wasser, von dir. Meine Schritte waren bestimmt. Wieder kannten sie ihr Ziel. Diesmal spürte ich ihn nicht, diesen Drang zu rennen. Lieber wollte ich mit dir verharren. Du beobachtetest, wie ich von dir wegging. Der Boden war weich, schmiegte sich an meine Füße, gab mir Halt. Es war okay, zumindest versuchte ich mir dies einzureden. Aber das war es ganz und gar nicht. Es war unfair, gemein. Es riss mich auseinander. Mein Herz schmerzte. Und noch ein anderes Gefühl bahnte sich an. Freude. Vorfreude, dass ich dich nun bald wiedersehen konnte. Für einen Augenblick. Und dies würde immer so bleiben. Wieder lächelte ich, ohne Tränen. Es war okay.

Am Ende angekommen drehte ich mich noch ein letztes Mal zu dir. Noch immer lächelnd. Noch immer mit Schmerz und Freude im Herz.

»Bis morgen«, sagte ich dann, drehte mich um und ging.

Morgen. – Der Tag, an dem ich hinunter zum Wasser ging, um dich zu sehen.

Lea Vemino (*1999 in Hann. Münden) – Studentin an der Universität Kassel. Seit 2019 Bachelorstudium der Fächer Germanistik und Geschichte.

Lea Vemino: »Für mich war es sehr interessant und spannend, diese Minutennovelle im Rahmen des Poetik-Seminars zur Grimm-Poetikprofessur von Terézia Mora zu schreiben. Meine Geschichte sollte ein Geheimnis enthalten, welches keine Auflösung bekommt, wobei man aber dennoch nach dem Lesen das Gefühl hat, zu wissen, was in der Novelle geschehen ist.

Vielen Dank für diese Möglichkeit an Frau Mora und Frau Prof. Dr. Kreuzer!«

Abb. 8: Lea Vemino im digitalen Poetik-Seminar mit Terézia Mora am 10. Juni 2021 (Foto | Online-Meeting-Screenshot: Stefanie Kreuzer)

Julia Wienczkewicz:
Freiheit

Sie ging hinunter zum Wasser, um ihn zu sehen. Ein letztes Mal. Gedankenverloren stolperte sie über einen großen Ast, strauchelte, musste um ihr Gleichgewicht kämpfen. Sie packte den Karton fester unter ihren Arm. Verlieren wollte sie ihn nicht, obwohl er schon brüchig und unansehnlich war. Ein bittersüßer feiner Tabakgeruch kroch in ihre Nase und löste einen wohligen Schauer auf ihrem Arm aus. Links und rechts des Weges wurden die Bäume immer dichter, höher und geheimnisvoller. Lange Zeit hatte sie sich nicht allein in den Wald getraut. Wo andere ihre Ruhe und Kraft fanden, bekam sie stets ein dumpfes Gefühl. Hinter jedem Baum und jedem Stein konnte etwas oder jemand lauern. Angst und der Wunsch geliebt zu werden bestimmten ihr Leben. Bis sie ihn traf. Der Weg wurde rutschiger. Es ging in Kurven bergab. Kleine Steine lösten sich unter ihren Schuhen, so dass sie immer wieder ins Taumeln geriet. Kein Luftzug ging. Die Bäume blieben still, obwohl sie sicher eine Menge zu erzählen hatten. Irgendwo hörte sie ein paar Vögel zwitschern und endlich nach einiger Zeit auch das vertraute Rauschen der Soča. Das Sonnenlicht fiel auf den Weg, so als hätte es nur auf sie gewartet. Eine wohlige Wärme durchfuhr sie. Sie blieb stehen und schloss für einen Moment die Augen. Als sie wieder aufblickte, erkannte sie ihr Ziel sofort. 856 Kilometer – 10 Stunden Fahrt, und nun war sie da. Ein endlos scheinender Weg lag hinter ihr. Das faszinierende, kalte und klare Türkis der Soča eingerahmt von weißen in der Sonne glitzernden Steinen und dem üppigen Grün der Bäume. Eine Märchenlandschaft, die von fremden Abenteuern erzählt. Sie war genau wie beim ersten Mal vor neun Jahren überwältigt von diesem Anblick. Ihr Herz klopfte vor Aufregung schneller, aber das leise Dahinfließen und Rauschen des Flusses beruhigte sie. Langsam ging sie zögerlich vorwärts, Schritt für Schritt. Hier hatte ihre Beziehung begonnen. Zunächst nahm sie sich und dann ihn am Wasser wahr: Hochaufgeschossen, breitschultrig, die braunen Haare wirr, die Brille durch Kontaktlinsen ersetzt, unter seinem schwarzen Shirt konnte ich seine Armmuskeln erkennen, die er sich durch das Klettern erarbeitet hatte.

Mein Herz machte einen Sprung. Mein Puls fing an zu rasen, und dennoch breitete sich eine Wärme in mir aus, die kein Sonnenlicht der Welt erzeugen kann. Ein sanftes, beruhigendes Gefühl, als stünde mir die ganze Welt offen. Zuversicht, die all meine dunklen Gedanken fortjagte und mich stärker machte. Warum gingst du fort? Die Weltreise, die uns veränderte. Du schworst mir, mich nicht zu verlassen. Aber wer konnte wissen, dass ich mich verändern würde. Du halfst mir, aus meinem Schneckenhaus auszubrechen, mich meinen Ängsten zu stellen, mutiger zu werden, Grenzen zu setzen. Die Welt gehörte uns, und wir waren glücklich. Doch nach deiner Abreise? Telefonate einmal die Woche, dann einmal im Monat. Ich fühlte mich in die Kindheit zurückversetzt – allein und verlassen – und wuchs an der Veränderung. Ich war nach diesem Jahr nicht mehr die, die ich zuvor gewesen war. Als ich endlich wieder in deinen Armen lag, passten unsere Leben nicht mehr zusammen. Ich gab diesen beiden neuen Leben keine Chance. Ich wollte kein zweites Mal von dir verlassen werden. Jetzt trennten uns nur noch wenige Meter. Der Karton wog nun mehrere Kilo. Ich musste ihn abstellen. Mein Arm wollte nicht mehr. Nein ich, ich wollte nicht mehr. Die letzten vier Jahre suchte ich einen Ersatz für dich, wollte dich aus meinem Leben löschen und endlich wieder neu anfangen. Aber immer, wenn ich dachte, ich hätte es endlich geschafft, warst du wieder da. Gerüche, die deine waren. Träume, die mich nachts wach werden ließen und mich zum Weinen brachten. Und eine unfassbare Sehnsucht nach dir, die mit der Zeit weiterwuchs. Ich wollte das nicht mehr. Dein Blick traf nun meinen, und ich bückte mich, um den Karton zu öffnen. Fotos und ein dicht beschriebener, seitenlanger Abschiedsbrief an dich. Ich nahm die Streichhölzer aus der linken Jackentasche und ließ sie durch die Finger gleiten. Die raue Oberfläche zwischen meinen Fingern, die nun anfingen zu zittern. Ich hatte von solch einem Ritual schon oft gehört. Ich ließ das Streichholz an der Schachtel entlang gleiten und warf es zu den Fotos. Und wiederholte es nochmal und nochmal und nochmal. Den Blick beständig gesenkt in der Hoffnung, dass alles endlich Feuer fing. Als es endlich so weit war, blickte ich hoch. In diesem Moment drehte er sich um, breitete glücklich die Arme aus und nahm seinen kleinen zweijährigen Sohn in die Höhe.

Sie sah wehmütig traurig zum Fluss, neben ihr auf dem Boden der fast verbrannte, nur noch schmauchende Restinhalt des Kartons. Langsam und bedächtig zog sie ihre weißen Sneakers aus, ihre rote Jacke, dann ihre Hose, und zuletzt streifte sie ihren Pullover ab. Ihre braune Haut schimmerte im Sonnenlicht, und sie ging schnell die letzten Schritte auf den Fluss zu. Der harte Boden unter ihren Füßen schien sie nicht zu stören. Sie begann zu lächeln. Das Wasser legte sich wie ein Schleier auf ihre warme Haut.

Julia Wienczkewicz (*1987 Kassel) – Studentin an der Universität Kassel. Studium des Lehramts für Gymnasien mit den Fächern Germanistik und Politik.

Abb. 9: Julia Wienczkewicz im digitalen Poetik-Seminar mit Terézia Mora am 10. Juni 2021 (Foto | Online-Meeting-Screenshot: Stefanie Kreuzer)

Stefanie Kreuzer

Terézia Mora und/in SIE SAGEN IMMER TERÉZIA MORA (D 2021; R.: Thomas Henke)

Einleitung und/zum Filmtitel

Der Filmtitel SIE SAGEN IMMER TERÉZIA MORA (D 2021) geht auf eine Aussage Karin Grafs (Abb. 13) zurück. Als langjährige Agentin Terézia Moras hat sie mit dem Regisseur des Films Thomas Henke und Stefanie Kreuzer, der Organisatorin der Kasseler Grimm-Poetikprofessur, ein Videotelefonie-Interview geführt, das in kleinen Ausschnitten Teil des Films geworden ist. In ihrer im Filmtitel sowie am Filmende im Abspann zitierten Äußerung hat Graf auf die Frage Henkes rekurriert, der sie auf besondere Eigenschaften oder gar eine Essenz an Beobachtungen angesprochen hat, durch die sie Terézia Mora charakterisieren und ganz allgemein beschreiben könne.

> Karin Graf: »Sie sagen immer ›Terézia Mora‹, damit meinen Sie die Einheit aus Person und Werk, während ich, wenn ich über Terézia Mora rede, mit der ich mich sehr vertraut fühle (im Sinne von Vertrauen haben), dann muss ich schon unterscheiden, und sagen, dass ich über die Person Terézia Mora eigentlich sehr ungerne sprechen würde (weil das ist privat), und das Werk Terézia Moras ist nicht Terézia Mora selbst, sondern das ist ihr Werk. Ich sehe da durchaus einen Unterschied.«[1]

---

[1] Das Zitat entstammt einem Interview mit Karin Graf, das Thomas Henke und Stefanie Kreuzer am 9. März 2021 im Rahmen eines aufgezeichneten Zoom-Meetings mit ihr geführt haben.

Abb. 1: Terézia Mora liest aus ihrem *Fleckenverlauf*-Manuskript (0:42,41)

Dass die Namen von Autorinnen und Autoren traditionell pars pro toto ebenso für die Persönlichkeit der Schreibenden wie deren gesamtes literarisches (Lebens-)Werk stehen, ist im Kultur- und Literaturbetrieb ähnlich etabliert wie in literaturwissenschaftlichen Kontexten. In Karin Grafs Äußerung ebenso wie in Thomas Henkes Frage ist indes mehr impliziert. So verwehrt sich einerseits die Agentin aus Loyalität gegenüber ihrer Autorin, die sie bereits seit gut zwei Jahrzehnten professionell unterstützt und freundschaftlich begleitet, etwas Privates über sie auszuplaudern. Andererseits ist Thomas Henke als ein Regisseur, der sich in seinen experimentellen Filmporträts stets auf die Menschen konzentriert, nicht an Allgemeinem und Äußerlichem, sondern an speziellen Zugängen zu den Persönlichkeiten interessiert. Exemplarisch sei auf den Autorinnen-Film FELICITAS HOPPE SAGT (D/CH 2017; R.: Oliver Held u. Thomas Henke)[2] verwiesen, der zudem auch inspiratorischer Anlass und assoziatives Vorbild für die neu initiierte Begleitfilmreihe zur Kasseler Grimm-Poetikprofessur gewesen ist.

---

[2] Felicitas Hoppe sagt (D/CH 2017). Regie: Oliver Held u. Thomas Henke. Gesprächs-/Textregie: Thomas Henke. Bildregie, Kamera u. Montage: Oliver Held. Ton: Udo Radek. Musik: Peter Fleckenstein u. Quirin Reichle. Darsteller: Felicitas Hoppe (als sie selbst), Gundula Gause (als sie selbst). Produktion: Oliver Held; Heldfilm u. Thomas Henke; HenkeMedien. Laufzeit: (PAL/DVD: good!movies, 2018) ca. 80 Min.
Zur ausführlichen Filmografie des Medienkünstlers Thomas Henke vgl. die Homepage: www.thomas-henke.com.

Doch was bedeutet Grafs Aussage für den Film, respektive wie ist diese im Kontext des Films zu verstehen? »Sie sagen immer Terézia Mora« spielt darauf an, dass mit dem Namen der Autorin – aus unterschiedlichen Perspektiven, entsprechend diverser Fragestellungen und vor verschiedenen künstlerischen, ästhetischen, fachwissenschaftlichen und methodischen Horizonten – ganz unterschiedlich auf die Autorin rekurriert werden kann: Im Zusammenhang mit poetologischen Fragestellungen mögen Selbstaussagen der Autorin ins Zentrum rücken. Im Hinblick auf positivistische Ansätze können Schreibanlässe und biografische Kontexte interessieren. Aus einer textzentrierten Perspektive stehen hingegen ihre Texte im Fokus von Analysen. Aus ästhetischen, künstlerischen und philosophischen Perspektiven ist mitunter das Zusammenspiel aller dieser Faktoren interessant. – Kurzum: Wenngleich Karin Graf persönliche Aussagen über Terézia Mora im Film(interview) dezidiert ablehnt, so gibt doch auch gerade diese Haltung einen Aufschluss über ihre Beziehung und ermöglicht es auf diese Weise dem Regisseur, ex negativo doch wiederum Persönliches darzustellen. Und genau nach diesem Prinzip funktioniert der Film.

SIE SAGEN IMMER TERÉZIA MORA ist ein eher unkonventionelles und experimentelles filmisches Autorinnen-Porträt, das sich zu einem großen Teil durch ein wiederholtes Umkreisen und ›Besprechen‹ der Autorin durch Dritte konstituiert. Derweil Terézia Mora selbst ausschließlich aus ihrem (wenngleich ästhetisch durchformten und auch viel Persönliches preisgebenden) Arbeits- und Tagebuch *Fleckenverlauf* (2021) liest (Abb. 1) und kein einziges Wort jenseits der von ihr bereits geschriebenen Worte verliert, entsteht ein konturiertes Charakterbild von ihr, indem insbesondere andere über sie sprechen. Somit sind es schließlich die anderen, die tatsächlich »immer Terézia Mora [sagen]«. Indem sie dabei indes stets auf Moras fiktionale und faktuale Texte rekurrieren, spricht auch die Literatin mit den Stimmen der anderen ein gleichermaßen ›authentisches‹ Wort mit. Auf diese Weise findet schließlich durchaus eine subtile Annäherung auch an die Person Terézia Mora statt. – Das Filmkonzept könnte dementsprechend mit leicht modifiziertem Titel paradoxal folgendermaßen formuliert werden: ›Terézia Mora tritt hervor, indem sie immer – und zwar auf je verschiedene Weise – Terézia Mora sagen‹.

Abb. 2: DokFest-Filmpremiere von *Sie sagen immer Terézia Mora* im Kasseler Gloria Kino unter Hygiene- und Abstandsauflagen während der Corona-Pandemie (Foto: Stefanie Kreuzer)

GPP-Begleitfilmreihe

Der Anlass und institutionelle Rahmen zum Film über die Gegenwartsautorin und Büchner-Preisträgerin Terézia Mora war die Kasseler Grimm-Poetikprofessur 2021. Im Vorfeld gab es zwischen dem Regisseur und Medienkünstler Thomas Henke, Professor für »Neue Medien: Medienpraxis und Medienwissenschaft« an der Fachhochschule Bielefeld, und Stefanie Kreuzer als Professorin für »Neuere Deutsche Literaturwissenschaft / Medienwissenschaft« die Idee einer Kooperation im Sinne der Begründung einer künstlerisch-experimentellen Begleitfilmreihe zu den zukünftigen Kasseler Grimm-Poetikprofessor:innen. Auf diese Weise sollen fortan alle als Gastprofessor:innen an die Universität Kassel eingeladenen Literat:innen, Filmemacher:innen und Künstler:innen auch filmisch dokumentiert respektive kommentiert werden. *Sie sagen immer Terézia Mora* stellt in diesem Kontext nun den ersten Film in dieser Reihe dar.

Abb. 3: Thomas Henke während der Filmpremiere von SIE SAGEN IMMER TERÉZIA MORA im Kasseler Gloria Kino (Foto: Stefanie Kreuzer)

Im Kontext des etablierten Veranstaltungsprogramms im Rahmen der Grimm-Poetikprofessuren – bestehend aus einer öffentlichen Antrittsvorlesung, einem Poetik-Seminar sowie einer ursprünglich traditionellen (Autor:innen-)Lesung – ersetzt beziehungsweise flankiert der Film das Format der Lesung. Die Filmpremiere ist im Rahmenprogramm des Kasseler Dokumentarfilm- und Videofests (DokFest) verankert und findet nach den GPP-Veranstaltungen des Sommersemesters im darauffolgenden Wintersemester statt. Die Premiere von SIE SAGEN IMMER TERÉZIA MORA erfolgte im Rahmenprogramm des DokFest 2021 am 19. November (Abb. 2–3).[3]

Alle Filme der Begleitfilmreihe sind als experimentelle und künstlerische Porträts der Grimm-Poetikprofessur-Preisträger:innen anvisiert und können und sollen vor diesem Hintergrund jeweils individuelle, originäre und möglicherweise ungewöhnliche Zugänge zu den Preisträger:innen und ihren Texten, Filmen, künstlerischen Arbeiten oder etwa auch Theaterproduktionen eröffnen. Im Falle des Films über

---

[3] Vgl. die Ankündigung der Filmpremiere von SIE SAGEN IMMER TERÉZIA MORA auf der Homepage des 38. Kasseler DokFests unter: www.kasselerdokfest.de/ (15. Nov. 2021).

Terézia Mora wird Mora beispielsweise nicht – wie dies im Rahmen von Literatur- und Kulturveranstaltungen oftmals üblich ist – als ungarischstämmige, in Berlin lebende Gegenwartsautorin, Georg-Büchner-Preisträgerin und Deutscher-Buchpreis-Trägerin vorgestellt.[4] Der Film thematisiert diese Fakten überhaupt nicht und entwirft stattdessen ein Bild von Mora, das sich indirekt durch die Berichte und Anmerkungen derjenigen ergibt, die sie aus unterschiedlichen Kontexten und Perspektiven mehr oder weniger gut kennen und über sie oder ihre Texte sprechen.

Making-of: Das Filmkonzept oder kontaktfreie Annäherung an Terézia Mora

Die konkreten Ideen zum Film mit und über Terézia Mora stammen vom Regisseur Thomas Henke in Zusammenarbeit mit der Organisatorin der Grimm-Poetikprofessur Stefanie Kreuzer sowie Terézia Mora als Kasseler Grimm-Poetikprofessorin 2021 selbst. Die Konzeptionsphase fiel in die Zeit der Corona-Pandemie im Winter 2020/21, bevor in Deutschland Impfstoffe in ausreichendem Maße verfügbar waren und der Bevölkerung ein flächendeckendes Impfangebot gemacht werden konnte. Vor diesem Hintergrund galt es, die Dreharbeiten möglichst sicher zu gestalten. Zugleich wurde im Rekurs auf die während der Pandemie allgegenwärtigen Videokonferenzen in ganz unterschiedlichen gesellschaftlichen Diskursen – seien es journalistische, akademische, kommerzielle oder private Kontexte – bewusst die Entscheidung für diese mediale Form getroffen, um das Filmporträt in diesem zeittypischen sowie gleichermaßen audiovisuell markanten Format mit seiner eigenen filmischen Ästhetik zu gestalten.

---

[4] Terézia Mora hat den Deutschen Buchpreis 2013 für den zweiten Teil ihrer sogenannten Kopp-Romantrilogie *Das Ungeheuer* (2013) erhalten und stand zuvor mit dem ersten Teil der Kopp-Trilogie *Der einzige Mann auf dem Kontinent* (2009) auf der Longlist. Vgl. den Archiveintrag zu Terézia Mora auf den Seiten des Deutschen Buchpreises: www.deutscher-buchpreis.de/archiv/autor/97-mora (15. Nov. 2021). 2018 folgte der Georg-Büchner-Preis. Vgl. die Georg-Büchner-Preis-Website zu Terézia Mora: www.deutscheakademie.de/de/auszeichnungen/georg-buechner-preis/terezia-mora (15. Nov. 2021).

Abb. 4: Terézia Moras Arbeitsplatz in für den Film eher ungewöhnlich traditioneller Ästhetik mit Notizblock und MacBook (1:07,05)

Der Umstand, dass Terézia Mora in der Planungsphase des Films gerade das Manuskript zu ihrem Tage- und Arbeitsbuch *Fleckenverlauf* fertiggestellt hatte, das im September 2021 erscheinen sollte, eröffnete die Möglichkeit, im Medium Film an das Konzept einer klassischen literarischen Lesung anzuknüpfen.[5] Und da es sich bei diesem Jubiläumsbuch, das der Luchterhand Verlag ihr zu ihrem 50. Geburtstag gewidmet hat, zugleich um eine Zusammenstellung diaristischer Eintragungen, poetologischer Notizen und persönlicher Einblicke in ihr (Arbeits-)Leben als Schriftstellerin handelt, erschien dieser Text konzeptionell als ideale Drehbuchvorlage im Sinne eines flexiblen und assoziativen Textkorpus. Bereits durch die Zitate aus dem *Fleckenverlauf-*Manuskript waren dem Film Moras Reflexionen über ihre privaten, familiären und beruflichen Tages- und Arbeitsabläufe ebenso eingeschrieben wie (poetologische) Exkurse über Glück und Unglück, ihren Arbeitsalltag mit fiktionalem Schreiben, vielen Übersetzungen oder etwa Lesereisen sowie beispielhafte (Alltags-)Erlebnisse, die Mora mitunter als Reservoir und Anregung für ihre fiktionalen Erzähltexte dienen (Abb. 4).

---

[5] Vgl. Terézia Mora: Fleckenverlauf. Ein Tage- und Arbeitsbuch. München: Luchterhand 2021.

Abb. 5: Terézia Mora in ihrer Wohnung mit gleichzeitiger *Fleckenverlauf*-Lesung auf iPad (0:10,05)

Auf der für das Filmscript[6] aus dem *Fleckenverlauf*-Manuskript zusammengestellten Textauswahl basierte schließlich das grundlegende Konzept für den ›kontaktfreien‹ Filmdreh. So hat Terézia Mora diese Textauszüge zum einen im Rahmen eines Videotelefonie-Meetings – und ausgestattet mit professionellem Mikro – eingelesen. Zum anderen wurden fünf weitere Interviewpartner:innen aus Terézia Moras Lebens- und Arbeitsumfeld sowie dem Kontext der Kasseler Germanistik gebeten, sich jeweils drei Textstellen herauszusuchen und diese zum Auftakt eines ebenfalls digitalen Gesprächs im Rahmen eines aufzuzeichnenden Videotelefonie-Meetings mit Thomas Henke und Stefanie Kreuzer vorzutragen. Die individuelle Textauswahl fungierte dabei stets als ein textbasierter Einstieg in die Gespräche über Terézia Mora, indem die Zitate in medias res als thematische ›Gesprächsanlässe‹ genutzt wurden.

---

[6] Vgl. das mit Regieanweisungen kommentierte und mit Fotos illustrierte Filmscript in diesem Band.

Abb. 6: Terézia Mora in ihrer Wohnung mit gleichzeitiger *Fleckenverlauf*-Lesung auf MacBook (0:51,04)

Eine weitere Quelle – neben den Videotelefonie-Mitschnitten – sind Handykameraaufnahmen aus Terézia Moras Wohnung. Diese Aufnahmen, in denen Terézia Mora und ihre Familie mitunter auch selbst im Bild erscheinen, sind von ihr sowie ihrer Tochter Isabel und ihrem Ehemann René Kriedemann nach den Regieanweisungen Thomas Henkes ausgeführt worden (Abb. 5–6).

Zudem sind in diese Filmaufnahmen aus Terézia Moras Wohnung mehrfach auch längere, filmtechnisch aufbereitete Aufnahmen von Moras Lesung integriert, indem diese entweder auf einem Fernseher, ihrem Arbeitslaptop oder einem Tablet im Wohnraum bei unterschiedlicher Beleuchtung abgefilmt worden sind (Abb. 7–8).

Schließlich ist noch eine zusätzliche Einstellung im Film implementiert. Diese ist als Metakommentar auf Moras fiktionales Erzählen zu verstehen. Es handelt sich dabei um einige Anmerkungen von Stefanie Kreuzer aus literaturwissenschaftlicher Perspektive, die ausgehend von einer intertextuellen Referenz aus *Fleckenverlauf* auf eine korrespondierende Stelle in Moras Roman *Auf dem Seil* (2019)[7] rekurrieren. Auch diese ursprünglich ebenfalls als Selbstaufnahme mit Handykamera gefilmte Einstellung ist im fertigen Film im Sinne einer Mise-en-abyme als Film im Film auf einem MacBook in Moras Wohnung zu sehen und wird von Moras Lesung flankiert (Abb. 9–10).

---

[7] Vgl. Terézia Mora: Auf dem Seil. Roman. München: Luchterhand 2019.

Abb. 7–8: René und Isabel Kriedemann am Esstisch mit *Fleckenverlauf*-Lesung auf MacBook (1:13,03) und Moras Lesung in dunklem Raum auf TV-Bildschirm (0:43,29)

Insgesamt kommt der Film SIE SAGEN IMMER TERÉZIA MORA ganz ohne professionelle Kamera(führung) aus. Aufgrund der standardisiert reduzierten Auflösung von filmischen Zoom-Online-Meeting-Aufzeichnungen mussten diese allerdings für die Kinoauflösung in der Postproduktion durch Heldfilm Köln erheblich nachbearbeitet werden. Und es war zudem eine besondere Herausforderung, das heterogene digitale Filmmaterial von Zoom-Videokonferenz-Mitschnitten und hochauflösenden iPhonekamera-Videos aneinander anzupassen und auch ineinander einzupassen.

Abb. 9–10: Stefanie Kreuzers Anmerkung zu Moras Roman *Auf dem Seil*, präsentiert als Film im Film (1:01,25), und Terézia Mora mit ihrem Roman (0:58,36)

Abb. 11: Thomas Henke als Regisseur im (Film-)Bild (0:52,06)

Gesprächspartner:innen und Videotelefonie-Interviews

In den bereits angeführten Interviews wird Terézia Mora in ihren Rollen als Schriftstellerin, Freundin, Klientin, Übersetzerin ›besprochen‹, indem sie und ihre Texte – insbesondere ausgehend von den *Fleckenverlauf*-Zitaten – umkreist werden. Aus den einzelnen freundschaftlichen, beruflich-professionellen und rezeptionsästhetischen Perspektiven ergeben sich die inhaltlichen Kernaussagen des Films und vermittelt der Film verschiedene Ausblicke auf Terézia Mora und Einblicke in ihr Schreiben sowie ihre Textwelten. Die dialogische Gesprächssituation der Interviews tritt durch die Montage des Films indes nicht mehr deutlich hervor, da Thomas Henke und Stefanie Kreuzer als Fragende – bis auf eine Ausnahme, bei der Thomas Henke insistierend hervortritt (Abb. 11) – nie im Bild erscheinen. Auf diese Weise entsteht eher die Anmutung von monologischen Ausführungen.

Abb. 12: Andreas Jungwirth, Terézia Moras Brieffreund (0:22,32)

Alle Personen, die über Mora erzählen, haben im weiteren Sinne einen privaten oder beruflichen Bezug zu Mora. Im Einzelnen handelt es sich um den mit Mora befreundeten, etwa gleichaltrigen österreichischen und aktuell in Wien lebenden Theater-, Hörspiel- und (Jugend-)Buchautor *Andreas Jungwirth* (* 1967; Abb. 12). Mora verbindet mit ihm seit Beginn ihrer schriftstellerischen Laufbahn eine kontinuierliche Brieffreundschaft, und zwar – bemerkenswerterweise – selbst in der Zeit, in der er ebenfalls in Berlin gelebt hat. Zwar sind sie auch gemeinsam auf Recherche-Reise gewesen. Insgesamt haben sie indes bisher wenig Zeit Face to Face miteinander verbracht.

Abb. 13: Katja Lange-Müller, befreundete Schriftstellerkollegin (0:29,29)

Katja Lange-Müller (* 1951; Abb. 13) ist eine in Berlin lebende und mit Mora befreundete, etwa zwanzig Jahre ältere Schriftstellerin. Auch Lange-Müller ist seit Jahrzehnten eine erfolgreiche Literatin und hat mitunter ähnliche Auszeichnungen erhalten und Erfahrungen im Literaturbetrieb gemacht wie Mora. So ist sie etwa seit 2000 Mitglied der Deutschen Akademie für Sprache und Dichtung und hatte 2016 die Frankfurter Poetik-Dozentur inne.[8] Für die persönliche Beziehung beider ist es zudem interessant, dass Lange-Müller für Mora eine ideale und vertraute Erst-/Korrekturleserin ihrer vorläufig fertiggestellten Erzählmanuskripte vor der Drucklegung ist.

---

[8] Terézia Mora ist seit 2015 Mitglied der Deutschen Akademie für Sprache und Dichtung und hatte die Frankfurter Poetik-Dozentur im Wintersemester 2013/14 inne.

Abb. 14: Klaus Siblewski, Terézia Moras langjähriger Lektor (0:14,46)

Klaus Siblewski (* 1950; Abb. 14) ist Terézia Moras langjähriger Lektor seit Beginn ihrer Zeit als Autorin im Luchterhand Verlag. Nach der Publikation ihres ersten Erzählbandes *Seltsame Materie* (1999)[9] im Rowohlt Verlag wird sie seit ihrem ersten Roman *Alle Tage* (2004)[10] von Klaus Siblewski betreut, und zwar auch noch im (Un-)Ruhestand und jenseits seiner Verlagsanstellung. Zudem ist er ein ehemaliger Marathonläufer, worauf Terézia Mora explizit in ihrer Poetikvorlesung anspielt, wodurch exemplarisch deutlich wird, wie Berufliches und Privates miteinander verwoben sein kann.

Auch *Karin Graf* (* 1952; Abb. 15) arbeitet seit ungefähr zwei Jahrzehnten als Agentin für Terézia Mora. Als ehemalige Übersetzerin hat sie sich nach einer Lebens- und Arbeitsphase in den USA 1995 als Literaturagentin mit ihrer Agentur Graf & Graf selbstständig gemacht und vertritt und unterstützt Terézia Mora in kontinuierlicher Zusammenarbeit beruflich sowie als freundschaftliche Ansprechpartnerin – und sei es, dass sie über die Vorzüge von Apfel- oder Birnbäumen sprechen.

---

[9] Vgl. Terézia Mora: Seltsame Materie. Erzählungen. Reinbek bei Hamburg: Rowohlt 1999.
[10] Vgl. Terézia Mora: Alle Tage [2004]. 9. Aufl. München: Luchterhand 2006.

Abb. 15: Karin Graf, Terézia Moras langjährige Agentin (0:42,29)

Abb. 16: Flora Saß, Kasseler Studentin (0:51,43)

Mit *Flora Saß* (* 1996; Abb. 16) ist schließlich eine engagierte Kasseler Germanistik- und Kunstwissenschafts-Studentin in den Kreis der über Mora und insbesondere ihre Texte Sprechenden aufgenommen. Sie war Teilnehmerin des Begleitseminars zu Moras Grimm-Poetikprofessur im Sommersemester 2021 und ist durch ihre künstlerische Mitarbeit im Rahmen von Filmprojekten an der Kunsthochschule Kassel aufgefallen. Ihr Credo ist es, dass sie lieber um ihr eigentliches Studium ›drum herum‹ studiert, als sich an exemplarische Modulplanungen zu halten.

Ästhetik und Experiment des Films

Jenseits der bisher angeführten Hintergründe zur Filmkonzeption und -entstehung fällt SIE SAGEN IMMER TERÉZIA MORA kinematographisch insbesondere durch seine experimentelle Bildästhetik und Montage auf. Vordergründig erzählt der Film relativ wenig von seiner titelgebenden Autorin. Diese ist zudem nur in einem relativ begrenzten Zeitfenster im Frühling 2021 und ausschließlich Zuhause in ihrer eigenen Wohnung zu sehen, wobei die Räumlichkeit während ihrer Lesung filmisch weitgehend unbestimmt gehalten ist. Es gibt keine andere Inszenierung Moras in Raum und Zeit, keine anderen charakterisierenden Orte, Tätigkeiten oder etwa fotografische oder filmische Dokumente aus der Vergangenheit. Der Film nutzt weder Voice-over-Narration noch Textinserts, um Zusatzinformationen jenseits der überwiegend zu sehenden Talking Heads zu vermitteln. Terézia Mora wird einleitend nicht vorgestellt. Ihr Œuvre bleibt unerwähnt, ebenso Literatur-Preise und -Auszeichnungen. Selbst die überwiegend im Close-up gefilmten Personen, die über Terézia Mora sprechen, finden – abgesehen von den Credits – an keiner Stelle im Film eine explizite namentliche Vorstellung.

Insgesamt zeichnet sich SIE SAGEN IMMER TERÉZIA MORA nicht durch eine kulturell etablierte Reportage-Ästhetik mit hochaufgelösten, professionell fotografierten Filmbildern aus, die mit unterschiedlicher Tiefenschärfe, Kamerafahrten und Zooms spielen und mit narrativ ausgerichteten Voice-over-Kommentaren versehen in die Thematik einführen oder mitunter gar aus einer persönlich anmutenden Perspektive der Filmmachenden eine Filmerzählung etablieren.

Abb. 17: Terézia Mora im Extreme Close-up eines pixeligen Bildes (1:08,10)

SIE SAGEN IMMER TERÉZIA MORA präsentiert vielmehr eine Mischung aus statischen und amateurhaft wirkenden Videokonferenz-Formaten und einer Dogma-Filmästhetik mit wackeliger Handkamera. Schlecht aufgelöste, verwackelte Filmfotografie sowie Bilder, die im konventionellen Sinne als kompositorisch unausgewogen zu charakterisieren sind, prägen die visuelle Ebene des Films. So rutschen die Ansichten Klaus Siblewskis und Karin Grafs beispielsweise während der Videotelefonie-Aufzeichnungen mitunter beinahe unten aus den Bildkadern heraus. Durch wackelige Computerkameras während der Online-Interviews sind in den Filmbildern mit Andreas Jungwirth und Flora Saß mitunter digitale Pixelfehler entstanden, die aufgrund der geringen Aufzeichnungsqualität auch durch die aufwendige Nachbearbeitung in der Postproduktion nicht behoben werden konnten und somit im fertigen (Kino-)Film weiterhin deutlich erkennbar sind. Moras Lesung und Kreuzers Anmerkungen zu *Auf dem Seil* sind auf dem TV-Bildschirm, einer Laptop- oder Tablet-Ansicht zu sehen und werden zeitweise von großen Steuerungselementen und Programm-Ikons partiell überdeckt. Pixelfehler treten an Filmstellen mit zu geringer oder zu großer Belichtung sowie vergrößerten Filmausschnitten hervor (Abb. 17).

Doch trotz oder vielleicht auch gerade wegen dieser technisch nicht optimierten Bilder ist dem Film SIE SAGEN IMMER TERÉZIA MORA ein spezielles Vertrauen in seine Bilder inhärent. So setzt der Film nämlich genau auf diese Unverstelltheit und Ursprünglichkeit der Filmbilder und erzeugt dadurch den Eindruck von Authentizität.[11] Der Film konfrontiert die Zuschauenden narrativ weitgehend unvermittelt und direkt mit Terézia Moras *Fleckenverlauf*-Lesung und den Aussagen ihrer Freund:innen, Wegbegleiter:innen und Leser:innen. Die spezifische und durchgängig implizit bleibende Logik der filmischen Narration muss von den Filmzuschauenden selbst erschlossen werden. Das Prinzip dafür ist indes ein im Film selbst oft wiederholtes: So wie entsprechend des Titels »immer« wieder und in verschiedenen Variationen »Terézia Mora« gesagt wird, so akzentuiert die Montage zentrale Themen durch Wiederholungsstrukturen.

Durch die Verschränkung von Textpassagen, die Terézia Mora aus ihrem Tage- und Arbeitsbuch *Fleckenverlauf* liest, und deren assoziativer ›Besprechung‹ in den Interviews entstehen thematische Kristallisations- und Fluchtpunkte im Film. Diese akzentuieren wichtige Lebens- und Arbeitsthemen Moras – beispielsweise Glück versus Unglück, Arbeits-/Schreib-/Übersetzungsroutinen, Familienleben, Von-der-Arbeit-Ablenkendes, Krankheit, ihr Selbstverständnis als (realistische) Schriftstellerin …

---

[11] Authentizität ist in (dokumentar)filmischen ebenso wie allgemein in ästhetischen und künstlerischen Kontexten als eine kalkulierte Form der Inszenierung zu verstehen.
Zu Authentizitätskonstruktionen in verschiedenen künstlerischen Kontexten vgl. exemplarisch: Stefanie Kreuzer: Künstl(er)i(s)che Strategien von Authentizitätskonstruktion – Beispiele aus Literatur, Film und bildender Kunst. In: Wolfgang Funk u. Lucia Krämer (Hrsg.): Authentizität zwischen Materialität und Konstruktion. Bielefeld: transcript 2011 (= Kultur- und Medientheorie). S. 179–204.
Vgl. Daniel Sponsel (Hrsg.): Der schöne Schein des Wirklichen. Zur Authentizität im Film. Konstanz: UVK 2007 (= kommunikation audiovisuell 40).
Vgl. Erika Fischer-Lichte, Christan Horn, Isabel Pflug u. Matthias Warstat (Hrsg.): Inszenierung von Authentizität [2000]. 2., überarb. u. akt. Aufl. Tübingen: Francke 2007 (= Theatralität 1).
Vgl. Klaus Grubmüller u. Klaus Weimar: Authentizität. In: Reallexikon der deutschen Literaturwissenschaft. Neubearbeitung des Reallexikons der deutschen Literaturgeschichte. Bd. I: A–G: Hrsg. von Klaus Weimar, gemeinsam mit Harald Fricke, Klaus Grubmüller u. Jan-Dirk Müller. 3., neubearb. Aufl. Berlin: de Gruyter 1997. S. 168 f.
Vgl. Susanne Knaller u. Harro Müller (Hrsg.): Authentizität. Diskussion eines ästhetischen Begriffs. München: Fink 2006.
Vgl. Antonius Weixler (Hrsg.): Authentisches Erzählen. Produktion, Narration, Rezeption. Berlin: de Gruyter 2012 (= Narratologia 33).

Abb. 18–19: Filmanfang mit schwarzem Bildschirm (0:00,11) und mit Bildern von Moras Lesung (0:00,32)

Visuell eingebettet und durch die Montage gerahmt sind alle diese Zitate und Anmerkungen in den Privaträumen Moras durch Bilder ihrer Wohnung. Mit diesen beginnt und endet der Film, und zwar jeweils mit Fokus auf schwarze Bildschirme: So beginnt der Film – nach dem in grünen Versalien eingeblendeten Titel und einer Schwarzblende – mit einer Halbtotale auf das schwarze Display eines TV-Flachbildmonitors. Dieser hängt über einem Sideboard mit Büchern, Stiften und Kästchen und spiegelt seine Umgebung matt wider, bevor Moras Lesung darauf erscheint (Abb. 18–19).

Abb. 20–21: Filmende mit Bildern von Moras Lesung (1:16,08) und mit schwarzem Bildschirm (1:18,31)

Die letzte Einstellung des Films korrespondiert als rahmendes Pendant mit der ersten, indem ein aufgeklappter Laptop auf dem Balkontisch steht. Auch auf diesem läuft die Lesung Moras und endet sie schließlich, so dass dann nur noch der überwiegend schwarze Screen zu sehen ist (Abb. 20–21).

So markant und zentral in der Anfangs- und Schlusseinstellung die Monitore das Filmbild bestimmen, so kontinuierlich durchziehen sie den gesamten Film leitmotivisch. Auf verschiedenen Monitoren – sei es der von Moras Laptop, iPad oder des TV-Flachbildschirms an der Wohnzimmerwand – werden immer wieder Teile aus Moras *Flecken-*

verlauf-Lesung gezeigt. Dabei ist der Film der Lesung ihres Textes in Sie sagen immer Terézia Mora auch auf dem Display ihres Mac-Books zu sehen, auf dem sie ihr Tage- und Arbeitsbuch ursprünglich und oftmals am Esstisch sitzend geschrieben hat. Insgesamt tritt die selbstreflexive Spiegelungsästhetik des Films im Film deutlich hervor und vermag für die grundlegende Metanarrativität des Films zu sensibilisieren: Der Film reflektiert filmisch das selbst erzeugte Porträt seiner Autorin, deren abgefilmte Lesung als Film fast allgegenwärtig in ihr Lebensumfeld implementiert ist. In kaleidoskopischer Zusammenschau findet ein Umkreisen der Autorin statt und wird diese Annäherung aus unterschiedlichen Perspektiven zugleich als eine medial konstruierte und ›gemachte‹ ausgestellt.

Abschließend sei somit herausgestellt, dass Henkes Film experimentell mit der Herstellung des filmischen Materials agiert und dieses zudem auch selbstreferenziell experimentierend verwendet. Im Hinblick auf narrative Rahmungsstrukturen nutzt Sie sagen immer Terézia Mora hingegen durchaus etablierte erzählerische Muster und rhythmische Wiederholungsstrukturen. Experimentell ist der Film zudem auch nicht im Hinblick auf den Einsatz filmischer Special Effects. Henkes Film kommt im Gegenteil sogar weitestgehend ohne Special Effects und digitale Effektbearbeitungen aus. Mit Ausnahme der filmtechnischen Postproduktion zur Aufarbeitung der gering aufgelösten Online-Meeting-Filmmitschnitte werden originäre Filmbilder gezeigt. Die Handyfilme ebenso wie die Videotelefonie-Mitschnitte der Interviews sind im Hinblick auf die gewählten Bildausschnitte nicht bearbeitet. Die auf den Monitoren gezeigten Filme sind keine Ergebnisse eines Digital Compositing, sondern lediglich vom Monitor abgefilmte Filme. Selbst bei dem leuchtend grünen Hintergrund der Film-im-Film-Bilder, auf denen Terézia Mora lesend zu sehen ist, handelt es sich nicht um artifizielle, im Studio generierte Green-Screens, durch die ihre Gestalt freigestellt ist, sondern um einfache, originäre respektive ›authentisch‹ anmutende Filmbilder.[12] Denn der grüne Wandhintergrund in Moras Wohnung erscheint lediglich durch die digitale Wiedergabetechnik der Monitore farblich etwas leuchtender und greller als die

---

[12] Zum Konstruktcharakter von filmischer Authentizität vgl. Stefanie Kreuzer: Filmische Authentizitätsfiktion und Echtzeit. In: Stephan Brössel u. Susanne Kaul (Hrsg.): Echtzeit im Film. Konzepte – Wirkungen – Kontexte. Paderborn: Fink 2020. S. 245–268.

pastellgrün gestrichene Esszimmerwand, vor der Mora ihren *Fleckenverlauf*-Text eingelesen hat.

Das filmische Experiment von SIE SAGEN IMMER TERÉZIA MORA kann somit schließlich als ein reduktionistisches in der Weise beschrieben werden, dass es sich um einen Film handelt, der weitgehend ›authentische‹ Bilder verwendet, auf das Wort seiner Protagonisten setzt, diese fast durchgängig sprechen lässt, außer den O-Tönen keinerlei Geräusche verwendet, keine Musik, keine Textinserts und auch keine Voice-over-Narration nutzt. Und dennoch ist es ein Film, der visuell und speziell durch die Montage doch auch ›immer‹ wieder einiges über Terézia Mora zu ›sagen‹ vermag.

Filme

FELICITAS HOPPE SAGT (D/CH 2017). Regie: Oliver Held u. Thomas Henke. Gesprächs-/Textregie: Thomas Henke. Bildregie, Kamera u. Montage: Oliver Held. Ton: Udo Radek. Musik: Peter Fleckenstein u. Quirin Reichle. Darsteller: Felicitas Hoppe (als sie selbst), Gundula Gause (als sie selbst). Produktion: Oliver Held; Heldfilm u. Thomas Henke; HenkeMedien. Laufzeit: (PAL/DVD: good!movies, 2018) ca. 80 Min.

SIE SAGEN IMMER TERÉZIA MORA (D 2021). Regie: Thomas Henke. Drehbuch: Thomas Henke, Terézia Mora u. Stefanie Kreuzer (mit Textauszügen aus Terézia Moras »Fleckenverlauf. Ein Tage- und Arbeitsbuch« (2021) sowie ihrem Roman »Auf dem Seil« (2019)). Kamera: Terézia Mora, Isabel Kriedemann, René Kriedemann, Stefanie Kreuzer. Interviews: Thomas Henke in Zusammenarbeit mit Stefanie Kreuzer. Montage: Peggy Henke. Endfertigung: Oliver Held (Heldfilm Köln). Redaktion: Stefanie Kreuzer. Cast: Terézia Mora, Karin Graf, Thomas Henke, Andreas Jungwirth, Stefanie Kreuzer, Katja Lange-Müller, Flora L. M. Saß, Klaus Siblewski. Produktion: HenkeMedien. Laufzeit: 79 Min.

Literatur

Fischer-Lichte, Erika; Christan Horn, Isabel Pflug u. Matthias Warstat (Hrsg.): Inszenierung von Authentizität [2000]. 2., überarb. u. akt. Aufl. Tübingen: Francke 2007 (= Theatralität 1).

Grubmüller, Klaus u. Klaus Weimar: Authentizität. In: Reallexikon der deutschen Literaturwissenschaft. Neubearbeitung des Reallexikons der deutschen Literaturgeschichte. Bd. I: A–G: Hrsg. von Klaus Weimar, gemeinsam mit Harald Fricke, Klaus Grubmüller u. Jan-Dirk Müller. 3., neubearb. Aufl. Berlin: de Gruyter 1997. S. 168 f.

Henke, Thomas; Stefanie Kreuzer u. Terézia Mora: *Filmscript: SIE SAGEN IMMER TERÉZIA MORA* (D 2021). In: Stefanie Kreuzer (Hrsg.): Terézia Mora. Grimm-Poetikprofessorin 2021. Unter Mitarbeit von Caroline Frank. Würzburg: Königshausen & Neumann 2022 (= Grimm-Poetikprofessur 3). S. 125–147.

Knaller, Susanne u. Harro Müller (Hrsg.): Authentizität. Diskussion eines ästhetischen Begriffs. München: Fink 2006.

Kreuzer, Stefanie: Filmische Authentizitätsfiktion und Echtzeit. In: Stephan Brössel u. Susanne Kaul (Hrsg.): Echtzeit im Film. Konzepte – Wirkungen – Kontexte. Paderborn: Fink 2020. S. 245–268. Zu Authentizitätskonstruktionen allgemein in künstlerischen Kontexten vgl. auch

——: Künstl(er)i(s)che Strategien von Authentizitätskonstruktion – Beispiele aus Literatur, Film und bildender Kunst. In: Wolfgang Funk u. Lucia Krämer (Hrsg.): Authentizität zwischen Materialität und Konstruktion. Bielefeld: transcript 2011 (= Kultur- und Medientheorie). S. 179–204.

Mora, Terézia: Alle Tage [2004]. 9. Aufl. München: Luchterhand 2006.

——: Auf dem Seil. Roman. München: Luchterhand 2019.

——: Fleckenverlauf. Ein Tage- und Arbeitsbuch. München: Luchterhand 2021.

——: Seltsame Materie. Erzählungen. Reinbek bei Hamburg: Rowohlt 1999.

Sponsel, Daniel (Hrsg.): Der schöne Schein des Wirklichen. Zur Authentizität im Film. Konstanz: UVK 2007 (= kommunikation audiovisuell 40).

Weixler, Antonius (Hrsg.): Authentisches Erzählen. Produktion, Narration, Rezeption. Berlin: de Gruyter 2012 (= Narratologia 33).

Homepages und Internetlinks

Filmografie von Thomas Henke unter: www.thomas-henke.com (15. Nov. 2021)

Deutscher-Buchpreis-Archiveintrag zu Terézia Mora: www.deutscher-buchpreis.de/archiv/autor/97-mora (15. Nov. 2021).

Georg-Büchner-Preis-Website zu Terézia Mora: www.deutscheakademie.de/de/auszeichnungen/georg-buechner-preis/terezia-mora (15. Nov. 2021).

Thomas Henke | Stefanie Kreuzer | Terézia Mora

Filmscript:
SIE SAGEN IMMER TERÉZIA MORA (D 2021)

Vorbemerkung zum Filmscript

Der experimentelle Film SIE SAGEN IMMER TERÉZIA MORA (D 2021)[1] ist unter der Regie von Thomas Henke anlässlich von Terézia Moras Grimm-Poetikprofessur 2021 an der Universität Kassel entstanden. Das kursorische Filmscript basiert maßgeblich auf Auszügen aus Moras Tage- und Arbeitsbuch *Fleckenverlauf* (2021).[2] Dieses hat der Verlag Luchterhand anlässlich des 50-jährigen Jubiläumsgeburtstags der Autorin im Jahr 2021 veröffentlicht. Zur Zeit der Entstehung des Filmprojekts lag diese Publikation indes erst als Textmanuskript (Stand: Dez. 2020) vor, das zeitgleich von Terézia Moras Lektor Klaus Siblewski redigiert und für den Druck vorbereitet wurde. Vor diesem editorischen Hintergrund erklären sich gewisse textliche Abweichungen zwischen der Buchausgabe und dem Filmscript, das für den Ab-

---

[1] Vgl. Sie sagen immer Terézia Mora (D 2021). Regie: Thomas Henke. Drehbuch: Thomas Henke, Terézia Mora u. Stefanie Kreuzer (mit Textauszügen aus Terézia Moras »Fleckenverlauf. Ein Tage- und Arbeitsbuch« (2021) sowie ihrem Roman »Auf dem Seil« (2019)). Kamera: Terézia Mora, Isabel Kriedemann, René Kriedemann, Stefanie Kreuzer. Interviews: Thomas Henke in Zusammenarbeit mit Stefanie Kreuzer. Montage: Peggy Henke. Endfertigung: Oliver Held (Heldfilm Köln). Redaktion: Stefanie Kreuzer. Cast: Terézia Mora, Karin Graf, Thomas Henke, Andreas Jungwirth, Stefanie Kreuzer, Katja Lange-Müller, Flora Saß, Klaus Siblewski. Produktion: HenkeMedien. Laufzeit: 79 Min.

[2] Vgl. Terézia Mora: Fleckenverlauf. Ein Tage- und Arbeitsbuch. München: Luchterhand 2021.

druck in diesem Publikationskontext – ausgehend von der Manuskriptversion des Textes – redaktionell leicht überarbeitet worden ist.

Die vorliegende Form des Filmscripts ist das Ergebnis einer Zusammenstellung von Textauszügen aus dem *Fleckenverlauf*-Manuskript, die Thomas Henke (als Regisseur) federführend vorgenommen hat und die im Anschluss gemeinsam mit Terézia Mora (als Autorin und Grimm-Poetikprofessorin) und Stefanie Kreuzer (als Initiatorin der GPP-Begleitfilmreihe) ergänzt und modifiziert worden ist.

Einen kursorischen Einblick in die Konzeption des Filmprojekts vermitteln zudem einige knappe textliche und fotografische Regieanweisungen im Hinblick auf die Kameraführung sowie das zu filmende Setting und ›Geschehen‹. Es handelt sich dabei um Anweisungen von Thomas Henke für Terézia Mora und ihre Tochter Isabel sowie ihren Ehemann René Kriedemann, die mit den (Handy-)Filmaufnahmen in Moras Wohnung betraut waren. – Im nachfolgend abgedruckten Filmskript sind diese redaktionellen Hinweise in den Text integriert. Es handelt sich einerseits um die kursivierten Texte in eckigen Klammern und andererseits um die exemplarischen Fotovorlagen für die Kameraeinstellungen.

Im Laufe der Entstehung des Films ist zudem noch ein weiterer Textauszug aus Terézia Moras Roman *Auf dem Seil* (2019)[3] hinzugekommen. Der Vollständigkeit halber ist diese Textgrundlage als Zusatz zum Filmscript dokumentiert.

(Stefanie Kreuzer)

---

[3] Vgl. Mora Terézia: Auf dem Seil. Roman. München: Luchterhand 2019.

Textvorlage als Drehbuch zu SIE SAGEN IMMER TERÉZIA MORA

Textauszüge aus:
Terézia Mora: Fleckenverlauf. Ein Tage- und Arbeitsbuch. Manuskript (Stand: Dez. 2021).

[Film startet mit 17 sec. Schwarzbild, dann Lesung; gedämpftes Licht, Bild in TV, keine Personen, TV-Bild startet aus Schwarz, TV ¼ der Bildfläche]

4. Dezember 2014
»Er macht ja wohl ihren Sarg«

Das Zitat im Titel ist das Ergebnis eines Spiels. Das Spiel geht so:
1. Greife dir das Buch, das dir am schnellsten in die Hand fällt.
2. Suche den 5. Satz auf der 23. Seite heraus.

In diesem Fall: Hans Fallada: *Der Bettler, der Glück bringt*, Aufbau 2012. Frühe und späte Erzählungen und die *Geschichten aus der Murkelei*. Der beste Text im Band: Birgit Vanderbekes Nachwort. (Während Falladas Romane: großartig.)

Über dieses Spiel erfahren habe ich aus dem Blog von Hazugvirág, den ich lese, um etwas gegen das Gefühl der Sinnlosigkeit zu tun. Dagegen, und gegen die Scham, die ich empfinde, weil ich gerade Verträge über drei Bücher abgeschlossen habe, obwohl ich denke, dass es sinnlos ist, sie zu schreiben. Ich hätte das nicht tun dürfen, auch nicht,

wenn mir meine Agentin sagt, alle täten es, und was wisse ich schon darüber, ob es wirklich sinnlos sei, der Sinn könne sich unterwegs finden bzw. fände sich unterwegs, und warum sollte ich bei dieser Suche nicht abgesichert sein, wenn ich schon die Chance dafür hätte.
Ich werde das niemals einspielen.
Sie: Na und? [...]

[Terézia Mora geht während des Abschnitts »Glück« am TV vorüber]

5. Dezember 2014
Glück 07:59

[...] Aber das mit den Büchern ist es nicht allein. Die Oberflächlichkeit aller Kommunikation. [...] In der Mitte des Lebens hast du keine Zeit. Keine Zeit zu haben sieht so aus, dass ihr es mit Hängen und Würgen dreimal im Jahr schafft, euch für zwei Stunden zu sehen. Dann hechelt ihr die Oberflächen durch, denn diese müssen immer zuerst durchgehechelt werden, und bevor es tiefer werden könnte, müsst ihr weiter. Als Ergebnis davon habe ich das Gefühl, selbst ›meinen Leuten‹ gegenüber nicht ehrlich sein zu können. Dabei lüge ich fast nie. Ich musste meine Kindheit damit verbringen, permanent Kritik dafür einzustecken, wenn ich als ich selbst zu sichtbar wurde. Als Folge davon verstelle ich mich niemals wieder mehr. Grundsätzlich sind auch meine Oberflächen aufrichtig, aber dadurch, dass es nie so weit kommt, dass man so etwas wie oben aussprechen könnte, fühle ich mich am Ende doch allein. [...]

Operiert

Gestern habe ich zum ersten Mal in meinem Leben mit zwei Frauen zusammengestanden, deren Gesichter vermutlich operiert waren. Die eine sah wie Joker aus, bei der anderen war die Haut an den Wangen und unterhalb der Augen merkwürdig gespannt, ein nicht sehr gutes Lifting, an den Seiten kräuselte es sich. Was sagt mir das, die ich finde, dass ich für 43 extrem gealtert bin, so dass mein Gesicht in Stücken ist?

(In Wahrheit habe ich Angst, dass dieses wie aus Stücken zusammengesetzte Gesicht mich verrät: meinen schlechten Charakter. Der Witz ist: tatsächlich ist mein Charakter, wenn ich allein bin, schlechter, als wenn ich mich anderen zeige, aber nicht so schlecht, wie das zerstückelte Gesicht vermuten ließe. Ich sehe schlechter aus, als ich bin.)

[Das operierte Gesicht verwendet für *Ella Lamb in Mullingar*. Das Gesicht in Stücken für Lorelei in Kopp3.] […]

5. Dezember 2014
Glück, 07:55

[…]

I try to believe

»*I try to believe like I believed when I was five … when my heart told me everything I needed to know.*« (Lucy Liu)

Im Grunde versuche ich jeden Tag, diesen Zustand zu erreichen, und dann von diesem ausgehend etwas zu schaffen, das mich und eventuell andere über das Profane hinaushebt. Das gelingt an weniger Tagen, als ich es mir wünschen würde. Und darüber kann ich mich jedes Mal aufs Neue ärgern – obwohl ich weiß, dass auch das sinnlos ist. *You can't manufacture a miracle.* Auch das ist ein Zitat aus der Popwelt. (Robbie Williams' Songtext) […]

[Interviewsequenzen beginnen: Laptop auf Schreibtisch, Rückenfigur lesend, schreibend]

7. Januar 2015
Familienzeit

Am 30. Dezember 2012 steht in meinem Jahresplaner: »Als Kind wartet man, sitzt es aus, bis die Familienzeit vorbei ist – und als Elternteil ebenfalls. Der eine bekommt dafür die Jugendzeit und die Freiheit – der andere das Alter und den Tod.« [...]

[Terézia Mora geht während des Abschnitts aus dem Bild]

16. Februar 2015
Freitag, der 13., Nachtrag

Auf der Liste stehen:
- der Versuch, die auf wahren Begebenheiten basierende Geschichte einer Frau zu schreiben, die eine misshandelnde Beziehung nach der anderen eingeht – gescheitert. [Nachtrag, 8. Aug. 2019: vorerst. Später (jetzt) der im Entstehen begriffene Roman *Muna oder über die Sehnsucht*.]
- ein Fahrradunfall. Auf dem Gehsteig mit einem anderen Fahrradfahrer zusammengestoßen. Wir waren beide verkehrswidrig unterwegs, dennoch dachte er, mir sagen zu müssen, ich sei »auf der falschen Seite« gefahren (nämlich: rechts?). Vorderrad kaputt, Knie geprellt.
- weinende Tochter, weil sie kein Mittel gegen 7-jährige Terrorbratzen weiß (so genannte Freundinnen), und der ich vergebens sage, die Lösung ist: »dann eben ohne sie«. Und die außerdem (vermutlich zu derselben Zeit, als ich vom Fahrradfahrer angefahren wurde) von einem Jungen umgerannt worden ist und nun einen blauen Fleck und Schmerzen im Gesicht hat.

Dies alles, und es ist erst 14:30. Und *nach* 14:30 passiert sowieso nichts Gutes mehr. Nur noch Eingesperrtsein, Kinderprogramm, Fressen und Nichtarbeiten. Die einzige Hoffnung ist die auf den nächsten Tag, dass dieser, zumindest in den ersten paar Stunden, okay sein wird. »Unter solchen Umständen muss ich Weltliteratur schreiben.«

Benutze es zu etwas Gutem

Sinnspruch des Tages. [...]

[Laptop bleib in Position, leicht veränderte Perspektive der Kamera]

23. Februar 2015
»Sprache«

Ich öffne die Haustür und ein alter Mann schlüpft mit durch die Tür, beide Hände voll, mit Alufolie abgedeckte Pappteller mit Essen drin, man riecht nicht, was es ist. Wartet, dass ich den Fahrstuhl für uns beide aufschließe, nickt, als ich die vierte Etage drücke. Da er auf mein Deutsch die ganze Zeit nicht reagiert hat, frage ich ihn, ob er Englisch kann, er schüttelt den Kopf, lächelt, starrt mich aus großen, blauen Augen an. »Oder gar keine Sprache?«, frage ich. Und er nickt und sagt: »Sprache«. Da wurde mir klar, dass ich mit einem Menschen mit Aphasie im Fahrstuhl stehe. Starrt mich an aus großen Augen, sein Gesicht erfüllt von großer Freundlichkeit. [...]

Ich habe über einen mit Aphasie geschrieben und bin in der Wirklichkeit erst zehn Jahre später jemandem mit Aphasie begegnet. Es nimmt mich mit. Um mich dagegen zu wehren, nehme ich mir vor, eine Episodenfigur aus dem alten Mann im Fahrstuhl zu machen. [Update 2020: Bis jetzt noch nicht.] [...]

[Laptop auf Fensterbank oder Möbelstück vor Fenster (zunächst ohne Person)]

20. April 2015
Figuren

Zwei Schauspielerinnen um die 50. Während sie einen Text über Helen Hessel vorlesen, betrachte ich ihre Gesichter, ihre röter werdenden Dekolletés. Sie sind in dem Alter, in dem ihre Schönheit sie noch golden umglüht, und die Zeichen des Welkens machen diese noch schöner. In ihren besten Jahren. Ich werde sie in *Muna oder über die Sehnsucht* verwenden. […]

15. Juni 2015
Roman-Panik

Roman-Panik ist, wenn du zum Beispiel friedlich etwas anderes (Erzählungen) vor dich hinschreibst und es dich plötzlich überfällt: Es muss alles stehen und liegen gelassen werden, um sich Gedanken/Notizen zum Roman zu machen, gewürzt mit der Angst, es noch HEUTE schaffen zu müssen, ALLES, das Ganze lösen zu müssen – das, was du noch gar nicht angefangen hast zu schreiben. Das ist Roman-Panik. Gerne mit Beginn um 23:26, wenn darauf ein Montagmorgen folgt. […]

[Terézia Mora kommt während »Abendessensgäste« ins Bild (Rückenfigur), schaut aus Fenster neben Laptop]

28. Juli 2015
Abendessensgäste

[…] Ich habe angefangen, meinen eigenen Erzählband zu lesen. Die ersten 3 Geschichten sind gut (›Marathonmann‹ – *Die Liebe unter Aliens – Perpetuum mobile*), aber emotional so aufwühlend, dass ich die vierte (*Ella Lamb in Mullingar*) nicht mehr lesen konnte. Dann habe ich sie doch gelesen, und seitdem bin ich unzufrieden. Ich bin unzufrieden, weil ich a) die endgültige Lösung immer noch nicht gefunden habe und b) sie mir aber Lust gemacht hat auf das Projekt »Die Einsiedlerin«, ich mich aber nicht traue, sie Kopp3 vorzuziehen.

So ist mein Leben. Ich trinke Tee, ich esse Schokolade, ich mache jeden Tag anstrengende Turnübungen. Im Grunde warte ich immer noch darauf, wieder ›romanfit‹ zu werden. Sonst dauert es vermutlich auch so lange, ich habe es bloß vergessen. Das Schreiben selbst dauert nur 2 Jahre. Sich davon zu erholen: 3. [...]

[Terézia Mora geht aus Bild während Abschnitt]

4. März 2016
Erzählpräteritum

Weil mein Lektor so viel gemosert hat, habe ich in einigen Erzählungen die Zeit in Präteritum geändert. Jetzt bin ich traurig. [...]

[Laptop bleibt in Position, Bild etwas näher als vorher, aus der Hand gefilmt]

17. März 2016
Sich Glück vorstellen

Vorab: am 6. Tag ohne Schreiben und ohne Sport ist das Leben ganz und gar sinnlos. Ich gehe spazieren, weil Licht gut gegen eine Menge negative Zustände sein soll. Ich erledige einen Behördengang (resp. erledige die Vorbereitung eines Behördengangs), damit ETWAS da ist. Ich gehe dort, wo Stille herrscht, und ich nehme keine Gesichter wahr – das ist wichtig für die Erholung. [Die Behörde verwendet in Kopp3, Kapitel 10.]

Jetzt ist es einen Tag später. Heute noch eine Stunde Sonnenschein mehr vorausgesagt, aber ich gehe nicht hinaus, ich muss am Schreibtisch sitzen. Ich stelle mir nur vor, was mich glücklich machen würde: ein Garten, darin ein Baum. Ich denke: Birnbaum, aber ich weiß nicht, wieso. Apfel wäre praktischer. Universell einsetzbar, und selbst beklettern kann man ihn besser. Im Grunde soviel. Licht und Schatten, Pflanzen.

Ich habe R. erzählt, ich hätte aufgehört, Glücksmomente aufzuschreiben, weil ich immer dasselbe aufschrieb: die Sonne, Pflanzen, ein Vogel. Das Evidente.

Update, einige Zeit später: Ich bin dahintergekommen, dass ich im Irrtum war, als ich dachte, wenn das Evidente mich glücklich machen kann, sei das zum Vergessen. Das Gegenteil ist der Fall. Es bedeutet, dass es eine Chance gibt. [...]

25. März 2016
Traumwohnungen

Und wenn ich im Traum nicht gerade endlose Reisen unternehmen und in verwinkelten Gebäuden herumirren muss, um zu einer Veranstaltung zu kommen, dann muss ich Wohnungen aufräumen, von denen es heißt, sie seien meine, aber sie sehen nicht aus wie meine. Das Schöne daran ist, dass sich dabei oft noch Räume auftun, deren Vorhandensein ich gar nicht vermutet hätte. Und dort ist dann häufig noch viel Platz und sind viele schöne Sachen (vor allem: alte Kleider), von denen ich gar nicht wusste, dass sie mir gehören. Aber es ist immer sehr kalt in diesen Räumen. Immer sage ich: wie schade, dass kein Licht in dieses Zimmer kommt, so kann ich diesen großen Raum gar nicht nutzen. [...]

[dunkel, Licht des TV im Raum]

29. April 2016
Listen kann man immer schreiben

[...] Apropos: »Es ist doch jeder merkwürdig«.

Deswegen, sage ich zu R., ist es so quälend, wenn ich nicht am Roman arbeite. Ich kann mich offenbar durch nichts anderes wesentlich weiterentwickeln oder mich auch nur auf einem herkömmlichen, funktionellen Niveau halten, ich kann die Irritationen nicht fruchtbringend verwerten, es bleibt nur die ›Merkwürdigkeit‹, das Stolpern durch die Welt. Schreiben ist auch Stolpern, nur ist das Ergebnis am Ende sichtbarer, vorzeigbarer, verwertbarer, auch für andere. Allein dadurch, dass es sich materialisiert hat. Deswegen kann ich nicht einfach irgendein Buch schreiben, es muss eins sein, das weiter an meinem Kern baut. Kopp3 muss so sein, dass es einen weiteren Jahresring um diesen Kern legt, und das kann kein löchriger, wurmstichiger, verrotteter oder auf andere Weise schwacher sein, denn das würde die ganze Konstruktion instabil machen, man könnte darauf nicht bauen, oder doch, aber irgendwo gäbe es diese poröse Schicht, die Zukunft wäre also insgesamt gefährdet.

Ich muss einen kernbildenden Roman schreiben.

Mir ist klar, dass man nicht jeden Tag seines Lebens etwas Kernbildendes schreiben kann (wieso eigentlich nicht?). [...]

[Terézia Mora durch Bild gehend (rein) – kurze Zeit später durch Bild raus während »Alles, was gut war«]

1. Juni 2016
Alles, was gut war

Neues Spiel (neues Glück). Eine Weile jeden Tag aufschreiben, was gut war.

So zum Beispiel am 31. Mai 2016:

1. Am Morgen aus dem Fenster auf die maigrüne Straße sehen, über den Baumkronen sein, und der gestrige Regen bildet Dunst in der Luft, den man hier sonst nicht sieht.

2. Meine Tochter kämmt mein Haar (und teilt mir mit, ich müsste sie mal wieder tönen).

3. Der Spaziergang mit Is zur Schule und allein zurück, die Bäume, die Blumen, die Bekannten, die man grüßt – alles im tropischen Dunst.

4. A. Mut für ihre Unternehmung zugesprochen.

[...]

7. Sabine Jahnke geschrieben, wohin ich ihr Bild gehängt habe: so, dass ich es während der Arbeit und auch während des Essens sehen kann. Sie freut sich.

8. Die Arbeit kurz unterbrochen, hinaus auf die Terrasse, weil ein wenig die Sonne scheint: mein Haar kurz in der Sonne trocknen lassen.

[...]
11. Ich habe Süßigkeiten gegessen.
[...]
15. Wieder auf dem Sofa, zur europäischen Identität (für den zu schreibenden Monolog) lesend, höre ich durch die geöffnete Balkontür, wie der Regenschauer sich nähert. Und dann da ist.
16. Entdecke ein winziges, von Kinderhand mit Bleistift an die Wand gemaltes Fenster. [...]

11. Juni 2016
Alles, was nicht gut war

Es führt kein Weg dran vorbei, es muss aufgeschrieben werden, was mich gerade alles deprimiert. Nicht, um es zu konservieren, sondern, um einen Überblick zu bekommen. Wie beim Aufschreiben von allem, was ich über ein noch nicht fertiges Buch weiß. Um etwas zu wissen, das weniger unfertig oder weniger deprimierend ist.
[...]
4. Meine Agentin will, dass ich meinen Verlag nerve bezüglich der Werbemaßnahmen für die *Aliens*, und dass ich meine Multiplikatoren nenne – und ich will all das nicht tun. Soll sie es doch tun. (Lösung: Es einfach nicht tun und fertig.)
5. Freizeitstress. Das Kind hat die Möglichkeit zu drei Verabredungen am Wochenende plus eine Einladung für die Erwachsenen, es ist nicht genug Zeit dafür und überhaupt habe ich keine Lust auf Kontakt zu anderen. Ganz gewiss habe ich keine Lust, mit 1.000 Leuten (keine Übertreibung, Tatsache) Picknick im Friedrichshain zu machen.
6. ICH KANN NICHT AN KOPP ARBEITEN. Ich habe keine Zeit, an Kopp zu arbeiten, ich habe keine Ruhe, an Kopp zu arbeiten, und das, was von Kopp schon da ist, ist nicht gut genug. Und angeblich »warten alle« auf Kopp. Während es in Wahrheit allen egal ist. Für sie ist es nur Zeitvertreib, etwas, das sie für fünf Minuten interessiert, wenn überhaupt. Aber mir muss es GELINGEN. [...]

[subjektive Kamera kommt in Raum, nähert sich TV, fokussiert kurz das TV-Bild, geht weiter ins Dunkel]

18. Oktober 2016
Anderssein

[...] Gestern darüber gegenüber R., wie schon einmal: Wie ich mich einem Interviewer gegenüber entblößt habe mit meinem Erklärungsversuch, die Geschichten seien ein Durchwursteln, weil das Leben ein Durchwursteln sei, allein schon, wenn man Lebensmittel einkaufen gehe, und er mich vollkommen verständnislos ansah, wodurch mir klar wurde, dass solche alltäglichen Dinge offenbar nicht für jeden wie eine Expedition sind. Dementsprechend scheinen es meine Figuren für ›die anderen‹ ungeheuer schwer zu haben – während sie es für mich einfach nur ›normal‹ haben. Mein ›Normalnull‹, dieses Durchwursteln und darin dann das kleine Aufblitzen von Hoffnung, von ›und ich kann es doch‹, von ›etwas, das mir keiner wegnehmen kann‹ kann in meinen Augen so hell und hilfreich leuchten, während es für andere scheinbar ein Krebsen unterhalb von Null bleibt, für sie sind dann diese Hoffnungsblitze auch nicht ›genug‹. Haben sie höhere Ansprüche, weil sie Besseres gewöhnt sind? Aus diesem Zwiespalt kommen wir wohl nie heraus, er ist einfach gegeben. [...]

[ähnliche Einstellung nur aus der Hand gefilmt]

14. November 2016
Seilschläferin

Am 10. Nov. 2016 in Wien. Als ich nicht verhindern konnte, wie eine meiner Figuren zu werden.

Am freien Vormittag vor zwei Auftritten hinaus aus dem Hotel zum Museumsquartier. Wo ich, mal wieder, erst auf die Rückseite von allem geriet. Und ich dachte (durchaus etwas trotzig): wenn jetzt diejenigen, die ständig nur die Einsamkeit und das schwere Durchwursteln aus meinen Geschichten herauslesen und nicht empfänglich oder nicht dankbar genug sind für die Momente unspektakulärer Schönheit, das hier sehen könnten. Resp., die Frage ist doch: Würden sie es sehen? Und mit ›sehen‹ meine ich: dem einen Stellenwert beimessen, der notwendig ist, damit es seine heilende Wirkung entfalten kann.

[…]
Schließlich stehe ich aber doch weinend in der Mitte des Platzes. Mein leiblicher Vater ist am Vorabend gestorben, während ich die Eröffnungsrede der Buch Wien hielt, aber deswegen weine ich nicht. Ich weine wegen der anderen Verlassenheit. Der Körper fängt auch wieder an zu schmerzen, aber ich gehe weiter. Ziehe einen Band Geschichten aus einem Automaten. […]

9. Dezember 2016
Ein Bett aus Remittenten

Neulich habe ich erfahren, warum es keine Bücher von mir in modernen Antiquariaten gibt. Weil mein Verlag das, was übrigbleibt, lieber zu Dämmstoff für Häuser verarbeiten lässt. Wenig später sah ich eine Werbung für Betten aus Pappe. – Die Vorstellung, das ›Haus auf dem Berg‹ mit Dämmstoff aus meinen eigenen Büchern zu dämmen und auch ein Bett aus diesem Stoff bauen lassen. Der Symbolik halber. […]

[Tageslicht/Gegenlicht, Laptop auf Tisch, Bild mit Raumtiefe, hin und wieder Bewegungen / Begegnungen im Hintergrund, mehrere Personen]

30. Mai 2017
»Auch das verrät mich«

Im Flugzeug neben einer 18-Jährigen. Einer kindlichen 14-Jährigen im Körper einer 18-Jährigen. Kommt von einer Manga-Convention.

Kann sich die Reise nach Davos leisten, weil sie im betreuten Wohnen wohnt und es ein Reisebudget gibt. Buchen, einreichen. »Ich habe mit meiner Familie dafür gezahlt«, sagt sie. Was das Weiseste ist, was sie während des Fluges sagt. Ihr Name ist Lena. Ihr Haar ist rot. Zeigt mir ein Foto, auf dem es noch blau war. Die Perücke, die zu ihrem Kostüm gehört, ist lila. Die Flügel musste sie bei ihren Freuden in der Schweiz lassen. Sie ist Gamerin. Ihr T-Shirt könnte sie verraten, ihre Tasche, ihr Bildschirmschoner auf dem Handy, ihr Nintendo. Wenn man es nicht kennt, verrät es einem gar nichts. Sie erzählt über das Game, wie die Rollen heißen, was sie können. Heilerin und Angreiferin, das sind ihre Stärken. Während sie vom Spiel redet, versuche ich, sie auszufragen, wie sie in der Realität lebt. In einem Haus mit Pflegeeltern. Zwei eigene Kinder, zwei Pflegekinder und drei Mädels wie sie, im betreuten Wohnen. Drei Badezimmer und noch ein Klo im Untergeschoss. Nächstes Jahr Abitur in einem naturwissenschaftlichen Oberschulzentrum. »Ich bin vielseitig interessiert.« Erklärt mir, was die Flügelklappen beim Anflug machen. Natürlich weiß ich das, aber das ist egal. Sie zeigt mir ihr neu erworbenes Kuscheltier: einen kleinen, runden, blauen Drachen. Zuhause hat sie noch eine große weiße und eine kleine schwarze Plüschkatze. — Während meine 17-Jährige kaum spricht. Ihr ist auch zu schlecht dafür. Oder ich kann keine sprechenden Frauenfiguren schreiben. [Diese Lena wird zu Lena in Kopp3.]

10. Juli 2017
Die Ringeltaube, mit der ich offenbar zusammenwohne

Sie setzt sich mal auf der Straßenseite, mal auf der Hofseite des Hauses dicht ans Fenster und schaut herein, als würde sie nachschauen, als würde sie sich – etwas ratlos – fragen, was ich, um Himmels willen, da drin mache. Als wäre ich ihr Mensch im Käfig. […]

[ähnliches Bild, etwas näher am Laptop, aus der Hand gefilmt]

10. September 2017
Fleckenverlauf

Ich schreibe es auf, weil man es vielleicht verwenden kann: wie die blauen Flecke auf meinen Beinen nach einem Sturz mit dem Rad verlaufen: vom linken Unterschenkel über beide Knie bis zum rechten Oberschenkel. Alles in allem bin ich geschickt gefallen. Die restlichen

Schmerzen rühren zum Teil von der Tiefengewebsmassage zuvor her (rechter Unterarm) und teils wohl vom Yoga davor (Brust und Oberarme). Die rechte Hüfte schmerzt wie immer. […]

20. Oktober 2017
Ein einigermaßen würdevolles Leben

Tagebuchartig, weil ich im Moment wieder schreiben kann, und da ist mir jedes andere Schreiben als das am Roman zuwider. Man muss schließlich mit seinen Kräften haushalten, denn, dass sie da sind, heißt nicht, dass sie unendlich wären. Wenn sie da sind, sind sie begrenzt da. Man muss auf der Hut sein, bevor sie sich wieder verdünnisieren. […]

[Kamera hinter Laptop, Terézia Mora, leicht verborgen (nach zwei Sätzen wird dann später in Bild geschnitten)]

2. Januar 2018
Ihm wegnehmen, was ihm nicht gehört

Irgendwann während der sogenannten Weihnachtsferien, vielleicht im Zuge eines nächtlichen Spaziergangs durch Rákos, fiel mir auf einmal ein:
    Hiobs (Darius Kopps) Prüfung, die Prüfung, ob er ein Gerechter vor Gott ist, kann erst dadurch entstehen, dass ihm immer und immer wieder weggenommen wird, was ihm nicht gehört. Also:

Wenn das Kind im letzten (oder vorletzten) Kapitel geboren wird, müssen Lores Eltern kommen, und sie müssen sie und das Baby MITNEHMEN. Sie muss mit ihnen gehen und WEG sein. Und Darius Kopp wird sie vermissen und betrauern, und er muss von Rolf aufgerichtet werden. Angekleidet (wie am Anfang vom Ungeheuer durch Juri) und zum Bewerbungsgespräch geschickt werden. Er wird losgehen wie fremdgesteuert, eine Marionette, aber er wird zurückkehren wie fast schon ein Mann, ein Mensch, so dass man ihm sagen kann: Tu, was du tun kannst (weil er etwas tun KANN). Nichts, was ich habe, gehört mir wirklich, aber es gibt MICH und GOTT und die ARBEIT.

Heute ist der 2. Januar. Der letzte Tag der Schulferien in Berlin. Der erste Arbeitstag meiner ›Arbeitswoche‹. Und, oh Wunder, ich arbeite tatsächlich ... [...]

[Laptop wie vorher, subjektiv gefilmt]

19. Januar 2018
Die Vergesslichkeit der Eichhörnchen

Durch Sarah Silverman gelernt:

Die Eichhörnchen vergessen über 80% der Nüsse, die sie verstecken. So werden Bäume gepflanzt.

Das Verhältnis bei der Prosa ist ähnlich. 80% Prozent von dem, was du versuchst, wird nichts. Zu jedem 500-Seiten-Roman, den ich veröffentliche, gehören 2.000 Seiten, die es nicht geschafft haben. Das sollte

mich trösten – jetzt, da ich, eingesperrt in die Lichtlosigkeit, mir jeden Tag höchstens einen Absatz abquäle. Und den häufig nicht einmal zusammenhängend: einzelne, verstreute Sätze, die zusammengenommen vielleicht einen Absatz ergäben.
Mühsam nährt sich das Eichhörnchen. So ist es.

31. Januar 2018
Wie Alice im Wunderland (Suada)

Krank. Schulvirus, schon zum zweiten Mal innerhalb von vier Wochen. Miserables Befinden. Mein Krankenzimmer ist gleichzeitig Trockenboden und Rumpelkammer. Bin nicht in der Lage, etwas davon wegzuräumen. Kann den Mann auch nicht bitten, weil ich ihm nicht sagen kann, wohin er die Sachen stellen soll. Es ist nirgends Platz. Hier leben wir: in einer Brutstätte von Viren und Läusen, über einer Rattenkolonie, an einer Feinstaubschneise, wo es nicht genug Schulplätze gibt und man die Wartezeiten beim Arzt nur als Gesunder übersteht.

Die Geburtstagsparty, zu der wir am Sonntag eingeladen waren, mussten wir das zweite Jahr in Folge wegen Krankheit absagen. Außerdem musste ich alle anderen Termine in der Woche ebenfalls absagen (insg. 5). Ich musste Leute, mit denen ich beruflich in E-Mail-Kontakt stand, vertrösten: zu krank, um weiter an den Projekten zu arbeiten. Zweimal versucht, die Wohnung zu verlassen: einmal, weil ich den Mann nicht bitten wollte, uns Zitronen zu holen. Es kaum über die Straße und wieder nach Hause geschafft. Ein zweites Mal, begleitet von einem Wutanfall, am nächsten Tag, nachdem ich den Mann fünf Stunden lang erfolglos angebettelt hatte, uns Orangen und Cracker zu holen. Heulend, schwankend, stolpernd, rotzend, hustend in den Supermarkt. Auf dem Rückweg lachte ein Penner über mich, als er sah, wie ich, ein Taschentuch an die Nase gepresst, im Schneckentempo die Marienburger heraufgekrochen kam. Mir ging es zu schlecht, um mich dadurch verletzt oder empört oder was es noch gibt zu fühlen.

Ich setze alles ein, was da ist, sogar Zahnungsgel gegen das schmerzende Zahnfleisch. Und bin immer noch im Delirium. Ich tippe das bei geschlossenen Augen. Irgendwann im Oktober ist die Sonne gegangen und ward nicht mehr gesehen, und jedes Mal, wenn ich versuche, die Wohnung zu verlassen und mich zu bewegen, werde ich durch irgendetwas zurückgescheucht. All meine Anstrengungen, dem irgendwie entgegenzuwirken, bringen mich mittlerweile nicht einmal mehr bis auf 0 hoch. Wie in *Alice im Wunderland*. Wenn man aus voller Kraft rennt, genügt das hier nur dazu, auf der Stelle zu bleiben. Ich schwanke zwischen ›ich habe Besseres verdient‹ und ›ich verdiene nicht einmal das, was ich habe‹. Ich fühle mich durch Krankheit gekränkt. Mit gesprungenen Lippen, beinahe blind und kaum atmen könnend liege ich nicht unter, sondern hochgelagert auf der zu einem Haufen zusammengeschobenen Decke. Zing, zing, zing, zing zing, macht das Fieber in meinem Ohr.

[gedämpftes Licht oder Gegenlicht, Vordergrund Laptop, Hintergrund Personen am Tisch im Dunkel]

31. Januar 2018
Vor der Welt stehen, wie vor seinem Schöpfer

[…] Da musste ich, voller Stolz und Rührung, an mich selbst denken. Wie sehr ich ›Reiseliteratur‹ verabscheue. Diese Inszenierung des Selbst in exotischen Kulissen. Aber ich hab's auch leicht. Es fällt mir nicht schwer, mich augenblicklich in einen Niemand zu verwandeln, bzw. ich bin die meiste Zeit ein Niemand, weil das das Einzige ist, was mir nicht peinlich ist. Ein Jemand kannst du höchstens mal zu Hause sein (aber auch das: nur sachte, »*épphogy csak érintsd*«[1]), aber wenn du irgendwo fremd bist, dann nutze das, und stehe so vor dem, was du dort siehst, wie du vor deinem Schöpfer stehen würdest. So demütig muss ein Künstler vor der Welt stehen und insbesondere vor den Teilen, die er für seine Zwecke nutzen will. Als wäre er durchsichtig wie reines Glas und jeder würde alles sehen können, was in ihm dabei vor sich geht. In Wahrheit wissen die meisten natürlich eher wenig. Deswegen musst du dir eben vorstellen, du stündest vor einem Wesen, das alles sehen kann. […]

17. April 2018
Hiob kehrt heim

[…] und das Schreiben bleibt auf der Strecke. Es nervt mich zwar zurzeit, an Kopp3 zu arbeiten, aber das heißt noch nicht, dass ich es nicht WILL.

Aber vielleicht sehe ich das alles auch zu verkrampft. Schließlich ist es doch auch Arbeit, was ich jetzt mache. Ich bin Schriftstellerin, keine

Schreibmaschine. Ich schreibe nicht nur, wenn ich erzählende Prosa schreibe, sondern auch, wenn ich ›nur‹ nachdenke. Ich bin es vielleicht einfach nur zu gewöhnt, dass ich mit Schaum vorm Mund um jede Stunde Schreibzeit kämpfen muss. (Ja! Weil man sie mir sonst mit Mann und Maus wegnimmt! Die Welt ist so gemacht, dass darin kein Raum und keine Zeit fürs Schreiben da ist. »Aber du: Tue es trotzdem«, sagte die Autorin in ihrem unsterblichen Werk *Nicht sterben*. Die hat leicht reden.) [...]

20. Januar 2019
Normale Menschen, wie du und ich

Eine Autorin nimmt an einer Geburtstagsparty teil, wo sie einem IT-Nerd namens Wolfgang, der gerade ziemlich obenauf ist, weil er seine Firma verkauft hat, versucht zu erklären, wieso Kafkas *Verwandlung* ein Meisterwerk ist und warum »Ist mir zu depressiv« kein Argument und »Nimm dir doch einen Strick, Junge!« nicht angemessen ist. Sie schafft das unter Einhaltung der grundlegenden sozialen Umgangsformen, muss sich aber anschließend rasch in die Küche zurückziehen, wo andere Gäste sie fragen, ob sie wohl gerade einen Geist gesehen habe. Sie schildert das Vorangegangene und eine Frau namens Gabriele sagt: »Aber wir haben Kafka doch alle geliebt in der Schule.«

Worauf die Autorin, etwas atemlos, erwidert: »Normale Menschen wie du und ich, schon.«

Und alle können lachen. [...]

2. Mai 2019
[...]

Das Leben auf der Straße – mit Fahrrädern und Ratten

[...] Unweit des Lidl liegt eine Ratte ohne Kopf auf dem Radweg. Sie hat ein etwas helleres Fell als diejenigen, die vor einiger Zeit den gesamten Untergrund und dann auch den Obergrund bevölkert haben. (Den Kopf hat wohl ein Radfahrer abgetrennt. Vielleicht war es noch dunkel, vielleicht nicht.

Und erneut: Ich bin eine realistische Schriftstellerin. [...]

[Laptop auf Tisch auf Balkon, feste Einstellung, am Ende noch 20 sec. Schwarzbild aufnehmen]

26. März 2020
Diese große Helligkeit im März

… hat man auch lange nicht mehr gesehen. Schon wieder ein sich eher dystopisch anfühlendes Wetter. Sehr kalt und sehr hell, wie es im Winter oder bei höherer Luftverschmutzung nicht der Fall ist. Als hätte Berlin sein kontinentales Wetter wiederbekommen. Wenn ich versuche, mir eine Geschichte vorzustellen, die in so einem Wetter spielt, fällt mir im Moment nur eine ein, die in einer ähnlichen Lage des allgemeinen Wartens (bei manchen auch: Bangens) stattfindet. Man wartet auf etwas und beobachtet das Wetter.

Allerdings denke ich, wir alle wollen noch zu viel im Moment, zu sehr. Dass sich die Situation ›normalisiert‹ und wir unsere Pläne verfolgen können. Was, wenn dieses Warten aber viel länger wäre? Was, wenn wir Jahre lang warten müssten?

Wenn es Jahrzehnte wären: Das wäre wieder eine andere Geschichte. Jahrzehnte zu warten macht andere Menschen aus uns. (Siehe: unser Leben in Diktaturen.)

(Apropos unser Leben in Diktaturen: Wie kann OV es WAGEN, Militär in die Nähe systemrelevanter Betriebe zu stellen?)

Mir wird gerade klar, dass eine ›Einsiedlerin‹ auch auf etwas wartet. Deswegen hält sie sich aus allem heraus. Weil sie auf etwas warten muss. (Ist dieses Etwas zunächst nur uns unbekannt oder auch ihr?)

Oder vielleicht irre ich mich. Eine echte Einsiedlerin wartet auf nichts mehr, sie weiß, es ist alles schon geschehen bzw. nichts Wesentliches wird mehr geschehen. Und dann geschieht doch was Wesentliches? Denn warum sollten wir es sonst erzählen? […]

Textzitat aus Terézia Moras Roman *Auf dem Seil* (2019)

Textauszug aus:
Terézia Mora: Auf dem Seil. Roman. München: Luchterhand 2019. S. 353 f.

[…] Mach's gut. Sie hielt das Baby in beiden Armen vor ihrer Brust.
Mach's gut, sagte auch er.
[…]
Kopp wankte auf die andere Straßenseite, in die Wohnung hoch und legte sich aufs Sofa.
Sie haben sie mitgenommen, nicht dir weggenommen, weil sie dir nicht gehört hat. Nichts, was dir in den letzten Jahren oder jemals genommen wurde, verloren ging, hat dir gehört. Ja, ich weiß. Ich weiß, ich weiß, ich weiß. Trotzdem fühle ich mich jetzt ausgeplündert. Jetzt erst. Bestimmt ist das nur Sentimentalität. Du musst einfach warten, bis es vorbeigeht. Das wird vorbeigehen. Schau, selbst die Trauer ist vorbeigegangen. Ich denke nur mehr wie an eine gute alte Freundin an dich. Aber was die letzten Erlebnisse anbelangt, bin ich noch nicht soweit. Ich will wissen, ich muss jetzt endlich wissen, was mir noch gehört. *Ich, Gott und Arbeit?* Das Mittlere verstehe ich nicht, noch nicht, das Erste ist auch schwierig, von Letzterem habe ich ein wenig Ahnung.
Na dann, weißt du ja, was du zu tun hast, sagte Rolf.
Ja, sagte Darius Kopp.

Literatur

Mora, Terézia: Auf dem Seil. Roman. München: Luchterhand 2019.

——: Fleckenverlauf. Ein Tage- und Arbeitsbuch. München: Luchterhand 2021.

Film

SIE SAGEN IMMER TERÉZIA MORA (D 2021). Regie: Thomas Henke. Drehbuch: Thomas Henke, Terézia Mora u. Stefanie Kreuzer (mit Textauszügen aus Terézia Moras »Fleckenverlauf. Ein Tage- und Arbeitsbuch« (2021) sowie ihrem Roman »Auf dem Seil« (2019)). Kamera: Terézia Mora, Isabel Kriedemann, René Kriedemann, Stefanie Kreuzer. Interviews: Thomas Henke in Zusammenarbeit mit Stefanie Kreuzer. Montage: Peggy Henke. Endfertigung: Oliver Held (Heldfilm Köln). Redaktion: Stefanie Kreuzer. Cast: Terézia Mora, Karin Graf, Thomas Henke, Andreas Jungwirth, Stefanie Kreuzer, Katja Lange-Müller, Flora Saß, Klaus Siblewski. Produktion: HenkeMedien. Laufzeit: 79 Min.

II Literaturwissenschaftliche und literarische Kontexte zu Terézia Moras Texten

Caroline Frank

Unter-, Nach- und Gegeneinander von Stimmen und Perspektiven in Terézia Moras *Das Ungeheuer* – Roman und Hörbuch

Abstract:
Der Vergleich zwischen Terézia Moras Roman *Das Ungeheuer* (2013) und dem gleichnamigen Hörbuch ist auf die medienspezifischen Mittel fokussiert, die jeweils zur Erzeugung von Vielstimmigkeit und Multiperspektivität eingesetzt werden. Berücksichtigt werden dabei sowohl verschiedene Lese- und ›Hör‹-Richtungen als auch unterschiedliche ›Stimmen‹, die miteinander kontrastiert und korreliert sind.

Das Ungeheuer – Text und Hörbuch

Terézia Moras *Das Ungeheuer* (2013)[1] ist ein nicht durchgängig linear angelegter Roman, der seiner Leserschaft verschiedene und individuell zu wählende Textfolgen ermöglicht und zudem mit einer komplexen erzählerischen (Multi-)Perspektivität respektive Stimmenvielfalt spielt. Speziell im Hinblick auf Hörbuch-Adaptationen verlangt dieser Text im Medientransfer interpretative Umsetzungen und Entscheidungen, die einen Vergleich zwischen Text und Hörbuch mit Fokus auf Stimmenvielfalt und Rezeptionsweisen sowie -richtungen besonders interessant machen.

In einer engen, den literarischen Text als vorgängig betrachtenden Definition versteht Katja Hachenberg das Hörbuch als »neues Medium heutiger Schriftkultur«, das

---

[1] Terézia Mora: Das Ungeheuer. München: Luchterhand 2013. Im Folgenden zitiert mit der Sigle ›U‹ und der Seitenangabe direkt im Fließtext.

einen gedruckten schriftlich fixierten Text qua Performativität des Stimmlichen in einen gesprochenen, analog oder digital aufgezeichneten, je und je reproduzierbaren, wiederholbaren Hör-Text [transformiert].[2] Ludwig Jäger betont im Unterschied dazu die mediale Eigenständigkeit des Hörbuchs, das symbolische Artefakte erzeuge, die selbst bei Wortgleichheit zwischen Text und Hörbuch nicht mit den skripturalen Vorlagen identisch seien. Die These der Eigenständigkeit des Mediums Hörbuch liegt auch dem nachfolgenden Vergleich zwischen Terézia Moras Roman *Das Ungeheuer*, dem zweiten Teil ihrer sogenannten ›Kopp-Trilogie‹, und dem gleichnamigen, 2014 bei Random House Audio erschienenen Hörbuch[3] zugrunde.[4] Dabei wird die Frage fokussiert, welche medienspezifischen Mittel im Roman wie im Hörbuch kontrastive sowie korrelierende Stimmenvielfalt evozieren und inwiefern diese Mittel Nähe und Distanz zu den figuralen Handlungen, Wahrnehmungen und Erlebnissen erzeugen.

Die Story von *Das Ungeheuer* setzt zu einem Zeitpunkt ein, als Flora, die Ehefrau des IT-Experten Darius Kopp, bereits Suizid begangen hat.[5] Die Vorgeschichte von Kopps Arbeits- und Liebesleben zu Beginn der 2000er Jahren findet sich im Vorgängerroman *Der einzige Mann auf dem Kontinent* (2009). In *Das Ungeheuer* wird Darius vom Tod seiner Frau vermeintlich unerwartet getroffen. Der Roman enthüllt jedoch sowohl in der um Darius kreisenden Erzählgegenwart, die die obere Seitenhälfte einnimmt, als auch in Floras Notizen, die sich unterhalb eines alle Seiten teilenden horizontalen Trennungsstrichs be-

---

[2] Katja Hachenberg: Hörbuch. Überlegungen zu Ästhetik und Medialität akustischer Bücher. In: Der Deutschunterricht 56 (2004) H. 4. S. 29–38. S. 35.

[3] Terézia Mora: Das Ungeheuer. Gekürzte Lesung mit Mercedes Echerer und Ulrich Noethen. Random House Audio 2014. Download über Audible. Laufzeit: ca. 11 h, 44 min. Im Folgenden zitiert mit der Sigle ›UH‹ sowie der Angabe der Hörbuch-Kapitel und entsprechenden Zeitangaben direkt im Fließtext.

[4] Obwohl das Hörbuch somit nicht als Derivat – im Sinne einer bloß kommerziellen Wiederverwertung – des Romans verstanden wird, ist bei der Analyse dennoch die Vorzeitigkeit der Buchform zu berücksichtigen. Vgl. dazu Caroline Frank u. Alfonso Meoli: Artikulierte Ambivalenz – Sven Regeners Hörbücher. In: Stefan Greif u. Nils Lehnert (Hrsg.): Sven Regener. Sonderheft: text & kritik (2019). S. 73–80. S. 75.

[5] Zur Einordnung des Romans in die Kopp-Trilogie sowie Terézia Moras bisheriges Œuvre vgl. Hartmut Vollmer: Terézia Mora (Stand: 1. April 2021). In: KLG. Kritisches Lexikon der deutschsprachigen Gegenwartsliteratur. https://www-1munzinger-1de-1bix2om66077f.han.ub.uni-kassel.de/search/klg/Terezia+Mora/741.html (Zugriff: 10. Jan. 2022).

finden, dass Flora schon lange vor ihrem Selbstmord am Leben (ver)zweifelt und sich existenziell einsam und verlassen fühlt. Zu Darius' ›Trauerarbeit‹ gehört neben der Suche nach einer letzten Ruhestätte für Floras Asche, die ihn über Ungarn, Kroatien, Georgien, Armenien und die Türkei nach Griechenland führt, auch die Auseinandersetzung mit seiner eigenen Ignoranz und Eifersucht, die ihn zu einem Mitschuldigen am Schicksal seiner Frau gemacht haben. Während Darius' Road-Trip in vorwiegend heterodiegetischer Form als ›klassischer‹ Erzähltext konzipiert ist, führen die Notizen, die Flora in Dateiform auf ihrem Laptop gespeichert hat, ganz unterschiedliche Texte zusammen:[6] Übersetzungen, ›Suadas‹, homodiegetisch erzählte diaristische Einträge sowie Erinnerungsminiaturen, Auszüge aus Beipackzetteln für Psychopharmaka, wissenschaftliche Kurzbulletins zu depressiven Störungen, Traumprotokolle etc.[7]

Unter-, Nach- und Gegeneinander – inhaltliche und formale Gestaltung des Darius- und Flora-Narrativs

Im Roman sind alle Seiten zweigeteilt, wobei die Semantik von ›oben‹ und ›unten‹ zunächst einmal auf den Gegensatz zwischen der Sphäre des Lebens (Darius/oben) und des Todes (Flora/unten) verweist.[8] Da-

---

[6] Terézia Mora betont in ihren Frankfurter Poetikvorlesungen, es handele sich bei Floras Aufzeichnungen um einen Text, »dem man auf den ersten Blick ansieht, dass er *in Stücken* ist und innerhalb der einzelnen Stücke sollen zunächst Ordnungsversuche stehen (denn auch der Depressive kämpft durchaus darum, weiter zu funktionieren) und zum Ende hin zunehmend Dokumente der Zersetzung«. (Terézia Mora: Nicht Sterben. Frankfurter Poetik-Vorlesungen. München: Luchterhand 2014. S. 145)

[7] Auch wenn Floras Notizen im Kern von ihrem Lebensüberdruss und negativen äußeren Einflüssen erzählen, denen sie schon seit frühester Kindheit ausgesetzt ist, zeugen die Texte auch von ihrem Humor und mitunter gar befreiendem Sarkasmus. Vgl. hierzu Rainer Moritz: Terézia Moras Roman »Das Ungeheuer«. In: Neue Zürcher Zeitung (25. September 2013). www.nzz.ch/feuilleton/buecher/terezia-moras-roman-das-ungeheuer-1.18155909 (Zugriff: 8. Jan. 2022).
Zum Unterschied in der Determination durch Vergangenheit (Flora) und Zukunft (Darius) vgl. Anke S. Biendarra: Travel and Trauma in Post-1989 Europe: Julya Rabinowich's *Die Erdfresserin* and Terézia Mora's *Das Ungeheuer*. In: Karin Baumgartner u. Monika Shafi (Hrsg.): Anxious Journeys. Twenty-first-century Travel Writing in German. Melton: Boydell & Brewer 2019. S. 21–54. S. 31)

[8] Zur Oben-Unten-Semantik in *Das Ungeheuer* und deren Wurzeln in der antiken Mythologie vgl. Alin Bähr u. Lara Schwanitz: *Ungeheuer* nah am Abgrund. Terézia Moras grenzüberschreitender Roman. In: Ingo Irsigler u. Gerrit Lembke (Hrsg.):

bei enthalten jedoch nur circa zwei Drittel des Buches im unteren Seitenbereich auch Notizen von Flora, das andere Drittel bleibt unter dem Trennungsstrich ›leer‹. Hinweise auf den Zusammenhang der beiden (Lebens-)Geschichten liefert die Kapitelnummerierung im Paratext. Dass die ersten 82 Seiten unter dem Trennungsstrich keinen Text enthalten, lässt sich in Bezug auf die Geschichte im oberen Seitenbereich begründen: Darius beginnt erst im Verlauf seiner Reise nach Ungarn, während derer er sich an die Monate vor Floras Selbstmord erinnert, in ihren Laptop-Dateien zu lesen. Erzähllogisch kann das spätere Hinzukommen der Dateien somit über die chronologische Ereignisfolge in der Erzählgegenwart von Darius' Road Trip begründet werden. Möglich wäre daran anschließend in Bezug auf die Erzähl- und Lesechronologie zudem die These, dass Darius während der jeweiligen Stationen seiner Reise immer genau das liest, was ›unter dem Strich‹ zu finden ist.

Auch im weiteren Textverlauf gibt es Unterbrechungen in Floras Narrativ, die mitunter in semantischer Verbindung zu dem stehen, was Darius ›seitengleich‹ in der Erzählgegenwart seines Narrativs erlebt: So kann etwa das Fehlen von Floras Notizen von Seite 328 bis Seite 357 indirekt damit erklärt werden, dass Darius wenige Seiten zuvor in der Erzählgegenwart von seiner Reisegefährtin Oda in Albanien verlassen wurde, die als ›Flora-Surrogat‹ für ihn fungierte.[9] Zudem deuten die leeren Seitenhälften emblematisch darauf hin, dass Flora eine Leere in Darius Kopps Leben hinterlassen hat. Wenn ihre tagebuchartigen Notizen auf Seite 82 erstmals hinzukommen, ist zwar die untere Seitenhälfte mit Text ›gefüllt‹. Dies steht jedoch im Spannungsverhältnis zur emotionalen Leere, die Darius nach ihrem Tod empfindet, und zur emotionalen Leere, von der Floras Notizen zeugen. Wenn letztere dann nach einer längeren Unterbrechung (U 442–572) abschließend wieder einsetzen, erzählt Flora von der letzten Zeit vor ihrem Suizid. Größer könnte deshalb in diesen Passagen die narrativ inszenierte ›Lebensleere‹ nicht sein, die ab Seite 676 nur folgerichtig auch eine formale Entsprechung in den nunmehr endgültig leer bleibenden Seiten un-

---

Spiel, Satz und Sieg. 10 Jahre Deutsche Buchpreis. Berlin: Berlin University Press 2014. S. 161–181.

[9] Zu der Analogie zwischen Flora und Oda sowie zu anderen Figuren mit Ähnlichkeiten zu Flora vgl. Frauke Meyer-Gosau: Bis ins Innerste vorstoßen. Beim Lesen von Terézia Moras Roman »Das Ungeheuer«. In: Klaus Siblewski (Hrsg.): Terézia Mora. München: edition text + kritik 2019 (= Text + Kritik. Zeitschrift für Literatur 221). S. 43–54. S. 51.

ter dem Trennungsstrich findet. Anschließend geht nur noch Darius' (Lebens-)Geschichte weiter.

Zugleich kennzeichnet Floras Text eine auffällige, mit Blick auf die obere Texthälfte zunächst nicht zu erklärende semantische Leerstelle: Denn während die Darius-Geschichte permanent und nahezu manisch um Flora kreist – deren Tod Darius elegisch beklagt,[10] an die er sich erinnert, mit der er in fingierten Dialogen spricht, indem er ihre Reaktionen imaginiert – fehlt Darius in Floras Dateien fast vollständig. Der Mann, der sie neben seiner Arbeit zum Sinn seines Lebens stilisierte, der jedoch ihr Verhalten und ihre Gefühle erst nach ihrem Tod zu verstehen beginnt – dieser Mann ist für sie in ihren Aufzeichnungen nicht von vergleichbarer Wichtigkeit. Zwar ist in einzelnen Dateien zu lesen, dass Flora Darius liebt (U 324 f.). Sie kreist in ihren Notizen jedoch um andere Lebensthemen wie die Traumata ihrer Kindheit, die Ausbeutung durch Männer in ihrer (Arbeits-)Gegenwart und um ihre depressive Störung.

Diese Diskrepanz zwischen zwei verschiedenen Selbst- und Weltverhältnissen sowie zwischen Wissen und Nicht-Wissen um Floras Zustand wird durch den die beiden Narrative trennenden horizontalen Strich auf jeder Seite wieder neu visuell präsent gemacht. Dass Darius sich Flora annähert, indem er über die Lektüre ihrer Dateien mit ihren ungefilterten Gedanken in Kontakt kommt, führt dazu, dass nach anfänglicher Enttäuschung und Kränkung ein Verstehensprozess einsetzt. Der – auch nach dem Ende von Darius' Lektüre der Notizen – weiterhin präsente Trennungsstrich signalisiert jedoch, dass dieses Verstehen aufgrund der unwiderruflichen Trennung der beiden durch Floras Tod zu spät einsetzt.

Einerseits hält der Trennungsstrich als Grenzlinie diesen Abstand also permanent präsent. Er steht aber andererseits als sichtbare Markierung in einem produktiven Spannungsverhältnis zum Motivkomplex der Grenze, des Grenzübertritts und der Schwelle in beiden Narrativen. So überschreitet Darius in der Erzählgegenwart des Road Trips als nomadische Figur immer wieder topografische wie auch semantische

---

[10] Darius' Trauern hat deutlich narzisstische Züge. Er ergeht sich regelrecht in seinem Leid und schiebt seine eigene Sinnsuche auf, indem er sich mit der Suche nach einer Ruhestätte für Floras Asche beschäftigt. Vgl. hierzu Andreas Heimann: Unterm Strich viel Ich. Das Spiel mit Ich-Dissoziationen und der Raum des Realen in Jan Brandts *Gegen die Welt* und Terézia Moras *Das Ungeheuer*. In: Heribert Tommek u. Christian Steltz (Hrsg.): Vom ich erzählen. Identitätsnarrative in der Literatur des 20. Jahrhunderts. Frankfurt am Main: Peter Lang 2016. S. 255–274. S. 268.

Grenzen und bringt auf diese Weise Handlung in Gang.[11] Zudem kann seine gesamte Reise auch im übertragenen Sinn als eine Bewegung in einem liminalen Bereich verstanden werden, insofern er sich permanent in einer Situation des Dazwischen – zwischen verschiedenen Stationen des Weges, zwischen emotionalen Zuständen etc. – befindet.[12]

Aber auch Flora überschreitet die durch den Trennungsstrich markierte Grenze in einem übertragenen Sinn, wenn Darius sie permanent imaginiert, Selbstgespräche mit ihr führt und ihre Asche mit sich trägt. Darüber hinaus richtet Flora den Fokus in ihren Texten gerade auf das, was Darius abgeht: Sie zeigt Empathie und Einfühlungsvermögen und setzt sich mit eigenem wie fremdem Fehlverhalten auseinander. Auf diese Weise relativiert Floras ›Unten‹ Darius' ›Oben‹, was den Trennstrich in einem übertragenen Sinn durchlässig werden lässt.[13] Neben deutlichen Unterschieden zwischen den Figuren gibt es weiterhin auch Gemeinsamkeiten, die den Trennungsstrich zu einem visuellen Zeichen machen, das die Leser:innen zu (gedanklichen) Übergängen zwischen ›oben‹ und ›unten‹ animiert. Zu diesen die Figuren verbindenden Verhaltensweisen zählt etwa die Emotion der Wut, die bei Flora jedoch selbstzerstörerische Züge trägt, wohingegen Darius in seiner Wut häufig nicht nur zum verbalen, sondern auch physischen Aggressor gegen andere wird.[14]

Für die Lektüre des Romans in Schriftform eröffnen sich aufgrund der materialen Gestaltung der Buchseiten mehr Möglichkeiten als beim Hören des Hörbuchs, da verschiedene Lese-Reihenfolgen denkbar sind: Die Rezipient:innen können die Kapitel entsprechend ihrer Nummerierung nacheinander lesen, sie können aber auch mehrere Sei-

---

[11] Zu Funktionen des Grenzübertritts für die Handlungsentwicklung in narrativen Texten vgl. Jurij Lotman: Künstlerischer Raum, Sujet und Figur. In: Jörg Dünne u. Stephan Günzel (Hrsg.): Raumtheorie. Grundlagentexte aus Philosophie und Kulturwissenschaften. Frankfurt am Main: Suhrkamp 2006, S. 529–545.

[12] Zu weiteren Möglichkeiten, den Schwellenbegriff in der Interpretation des Romans metaphorisch unter anderem in Bezug auf Darius' Status als permanenter ›Gast‹ zu deuten vgl. Erika Hammer: Monströse Ordnungen. Terézia Moras Romantrilogie »Der einzige Mann auf dem Kontinent«, »Das Ungeheuer« und »Auf dem Seil«. Bielefeld: transcript 2020. S. 38 f.

[13] Vgl. Bähr u. Schwanitz: *Ungeheuer* nah am Abgrund. S. 167.

[14] Carme Bescansa weist in diesem Zusammenhang auf die paradoxe Mischung aus »Liebe und Zerstörungswut« hin, die den »ergebenen Ehemann bzw. Vergewaltiger Floras« charakterisiert. Carme Bescansa: ›Extreme im Innern‹. Emotion und Erinnerung als Identifikationsrahmen in Terézia Moras *Das Ungeheuer*. In: Filología Alemana 25 (2017). S. 145–156. S. 151.

ten im einen und dann wieder mehrere Seiten im anderen Narrativ, oder aber auf jeder Seite von oben nach unten lesen.[15] Dass der Roman in der gebundenen Luchterhand-Ausgabe zwei Lesebändchen enthält, deutet ebenfalls an, dass ganz unterschiedliche Lektürereihenfolgen möglich und zudem auch in der materiellen Gestaltung des Buches mitgedacht sind. Obwohl die beiden Narrative darüber hinaus auch ganz unabhängig voneinander rezipiert werden könnten, liegt ein besonderer Reiz in den bereits genannten Lesereihenfolgen, da sie Verbindungslinien durch unmittelbare Aufeinanderfolge von inhaltlichen und/oder formalen Entsprechungen deutlicher hervortreten lassen: So endet etwa Kapitel 18 in Floras Notizen mit Erinnerungen an Gespräche mit ihrer Freundin Gabi, die ihr nahelegt, sich von Darius zu trennen (U 634–639). Bei einer Lektüre, die der Kapitelnummerierung folgt, wird eine deutliche thematische Parallele offenbar, wenn sich Darius zu Beginn von Kapitel 19 ebenfalls erinnernd mit Floras Freundin auseinandersetzt, auf die er seine Wut über Floras Tod sowie seine Eifersucht projiziert:

> Anfangs stritt es Flora noch ab. Mütterliche Freundin und so weiter. Dabei war es doch klar wie Kloßbrühe. Die Lesbe liebt dich. Irgendwann sagte Flora dann nur noch: Und wenn schon. (U 574)

Aber auch eine Lektüre von ›oben‹ nach ›unten‹ vermag an diversen Stellen Verbindungslinien aufzudecken, von denen hier nur zwei exemplarisch benannt seien: So rekapituliert Darius auf Seite 82, auf der im unteren Bereich Floras Aufzeichnungen erstmalig beginnen, kurz und wertend die Familiengeschichte seiner Frau:

> Meine Frau war ein Bastard (sag: uneheliches Kind)
> der Vater unbekannt, die Mutter ein nervliches Wrack
> sie starb in einem Irrenhaus (sag: Sanatorium)
> oder erst, als sie schon draußen war, das ist im Grunde egal
> was bleibt einem da: die lieben Verwandten
> Omaopa sind noch jung […]. (U 83)

Auffällig ist dabei, dass zum einzigen Mal im ganzen Darius-Narrativ eine Art ›Zeilenform‹ ohne Einsatz von Satzzeichen Verwendung findet. Die Textstelle mutet so wie ein Prosagedicht an, obwohl die Zeilen nicht rhythmisch durchformt sind. Floras unterer Seitenbereich korrespondiert mit dem eben zitierten Auszug aus Darius' Narrativ zum einen formal, denn es handelt sich dabei um eine von Floras ly-

---

[15] Vgl. Rainer Moritz: Terézia Moras Roman »Das Ungeheuer«.

risch durchformten ›Suadas‹, in denen einzelne Zeilen mitunter nur aus zwei bis drei stets kleingeschriebenen Wörtern bestehen. Diese erste Suada (U 83–85) steht zudem inhaltlich in Verbindung zum oberen Seitenbereich, da sie ebenfalls von Floras Aufwachsen bei den Großeltern erzählt:

> die sieben jahre, die ich hinter einem Schrank wohnte
> ein totes reh vor dem bett
> in seinem fell die feuchtigkeit und
> aus der Wand wuchsen pilze
> […]
> etwas scheint aus voller kraft
> während in sanften flocken etwas weißes rieselt
> ein schwarzer hund liegt aufgedunsen
> im hof schöner farbeffekt
> großvater dagegen ist kaum vierzig jahre alt
> […]
> wie es scheint, stört es ihn nicht, dass wir tot sind (U 83–85).

Im direkten Vergleich des oberen und unteren Seitenteils werden weiterhin die Unterschiede deutlich, mit denen beide Figuren über Floras Kindheit sprechen: Darius beschreibt pragmatisch und nüchtern die familiären Zusammenhänge im Präteritum und verzichtet auf sprachliche Bilder, wohingegen Flora in ihrer Suada Emotionen ihrer Kindheit in lyrischer Form heraufbeschwört und die bedrohlichen Erinnerungen durch die Verwendung des Präsens gedanklich unmittelbarer erscheinen lässt – wenngleich natürlich die lyrische Durchformung und Metaphorisierung von der Notwendigkeit zeugen, das Erinnerte durch Ästhetisierung überhaupt versprachlichen zu können.

Eine der Schlüsselszenen des Darius-Narrativs, in der geschildert wird, wie Darius Flora vergewaltigt, korrespondiert ebenfalls mit Floras Notizen auf derselben Seite (U 675). Bezeichnenderweise genau dann, wenn Darius in der Athener Erzählgegenwart Opfer eines gewaltvollen Übergriffs während einer Demonstration wird, holt ihn die Erinnerung ein, dass er selbst zum Täter wurde, als er seine Frau kurz vor ihrem Suizid vergewaltigte. Diesen grausamen Übergriff thematisiert Flora an keiner Stelle ihrer Notizen. Im unteren Bereich findet sich jedoch auf derselben Seite eine kurze Notiz, die die Leser:innen gerade ob ihrer zeitlichen und situativen Unbestimmtheit in Bezug zur

Vergewaltigungsschilderung im oberen Seitenbereich setzen können:[16] »Rühr dich nicht. Schweig still. Nicht nur außen. Drinnen. Kein Wort. Wenn du es aussprichst, bringt es sich um.« Zudem brechen Floras Notizen auf dieser Seite endgültig ab. Die Vergewaltigung erscheint so im direkten Zusammenhang zwischen oberem und unterem Narrativ als letzte Demütigung, die Flora noch ertragen kann beziehungsweise muss, bevor sie sich das Leben nimmt.

Im Hörbuch kann die besondere Form der Seitengestaltung und mit ihr die Korrespondenz zwischen grafischem Trennungsstrich und Grenzmotivik aufgrund der medialen Spezifik nicht in ein akustisches Äquivalent überführt werden. Für das Hörbuch musste deshalb eine Entscheidung in Bezug auf die Reihenfolge der Lesung getroffen werden, die letztlich eine Entscheidung gegen die »Stereophonie«[17] der Stimmen und für die dem Roman eingeschriebene Kapitelreihenfolge ist. Auf diese Weise werden die Hörer:innen natürlich im Besonderen aufmerksam auf inhaltliche Entsprechungen, die durch das Nacheinander der Kapitel hervorgehoben sind. Indem die Darius-Kapitel von einem Sprecher und die Flora-Notizen von einer Sprecherin vorgetragen werden, kommt es zur Aufeinanderfolge von männlicher und weiblicher Stimme. Mercedes Echerer spricht zudem österreichisches Deutsch sowie akzentfrei Ungarisch, während Ulrich Noethen Hochdeutsch spricht. Diese auf das Geschlecht wie auch auf die Sprachenkenntnis bezogenen Unterschiede verstärken im Hörbuch die Gegensätze zwischen den beiden Figuren auf genuin akustische Art und Weise und sorgen für ein besonderes Maß an auditiver Plastizität.

Eine weitere Besonderheit des Hörbuchs, die sich ebenfalls auf das Nach- bzw. Nebeneinander des zu hörenden Textes bezieht, sind die Kürzungen[18] im skripturalen Text: Zwar bleibt die Narration in allen wesentlichen auf die Handlung und die Figuren bezogenen Elementen erhalten. Gekürzt wird – um eine etwas allgemeinere Tendenz zu for-

---

[16] Für eine ausführliche Interpretation dieser Szene und der Funktion der darin angedeuteten mythologischen Referenzen vgl. Bescansa: ›Extreme im Innern‹. S. 151.

[17] Wolfgang Schneider: Hörbuch. Leben als Zumutung. Zwei Ströme der Depression fließen in »Das Ungeheuer«. In: Deutschlandfunk Kultur (28. Febr. 2014). www.deutschlandfunkkultur.de/hoerbuch-leben-als-zumutung-100.html (Zugriff: 8. Jan. 2022).

[18] Zur Funktion von Kürzungen im Hörbuch, die sich als eine Variante der Interpretation deuten lassen, vgl. Jörg Häusermann: Zur inhaltlichen Analyse von Hörbüchern. In: Jörg Häusermann, Korinna Janz-Peschke u. Sandra Marion Rühr (Hrsg.): Das Hörbuch. Medium – Geschichte – Formen. Konstanz: UVK 2010. S. 139–232. S. 182.

mulieren – für die Lesung jedoch sowohl im Darius- wie im Flora-Narrativ oft dann, wenn sich Elemente wiederholen, deren semantischer Gehalt bereits an anderer Stelle zu finden ist. Im Besonderen im Darius-Teil wird weiterhin auf solche Textstellen verzichtet, in denen Beobachtungen, Wahrnehmungen oder Beschreibungen von atmosphärischer Natur geschildert werden, die nicht in direktem Zusammenhang zur Handlungsprogression stehen. Darius befindet sich in den gekürzten Stellen häufig an einem Ort, der bei ihm Reflexionen oder Erinnerungen allgemeinerer Natur auslöst, die zumeist nicht in Zusammenhang mit Flora stehen (U 26–32). In Bezug auf Floras Notizen fallen unter anderem Kürzungen in Beipackzetteln für Psychopharmaka sowie in wissenschaftlichen Kurzbulletins zu depressiven Störungen auf (U 125–127, 228–238).[19]

Wolfgang Schneider wertet die Kürzungen in seiner Hörbuchkritik ohne Begründung oder konkrete Beispiele positiv, wenn er darauf hinweist, dass »›Das Ungeheuer‹ ein Werk mit Längen [sei], das in der Hörbuchfassung an Dichte und Expressivität [gewinne]«.[20] Am Beispiel der soeben fokussierten Kürzungen im Darius-Teil ließe sich gegen das Argument der ›Verdichtung‹ anführen, dass durch den Verzicht auf einige von Darius' nicht handlungsfunktionalen Gedankenschleifen ein Aspekt in der Anlage der Figurenpsychologie nicht mehr in gleicher Deutlichkeit entwickelt wird: Darius zeichnet aus, dass er über Wahrgenommenes und Erlebtes intensiv nachdenkt, zugleich jedoch zum Kern der Dinge und dem, was sie für ihn bedeuten (könnten), oftmals nicht vordringt. Die Kürzungen in den medizinischen Bulletins und ›Depression Scales‹ im Flora-Narrativ haben ebenfalls Auswirkungen auf die Psychopathografie der Figur: Flora versucht in der Romanvorlage nachdrücklicher, zugleich aber auch aussichtsloser als im Hörbuch, ein medizinisch-psychiatrisches Verständnis für ihre seelische Störung zu entwickeln. Dass sie etwa eine zweite Rating-Skala für depressive Störungen im Selbsttest ausfüllt sowie ›Beipackzettel‹ für ein Neuroleptikum und einen Serotonin-Wiederaufnahmehemmer abtippt (U 228–238), ist Ausdruck ihrer Form der Auseinandersetzung mit der Störung und ihren Konsequenzen. Die Vergeblichkeit dieses

---

[19] Gekürzt werden auch einzelne Übersetzungen aus dem Ungarischen sowie Dateien, die bereits im Titel darauf hinweisen, dass es sich um Exkurse handelt (vgl. etwa die Datei »Intermezzo« über eine Begebenheit in der WG eines Liebhabers, U 144–154).
[20] Schneider: Hörbuch. Leben als Zumutung.

Unterfangens tritt im Roman durch die Häufung ähnlicher Textbausteine deutlicher hervor als in der Hörbuch-Lesung.

(Un-)eindeutige Vielstimmigkeit – Funktionen und Realisationen von Mehrsprachigkeit und Multiperspektivität

Anne Fleig weist darauf hin, dass sich die Mehrstimmigkeit in Terézia Moras Texten in vier Dimensionen zeige: in der Mehrsprachigkeit der Texte, der Multiperspektivität des Erzählens, der intertextuellen Bezugnahme und der Polyphonie der Gattungen und Genres auf formaler Ebene.[21] Für einen Vergleich von Formen der Vielstimmigkeit in *Das Ungeheuer* sowie dem gleichnamigen Hörbuch sind besonders die ersten beiden Dimensionen interessant.

Roman wie Hörbuch kennzeichnet eine Zweisprachigkeit: Flora ist gebürtige Ungarin und hat – so die Textfiktion – ihre Notizen auf Ungarisch verfasst.[22] Diese fiktionsimmanent unbestrittene Tatsache steht indes im Gegensatz zu Darius' Annahme, dass sie als Ausdruck des Ablösens von ihrer Herkunft seit ihrem Ankommen in Deutschland kein Wort Ungarisch mehr spricht (U 60). Die Verwendung des Ungarischen als Sprache der Notizen wird so zum einen lesbar als Rückzug Floras ins Ungarische als Muttersprache, um sich in dieser an die Traumata ihrer Kindheit erinnern zu können. Zum anderen kann sie als Versuch Floras interpretiert werden, sich absichtlich von ihrem aktuellen (sprachlichen) Lebensumfeld abzusondern, in dem sie immer wieder die Erfahrung des Fremdseins und des Als-fremd-wahrgenommen-Werdens machen muss.[23] Mehrsprachigkeit ist deshalb in *Das Ungeheuer* gerade kein Ausdruck für mehr oder bessere Verständigung.[24] Im Hörbuch spricht Mercedes Echerer die ungarischen Datei-

---

[21] Vgl. Anne Fleig: Tragödie und Farce. Formen der Mehrstimmigkeit in Terézia Moras Romanen. In: Klaus Siblewski (Hrsg.): Terézia Mora. München: edition text + kritik 2019 (= Text + Kritik. Zeitschrift für Literatur 221). S. 55–69. S. 57.

[22] Terézia Mora weist in der Salzburger Stefan Zweig Poetikvorlesung darauf hin, dass sie den Text ursprünglich auf Ungarisch verfasst und dann selbst zurück ins Deutsche übersetzt habe. Die Zweisprachigkeit ist diesem Textbestandteil somit quasi über seinen Entstehungsprozess eingeschrieben. Vgl. Terézia Mora: Der geheime Text. Salzburger Stefan Zweig Poetikvorlesung. Bd. 3. Wien: Sonderzahl 2016. S. 101.

[23] Vgl. Eszter Propszt: Die Grenzen der Repräsentation: Bedeutungsbildung in Terézia Moras *Das Ungeheuer*. In: Neohelicon 46 (2019). S. 663–681. S. 665.

[24] Vgl. Fleig: Tragödie und Farce. S. 56.

titel akzentfrei, was einen besonderen Authentizitätseffekt evoziert. Deutschsprachige Hörer:innen, die des Ungarischen nicht mächtig sind, können den Klang des Ungarischen als fremder/anderer Sprache als eine Art rezeptionsbezogenes akustisches Äquivalent für Floras Nicht-Verstehen des rücksichtslosen und nicht empathischen Verhaltens anderer (Liebhaber, Arbeitgeber:innen etc.) interpretieren.[25]

Neben Floras Mehrsprachigkeit, die im Text durch ungarische Wörter und Akzente und im Hörbuch durch die ungarische Prosodie der Dateititel umgesetzt wird, kennzeichnet Roman wie Hörbuch ferner eine Vielstimmigkeit sowie Multiperspektivität auf der narratologischen Ebene des *discours*. Sowohl im Darius- wie auch im Flora-Narrativ[26] wechseln, häufig sogar innerhalb einzelner Sätze, die Personalpronomina, ohne Gedanken oder Rede von Figuren durch typografische Marker oder Verba dicendi beziehungsweise sentiendi anzuzeigen:

> Oda, <u>deren Namen ich immer noch nicht kenne</u>, fotografiert Darius Kopp an die Reling gelehnt, die nahende Insel im Hintergrund. Danke, sagt Darius Kopp und dann fotografiert er sie, <u>und was so aussieht, als wäre ich genauso freundlich wie sie oder gar charmant, ist in Wahrheit nur ein Test und eine Absicherung: Lässt sie sich fotografieren?</u> (U 257 – Hervorh. C. F.)

In diesem Beispielzitat findet mehrfach ein unmarkierter Wechsel vom heterodiegetischen zum homodiegetischen Erzählen, vom inneren Monolog zum Erzählerbericht und von der internen zur externen Fokalisierung statt. In den unterstrichenen Passagen denkt Darius Kopp als homodiegetische Erzählinstanz über seine Wegbegleiterin Oda und sein Verhältnis zu ihr nach. Diese intern fokalisierten homodiegetisch erzählten Gedankenberichte und -zitate werden nahtlos in den heterodiegetisch erzählten Ereignisbericht integriert, der zusätzlich direkte

---

[25] Die ›fremde‹ Stimme der Sprecherin verstärkt in diesem Fall durch die Prosodie der ›Fremdsprache‹ das von der Figur kommunizierte Nicht-Verstehen gegenüber einem Lesen der ungarischen Dateititel in der ›eigenen‹ inneren Stimme. Johannes Lehmann weist darauf hin, dass Leser:innen beim Lesen ihre eigene nicht-artikulierte Stimme hören, wohingegen im Hörbuch fremde Stimmen artikuliert werden. Vgl. Johannes F. Lehmann: Literatur lesen, Literatur hören. Versuch eine Unterscheidung. In: Natalie Binczek u. Cornelia Epping-Jäger (Hrsg.): Literatur und Hörbuch. München: edition text + kritik 2012 (= Text + Kritik. Zeitschrift für Literatur 196). S. 3–13. S. 4.

[26] Im Flora-Narrativ liegt jedoch eine andere narrative Grundkonstellation vor, da hier keine heterodiegetische Erzählinstanz von Floras Erfahrungen berichtet.

Rede der Figur (»Danke, sagt Darius Kopp«) im dramatischen Modus enthält. Der Wechsel zwischen Erzählinstanzen sowie Fokalisierungen erzeugt ein unablässiges Wechselspiel von Nähe und Distanz zur Figur Darius und ihren Handlungen. Das Changieren des Nähegrades wird zusätzlich durch die häufige Verwendung der Du-Form verstärkt, die unterschiedlich interpretiert werden kann: Mal liegt es nahe, dass die Erzählinstanz sich an die Figur wendet, mal scheint es sich um Selbstgespräche der Figur oder auch imaginierte Dialoge mit nicht anwesenden Figuren zu handeln. Eindeutig zu bestimmen ist dies oftmals nicht, wie folgendes Zitat zeigt: »Oda, auf dem Nachbarbalkon, lacht. Warum bist du so glücklich, junges Mädchen? (Warum bist *du* es nicht? Alter Mann.)« (U 259) Während in »Warum bist du so glücklich, junges Mädchen?« vermutlich Darius seine Reisegefährtin Oda im imaginierten Gespräch in Form eines Gedankenzitats anredet, ist für den Klammerzusatz nicht eindeutig festzulegen, wer genau Darius mit Du anspricht: Es könnte Darius selbst oder die Erzählinstanz sein.[27]

Alin Bähr und Lara Schwanitz deuten den Wechsel zwischen Ich-, Du- und Er-Form des Erzählens als Ausdruck einer dissoziativen Identitätsstörung, unter der Darius leide. Der Wechsel zwischen Innen- und Außensicht sei ein formaler Ausdruck des im ›discours‹ erst zum Romanende hin erzählten traumatischen Erlebnisses seiner eigenen Täterschaft, die er zunächst verdrängt habe und erst dann erinnere, als er selbst auf der Athener Demonstration einer physischen Bedrohung ausgesetzt sei.[28] Die Polyphonie verschiedener narrativer Stimmen als Zeichen eines figuralen Traumas zu interpretieren, überzeugt jedoch insofern nicht, als erzähllogisch keine Spaltung einer Erzählstimme vorliegt, denn die heterodiegetische Erzählinstanz ist nicht identisch mit der Figur Darius. Das narrative ›Stimmengewirr‹ lässt sich jedoch trotzdem in Bezug zu Darius setzen, wenn der häufige Wechsel zwischen homo- und heterodiegetisch erzählten Passagen sowie verschiedenen Fokalisierungsformen – der stellenweise auch dazu führt, dass Ereignisberichte nicht immer klar von Gedanken der Figuren differenziert werden können – als darstellungsbezogener Ausdruck einer ambivalenten Figurenkonzeption interpretiert wird. So wie Darius' Verhalten und seine Gedanken bei den Leser:innen mal Mitleid, mal Kopf-

---

[27] Terézia Mora beschreibt die Multiperspektivität ihrer Texte als Dialog der Erzählung mit sich selbst »in jeder möglichen Form: der Erzähler mit den Figuren, der Erzähler mit sich selbst, die Figuren untereinander« (Mora: Nicht sterben. S. 58).
[28] Bähr u. Schwanitz: *Ungeheuer* nah am Abgrund. S. 170.

schütteln²⁹ und mitunter auch heftige Ablehnung evozieren, changiert auch innerhalb einzelner Sätze der Grad an narrativ evozierter Nähe und Distanz zur Figur. Ulrich Noethen als Sprecher des Darius-Narrativs tritt in Passagen mit Erzählerbericht eher als distanzierter, vermittelnder Sprecher auf. Im Besonderen in von ihm als direkte Rede von Nebenfiguren interpretierten Passagen wechselt er jedoch häufig ins Rollenspiel und damit vom Modus der Rezitation in den der Deklamation:³⁰ Nebenfiguren werden von ihm oft ›gespielt‹, indem er gegenüber Passagen in vermittelndem, distanziertem Erzählen Veränderungen in Tonhöhe, Akzent und Stimmfarbe vornimmt. Wenn Darius etwa imaginierte Selbstgespräche mit seiner Frau führt, spricht Noethen die Flora-Repliken etwas leiser und langsamer. Bei anderen Figuren wie dem Anhalter Doiv imitiert Noethen einen englischen Akzent, indem er die eingestreuten englischsprachigen Wörter entsprechend der englischen Prosodie betont sowie zusätzlich in Doivs deutschsprachiger Rede die Tonhöhe anhebt, die Stimme leicht behaucht und deutsche Wörter entsprechend englischer Akzentsetzung betont (UH 93). Er nutzt somit prosodische Elemente, um Doivs von Darius' Rede sowie von der ›Erzählerstimme‹ zu unterscheiden. Auch Mercedes Echerer wechselt mitunter vom vermittelnden Vorlesen zum Rollenspiel, wenn sie andere Figuren als Flora darstellt. Dabei fällt zudem auf, dass Echerer Passagen in indirekter Rede mit veränderter Prosodie in Form von spielendem Erzählen spricht.

Dies kann als eine bewusste Entscheidung interpretiert werden, die Zweistimmigkeit der indirekten Rede, in der Flora als Erzählinstanz fremde Rede in ihre eigene integriert, in der stimmlichen Umsetzung in eine ›Einstimmigkeit‹ zu überführen. So etwa bei einem Gespräch im Wartezimmer einer Frauenarztpraxis mit einer anderen Patientin:

---

[29] Zu Darius als ambivalent konzipierter Figur vgl. Rainer Moritz: Terézia Moras Roman »Das Ungeheuer«.

[30] Zum Unterschied zwischen Rezitation und Deklamation schreibt Häusermann unter Rekurs auf Johann Wolfgang von Goethe: »Goethe unterscheidet zwischen einer Leseweise, die die Figuren des Texts in theatralischem Rollenspiel wiedergibt [Deklamation], und dem Vortrag eines Texts, bei dem dieser als ein drittes Objekt für den Zuhörer erkennbar bleibt [Rezitation].« (Zur inhaltlichen Analyse von Hörbüchern. S. 210) Zur Differenzierung von vermittelndem Vorlesen und Rollenspiel vgl. Tilla Schnickmann: Vom Sprach- zum Sprechkunstwerk. Die Stimme im Hörbuch: Literaturverlust oder Sinnlichkeitsgewinn? In: Ursula Rautenberg (Hrsg.): Das Hörbuch – Stimme und Inszenierung. Wiesbaden: Otto Harrassowitz 2007. S. 21–53. S. 33.

Sie könne in kein Kaufhaus gehen und auch bei Plus verfiele sie manchmal in Schimpftiraden, wenn die Leute gemein werden. Zum Glück kenne man sie bei Plus, so bekomme sie kein Hausverbot. (U 597)

Echerer spricht die indirekte Rede der Mitpatientin in höherer Tonlage und mit leicht gepresster Stimme sowie einer Überbetonung einzelner Wörter (UH 137, 02:03–02:11). Sowohl für das Darius- als auch für das Flora-Narrativ ist somit eine Tendenz dazu erkennbar, die Rede und die Gedanken von Nebenfiguren – unabhängig vom narrativ evozierten Grad an Nähe oder Distanz – deutlich stimmlich als Figurenrede zu markieren. Das wiederum hebt im Hörbuch die Unterschiede zwischen den Haupt- und Nebenfiguren mit prosodischen Mitteln hervor, was dazu führt, dass der Fokus der Hörer:innen nicht in gleichem Maß auf die im Text angelegten figuralen Spiegelungen gerichtet ist. Um diesen Gedanken am Beispiel der Nebenfigur Doiv zu konkretisieren: Doiv führt ebenso wie Darius ein nomadisches Leben, er reist als Suchender durch verschiedene Länder und hat wie Darius einen Verlust erlitten – seine ungeborene Tochter ist im achten Schwangerschaftsmonat verstorben (U 412–415). Indem Noethen Doivs Figurenrede prosodisch deutlich von Darius' Rede- und Gedankenwiedergabe abhebt, werden in der stimmlichen Ausgestaltung jedoch eher die Unterschiede als die Gemeinsamkeiten zwischen beiden Figuren betont.

›Betonungen‹ und ›Akzentverschiebungen‹

Abschließend sei noch auf einen Aspekt hingewiesen, der ebenfalls in Zusammenhang mit ›Vielstimmigkeit‹ steht: Eine Besonderheit von gehörten fremden Stimmen gegenüber der inneren (eigenen) Stimme beim Lesen liegt in der Unmittelbarkeit, mit der die artikulierten Emotionen die Hörer:innen erreichen. Während es beim ›stummen Lesen‹ der Äußerung einer Figur – wie Johannes Lehmann herausgestellt hat – zunächst darum geht, zu verstehen sowie zu entscheiden, welche Emotionen die Figur empfindet, steht beim Hören der direkte Gefühlsausdruck der jeweils artikulierten Emotion und nicht das Verstehen am Anfang.[31] Bei Mercedes Echerers Vortrag werden zum einen dem Text bereits explizit eingeschriebene Emotionen wie etwa Floras Wut und Verzweiflung unmittelbar sinnlich erfahrbar. Zum anderen

---

[31] Vgl. Lehmann: Literatur lesen, Literatur hören. S. 8.

spricht Echerer auch einzelne Passagen der skripturalen Vorlage, die – wenn überhaupt – nur implizit Ausdruck von Floras Gefühlen sind, mit deutlich emotionaler Grundierung. So etwa auch beim Vortrag der »[datei: atlag]« (U 592 f.), in der Flora ihr monatliches Einkommen auflistet, das nur in den Sommermonaten etwas höher ist und in den Wintermonaten bei null liegt. Echerer spricht die niedrigen Beträge leise und langsam, die höheren Beträge etwas lauter und schneller sowie mit deutlicheren Wortakzenten. Auf diese Weise entsteht in der Prosodie ein Spannungsbogen von artikulierter Enttäuschung/Resignation über verhaltene Freude/Hoffnung zurück zu Enttäuschung/Resignation (UH 137, 00:00–00:44). Das wiederum evoziert auch in inhaltlich eher neutralen Passagen einen emotionalen Eindruck.

Der Vergleich zwischen Text und Hörbuch von *Das Ungeheuer* mit einem Fokus auf verschiedenen Aspekten von Vielstimmigkeit zeigte, dass das Buch bereits durch die Form der Seitengestaltung zwei Stimmen zusammenführt, die zwar durch einen Trennstrich voneinander separiert, inhaltlich aber aufeinander bezogen sind. Das Hörbuch wiederum findet mit der Entscheidung für einen männlichen deutschsprachigen Sprecher und eine weibliche deutsch- sowie ungarischsprachige Sprecherin ein genuin auditives Äquivalent für die vom skripturalen Text inszenierte ›Zweistimmigkeit‹ des Darius- und Flora-Narrativs. Weiterhin kennzeichnet Buch wie Lesung eine Stimmenvielfalt im narratologischen Sinn, da sogar innerhalb einzelner Sätze zwischen Er/Sie-, Ich- und Du-Form sowie verschiedenen Fokalisierungsvarianten gewechselt wird und Erzählerberichte sowie Rede-/Gedankenwiedergaben unmarkiert ineinander übergehen. Dadurch changiert der Grad an Nähe und Distanz der Rezipient:innen zu den Figuren, was die ambivalente Figurenkonzeption im Rezeptionsprozess zusätzlich verstärkt. Im Vergleich der narrativ evozierten Vielstimmigkeit in Buch und Hörbuch fällt auf, dass die Lesung stellenweise dazu tendiert, die ›Zweistimmigkeit‹ von Erzähler- und Figurenrede zugunsten einer stimmlichen Hervorhebung von Figurenrede abzuschwächen. Das wiederum hebt eher die Unterschiede als die Gemeinsamkeiten zwischen Haupt- und Nebenfiguren hervor. Beide Medien nutzen jedoch unabhängig von solchen kleineren ›Akzentverschiebungen‹ die zur Verfügung stehenden je medienspezifischen Mittel, um Vielstimmigkeit als ›Unter-, Nach- und Gegeneinander‹ verschiedener Stimmen und Perspektiven zu erzeugen.

Bibliografie

Primärliteratur (chronologisch, inkl. Sigle)

Terézia Mora: Das Ungeheuer [**U**]. München: Luchterhand 2013.

—: Nicht Sterben. Frankfurter Poetik-Vorlesungen. München: Luchterhand 2014.

—: Der geheime Text. Salzburger Stefan Zweig Poetikvorlesung. Bd. 3. Wien: Sonderzahl 2016.

Hörbuch

Terézia Mora: Das Ungeheuer [**UH**]. Gekürzte Lesung mit Mercedes Echerer und Ulrich Noethen. Random House Audio 2014. Download über Audible. Laufzeit: ca. 11 h, 44 min.

Sekundärliteratur

Bähr, Alin u. Lara Schwanitz: *Ungeheuer* nah am Abgrund. Terézia Moras grenzüberschreitender Roman. In: Ingo Irsigler u. Gerrit Lembke (Hrsg.): Spiel, Satz und Sieg. 10 Jahre Deutscher Buchpreis. Berlin: Berlin University Press 2014. S. 161–181.

Bescansa, Carme: ›Extreme im Innern‹. Emotion und Erinnerung als Identifikationsrahmen in Terézia Moras *Das Ungeheuer*. In: Filología Alemana 25 (2017). S. 145–156.

Biendarra, Anke S.: Travel and Trauma in Post-1989 Europe: Julya Rabinowich's *Die Erdfresserin* and Terézia Mora's *Das Ungeheuer*. In: Karin Baumgartner u. Monika Shafi (Hrsg.): Anxious Journeys. Twenty-first-century Travel Writing in German. Melton: Boydell & Brewer 2019. S. 21–54.

Fleig, Anne: Tragödie und Farce. Formen der Mehrstimmigkeit in Terézia Moras Romanen. In: Klaus Siblewski (Hrsg.): Terézia Mora. München: edition text + kritik 2019 (= Text + Kritik. Zeitschrift für Literatur 221). S. 55–69.

Frank, Caroline u. Alfonso Meoli: Artikulierte Ambivalenz – Sven Regeners Hörbücher. In: Stefan Greif u. Nils Lehnert (Hrsg.): Sven Regener. Sonderheft: text & kritik (2019). S. 73–80.

Hachenberg, Katja: Hörbuch. Überlegungen zu Ästhetik und Medialität akustischer Bücher. In: Der Deutschunterricht 56 (2004) H. 4. S. 29–38.

Hammer, Erika: Monströse Ordnungen. Terézia Moras Romantrilogie »Der einzige Mann auf dem Kontinent«, »Das Ungeheuer« und »Auf dem Seil«. Bielefeld: transcript 2020.

Häusermann, Jörg: Zur inhaltlichen Analyse von Hörbüchern. In: Jörg Häusermann, Korinna Janz-Peschke u. Sandra Marion Rühr (Hrsg.): Das Hörbuch. Medium – Geschichte – Formen. Konstanz: UVK 2010. S. 139–232.

Heimann, Andreas: Unterm Strich viel Ich. Das Spiel mit Ich-Dissoziationen und der Raum des Realen in Jan Brandts *Gegen die Welt* und Terézia Moras *Das Ungeheuer*. In: Heribert Tommek u. Christian Steltz (Hrsg.): Vom ich erzählen. Identitätsnarrative in der Literatur des 20. Jahrhunderts. Frankfurt am Main: Peter Lang 2016. S. 255–274.

Jäger, Ludwig: Audioliteralität. Eine Skizze zur Transkriptivität des Hörbuchs. In: Natalie Binczek u. Cornelia Epping-Jäger (Hrsg.): Das Hörbuch. Praktiken audioliteralen Schreibens und Verstehens. München: Fink 2014. S. 231–253.

Lehmann, Johannes F.: Literatur lesen, Literatur hören. Versuch eine Unterscheidung. In: Natalie Binczek u. Cornelia Epping-Jäger (Hrsg.): Literatur und Hörbuch. München: edition text + kritik 2012 (= Text + Kritik. Zeitschrift für Literatur 196). S. 3–13.

Lotman, Jurij: Künstlerischer Raum, Sujet und Figur. In: Jörg Dünne u. Stephan Günzel (Hrsg.): Raumtheorie. Grundlagentexte aus Philosophie und Kulturwissenschaften. Frankfurt am Main: Suhrkamp 2006, S. 529–545.

Meyer-Gosau, Frauke: Bis ins Innerste vorstoßen. Beim Lesen von Terézia Moras Roman »Das Ungeheuer«. In: Klaus Siblewski (Hrsg.): Terézia Mora. München: edition text + kritik 2019 (= Text + Kritik. Zeitschrift für Literatur 221). S. 43–54.

Moritz, Rainer: Terézia Moras Roman »Das Ungeheuer«. In: Neue Zürcher Zeitung (25. Sept. 2013). https://www.nzz.ch/feuilleton/buecher/terezia-moras-roman-das-ungeheuer-1.18155909 (Zugriff: 8. Jan. 2022).

Propszt, Eszter: Die Grenzen der Repräsentation: Bedeutungsbildung in Terézia Moras *Das Ungeheuer*. In: Neohelicon 46 (2019). S. 663–681.

Schneider, Wolfgang: Hörbuch. Leben als Zumutung. Zwei Ströme der Depression fließen in »Das Ungeheuer«. In: Deutschlandfunk Kultur (28. Febr. 2014). https://www.deutschlandfunkkultur.de/hoerbuch-leben-als-zumutung-100.html (Zugriff: 8. Jan. 2022).

Schnickmann, Tilla: Vom Sprach- zum Sprechkunstwerk. Die Stimme im Hörbuch: Literaturverlust oder Sinnlichkeitsgewinn? In: Ursula Rautenberg (Hrsg.): Das Hörbuch – Stimme und Inszenierung. Wiesbaden: Otto Harrassowitz 2007. S. 21–53.

Vollmer, Hartmut: Terézia Mora (Stand: 1. April 2021). In: KLG. Kritisches Lexikon der deutschsprachigen Gegenwartsliteratur. http://www-1munzinger-1de-1bix2om66077f.han.ub.uni-kassel.de/search/klg/Terezia+Mora/741.html (Zugriff: 10. Jan. 2022).

Karin Terborg

Pathologisierte Weiblichkeit und kapitalistische Wirtschaft: Die fragile Frau in Terézia Moras Kopp-Roman-Trilogie

Abstract:
In der deutschsprachigen Gegenwartsliteratur wird die kapitalistische Wirtschaftsordnung wiederholt zum Gegenstand fundamentaler Kritik. Bemerkenswerterweise finden sich in diesem Kontext oft handlungsrelevante Frauenfiguren pathologisiert und als unmittelbare Artikulationsinstanzen eines als ›krankhaft‹ und ›krankmachend‹ imaginierten ökonomisch-gesellschaftlichen Systems genutzt. Ein prominentes Beispiel stellt Flora aus Terézia Moras Kopp-Roman-Trilogie dar, die – entsprechend der Leitthese dieses Beitrags – in einer Traditionslinie mit dem um 1900 populären literarischen Frauentypus der Femme fragile gelesen werden soll.

Bestandsaufnahme: Pathologisierte Weiblichkeit und kapitalisierte Wirtschaft in der Gegenwartsliteratur

Bilanzierte Sandra Pott bereits 2004 in ihrem Aufsatz, dass »Wirtschaft in der Gegenwartsliteratur eine wichtige Rolle spielt«,[1] so ist der literarischen Verhandlung ökonomischer Gegenstände im Nachgang der weltweiten Finanz- und Wirtschaftskrise seit 2007 ein regelrechter Boom zu attestieren. Diese vorrangig kritischen Auslotungen der kapitalistischen Wirtschaftsordnung[2] zeitigen aus Genderperspektive zu-

---

[1] Sandra Pott: Wirtschaft in Literatur. ›Ökonomische Subjekte‹ im Wirtschaftsroman der Gegenwart. In: KulturPoetik 4 (2004). S. 202–217. S. 203.
[2] Vgl. Anna Rutka: Literarische Imaginationen des Endes im Umfeld der globalen Finanzkrise 2008. In: Aneta Jachimowicz, Alina Kuzborska u. Dirk H. Steinhoff

dem einen interessanten Befund: Wiederholt sind Frauenfiguren erzählstrategisch prominent realisiert, die durch psychische Störungen zu charakterisieren sind. Das Motiv ›pathologisierte Weiblichkeit‹ scheint in diesem Zusammenhang als ein ›symptomatischer Marker‹ eines als defizitär postulierten Wirtschaftssystems zu fungieren. Eindringliche Roman-Beispiele für diese Amalgamierung sind Thomas von Steinaeckers *Das Jahr, in dem ich aufhörte mir Sorgen zu machen und anfing zu träumen* (2012), Sascha Rehs *Gibraltar* (2013) sowie Nora Boßongs *Gesellschaft mit beschränkter Haftung* (2012). Prominent zutage tritt dieser Konnex von pathologisierter Weiblichkeit und Wirtschaft darüber hinaus ebenfalls in Terézia Moras Kopp-Roman-Trilogie, die die Romane *Der einzige Mann auf dem Kontinent* (2009), *Das Ungeheuer* (2013) und *Auf dem Seil* (2019) umfasst. Die Verwobenheit einer von egoistisch-hedonistischem Handeln, emotionaler Gewalt und prekären Beschäftigungsverhältnissen korrumpierten Gesellschaft ist hier beispielhaft an der Figur ›Flora‹ aufgezeigt.

Die ›Verwahnsinnigung‹ von Frauenfiguren hat literaturgeschichtliche Tradition: »[A]ngefangen in der griechischen Mythologie, mit Figuren wie Medea, den Furien oder der Amazonenkönigin Penthesilea«[3] wird Weiblichkeit wiederkehrend mit den Signa des Psychopathologischen verknüpft; zu den bekannten, kanonisierten Fallbeispielen zählen ›Lady Macbeth‹, ›Ophelia‹ und ›Gretchen‹.[4] Erzähltechnisch betrachtet vermag dieser Nexus insbesondere gesellschaftliche Ausgrenzung sowie die Abweichung von tradierten Geschlechter- und Weiblichkeitskonzepten zu illustrieren oder auch die Figur als Artikulationsinstanz von Erkenntnis zu inszenieren.[5] Um 1900 gerät diese motivische Applizierung dann zu einem regelrechten literarischen Modephänomen: Das weiblich codierte Moment des irrational Krankhaften zeigt sich jetzt plakativ in den nun verbreiteten Topoi der Femme fatale und Femme fragile.[6] Ein Paradebeispiel für erstere liefert ›Lulu‹ aus Frank Wedekinds Dramen *Die Büchse der Pandora* (1894) und *Erdgeist*

(Hrsg.): Imaginationen des Endes. Frankfurt am Main: Peter Lang 2015. S. 447–465. S. 449.

[3] Veronika Schuchter: Wahnsinn und Weiblichkeit: Motive in der Literatur von William Shakespeare bis Helmut Krausser. Marburg: Tectum 2009. S. 10.

[4] Vgl. Schluchter: Wahnsinn und Weiblichkeit. S. 10.

[5] Vgl. Schluchter: Wahnsinn und Weiblichkeit. S. 9 f.

[6] Vgl. Stephanie Catani: Das fiktive Geschlecht: Weiblichkeit in anthropologischen Entwürfen und literarischen Texten zwischen 1885 und 1925. Würzburg: Königshausen & Neumann 2005. S. 90, 103.

(1895), während etwa Thomas Manns Novelle *Tristan* (1903) mit ›Gabriele Klöterjahn‹ – ironisch gebrochen – in paradigmatischer Weise eine Femme fragile modelliert. Stereotyp zwischen sexueller Zügellosigkeit und Dämonie einerseits sowie ätherischer Vergeistigung und Morbidität andererseits changierend, wird dabei hier wie dort Weiblichkeit pathologisiert und als norm- respektive ›vernunftabweichend‹ markiert. Beiden Figuren ist eine pejorative semantische Ebene eigen, die im Rekurs auf die sozialkulturell wirkmächtige Proklamation einer geschlechtscharakteristischen ›weiblichen Naturhaftigkeit‹ – ergo weiblichen Irrationalität – zu sehen ist.[7] Das Motiv ›pathologisierter Weiblichkeit‹ wird in der Literatur um 1900 jedoch nicht allein anhand der seinerzeit virulenten Typisierungen der Femme fatales und Femme fragiles aufgerufen, sondern es findet sich auch produktiv auf die Formulierung von Gesellschaftskritik appliziert: Exemplarisch erinnert sei an Gabriele Reuters Erfolgsroman *Aus guter Familie* (1895), in dem mittels der psychisch erkrankenden Hauptfigur ›Agathe‹ die sozial stark sanktionierten Identitätsbildungsmöglichkeiten bürgerlicher Frauen problematisiert werden, oder an Arthur Schnitzlers Novelle *Fräulein Else* (1924), die sich im zeitgenössischen Hysteriediskurs verorten lässt und vor dem Hintergrund einer ökonomischen Zwangslage Elses den weiblichen Körper als Kapitalobjekt statuiert.

Das Anliegen meines Aufsatzes ist es, exemplarisch anhand der Figur ›Flora‹ aus Moras Kopp-Roman-Trilogie die gegenwartsliterarische Nutzbarmachung des Motivs ›pathologisierter Weiblichkeit‹ zur Formulierung einer kritischen Revision des Wirtschaftssystems in den Fokus zu rücken. Leitend ist dabei die These, dass in diesem konkreten Fall die Femme fragile der Jahrhundertwende als zentrale fiktionale Referenzfigur zu betrachten ist und Flora als ihre ›entfernte Verwandte aus dem 21. Jahrhundert‹ gelesen werden soll.

Nachfolgend wird zunächst die Konzeption der Femme fragile um 1900 überblicksartig skizziert, um danach die Darstellung Floras auszuloten.

---

[7] Vgl. Catani: Das fiktive Geschlecht. S. 89,106.

Literaturgeschichtliche Anamnese: Zur Konzeption der Femme fragile um 1900

Fragile Frauenfiguren, deren »Schönheit« laut Stephanie Catani »in Verbindung mit Krankheit, Zerbrechlichkeit und Tod«[8] narrativiert wird, sind bereits vor ihrer virulenten Präsenz um 1900 auf der literarischen Bühne vertreten; wurden doch »[z]u allen Zeiten [...] zarte Frauengestalten«[9] aktualisiert. Der für die Femme fragile kennzeichnende Nexus von physischer Grazilität, psychischer Sensitivität und dekadenter Kränklichkeit sollte sich allerdings erst in der romantischen Literatur ausbilden. Erweitert um das Moment des Mysteriösen im Werk Edgar Allen Poes und durch den Transfer in die Malerei des englischen Präraffaelismus, dessen Frauenfiguren »hoheitsvoll schlank, fast körperlos, von gespenstischer Blässe [...] seelenvoll und schwermütig durch die Bilder [...] [wandeln]«[10], wird dieser Konnex zur Jahrhundertmitte neu akzentuiert und weiter popularisiert.[11] Namentlich rekurrierend auf Maurice Maesterlincks Drama *Princesse Maleine* (1890), dem europaweit ein bahnbrechender Erfolg beschieden war, erfährt die Femme fragile schließlich einen enormen Beliebtheitsschub.[12] Ihre literarische Hochzeit lässt sich auf die Jahre von 1890 bis 1906 datieren.[13]

Die Femme fragile ist oftmals mit gesellschaftlicher Entfremdung konfrontiert, die letztlich zur Abkehr vom Leben selbst führen kann.[14] Ariane Thomalla spricht diesbezüglich von einer »scheue[n], aber stolze[n] Zurückgezogenheit«[15] der Femme fragile. Charakteristisch ist die zart-sphärische Physiognomie, mit der einerseits ihre äußerliche Attraktivität einhergeht, die sie aber andererseits auch der profanen Realität ihrer Gegenwart entrückt. Durch körperliche Schwäche gezeichnet, die oft mit einer ihr attestierten Unfähigkeit des Kindergebärens einhergeht, zeigt sie sich anfällig für Krankheiten, infolgedessen sie schließlich in einem geheimnisvoll-glorifizierten Sterbeprozess dahin-

---

[8] Catani: Das fiktive Geschlecht. S. 103.
[9] Ariane Thomalla: Die ›femme fragile‹: ein literarischer Frauentypus der Jahrhundertwende. Düsseldorf: Bertelsmann Univ.-Verl. 1972. S. 18.
[10] Thomallla: Die ›femme fragile‹. S. 19.
[11] Vgl. Thomalla: Die ›femme fragile‹. S. 18 f.
[12] Vgl. Catani: Das fiktive Geschlecht. S. 103.
[13] Vgl. Thomalla: Die ›femme fragile‹. S. 14.
[14] Vgl. Thomalla: Die ›femme fragile‹. S. 36.
[15] Thomalla: Die ›femme fragile‹. S. 36.

siecht.[16] Von zentraler Bedeutung für die literarische Konzeption der Femme fragile ist ferner ihre Asexualität. Im fundamentalen Gegensatz zur Femme fatale präsentiert sie sich ohne sexuelles Lustempfinden und laszive Erotik. Figuriert als handlungspassiv, vergeistigt und ausnehmend empfindsam, beschreibt die Femme fragile demgemäß zum einen das Ideal der »zur ›Heiligen‹ stilisierte[n] Frau«[17]. Zum anderen artikuliert sie – aufgrund ihrer hinfälligen, zarten Körperlichkeit – »in einer gesellschaftlichen Dimension die Verweigerung der Mutterschaft, der Fortpflanzung und des Lebensprinzips schlechthin«.[18] Dementsprechend ist die Femme fragile in zweifacher Hinsicht als außerhalb des bürgerlichen Norm- und Ordnungssystems stehend markiert. Diese Exklusion spiegelt sich gleichfalls in ihrer imaginativen Zuweisung zur Sphäre der Natur wider: So finden sich ihre Schönheit und Sensibilität ebenso wie ihre prekäre physiologische Verfasstheit insbesondere in eine Blumenmetaphorik transferiert und werden damit zum Sinnbild gemacht: »ihre ganze Existenz ist« Thomalla zufolge »wie die einer Blume ›ephemer‹ und zerbrechlich.«[19] Die Natur gerät auf diese Weise zur identitätsgebenden Instanz des eigentlichen Seins der Femme fragile, wodurch sie gleichsam weiterführend mystifiziert wird.[20] Zusätzlich hervorgehoben wird ihre zerbrechliche und pathologische Gesamtdisposition zudem oftmals durch eine potent-gesunde männliche ›Konträrfigur‹. Insbesondere durch eine dominante Körperlichkeit und eine naiv-lebenspraktische Haltung wird diese häufig »bereits durch [ihren] Namen [...] als bodenständige[r] ›Tatmensch[]‹ ausgewiesen«[21] und direkt zur Femme fragile in Opposition gesetzt.[22]

Zusammengefasst: Aufgrund dieser Konzeption »als dekadente Kranke, als sterile Kunstschönheit und als sensitives Opfer«[23] lässt sich – wie Thomalla herausgestellt hat – die Figur der Femme fragile um 1900 insgesamt »als eine typische Gestalt der Décadence und des Ästhetizismus«[24] betrachten. Ihre charakteristische Passivität offeriert in Verbindung mit ihrem pathologischen Moment ferner mehrere weiter-

---

[16] Vgl. Catani: Das fiktive Geschlecht. S. 105.
[17] Catani: Das fiktive Geschlecht. S. 105.
[18] Catani: Das fiktive Geschlecht. S. 107.
[19] Thomalla: Die ›femme fragile‹. S. 49.
[20] Vgl. Thomalla: Die ›femme fragile‹. S. 49.
[21] Catani: Das fiktive Geschlecht. S. 105.
[22] Vgl. Catani: Das fiktive Geschlecht. S. 105.
[23] Thomalla: Die ›femme fragile‹. S. 14.
[24] Thomalla: Die ›femme fragile‹. S. 14.

führende Interpretationsweisen: So hat Catani die Femme fragile im Kontext des seinerzeit omnipräsenten Diskurses über die sogenannte ›Frauenfrage‹ »als Ausdruck männlicher Sexual- und Potenzängste oder als Ablehnungsreaktion auf die erstarkende Frauenbewegung«[25] diskutiert und sie als einen misogynen Domestizierungsversuch im fiktionalen Raum verstanden.[26] Indem sie als dem Leben selbst entrückt imaginiert wird, kann sie Thomalla zufolge auch als Artikulationsinstanz einer radikalen Absage der konsensualen sozialen Norm- und Wertvorstellungen interpretiert werden. Damit einhergehend gerät die Femme fragile ferner regelrecht zu einem Signum zeitgenössischen Krisenempfindens angesichts gesellschaftlicher Veränderungs- und Modernisierungsprozesse.[27]

Das Fallbeispiel ›Flora‹: Die fragile Frau in Terézia Moras Kopp-Roman-Trilogie

Floras Steckbrief liest sich wie folgt: Geburtsname Teodóra Flora Meier, als ungarische Studentin der Literatur- und Theaterwissenschaften nach Berlin gekommen, ohne Abschluss geblieben, tiefsinnig und eine passionierte Leserin; von grazil-physischer Attraktivität sowie introvertierten Wesens (vgl. U 298) wird sie mit einem ›sanften Reh‹[28] verglichen. In Alltagsbegegnungen wie auch in ihren sexuellen Beziehungen sieht sie sich wiederholt emotionaler Ausnutzung und Abwertung ihrer Person ausgesetzt:

> Er hätte der 4te sein können. Der Einzige, von dem vielleicht auch was zu erwarten gewesen wäre. [...] Natürlich hätte auch er nach einer Weile angefangen, mich schlecht zu behandeln. (U 157 f.)

Unter prekären und ausbeuterischen Bedingungen arbeitet sie erst in wechselnden Anstellungen in der Kulturbranche; nach einem Suizidversuch beginnt sie im Niedriglohnbereich – unter anderem als Verkäuferin und Kellnerin – zu jobben, da sie auf diese Weise »ihre Würde eher [zu] bewahren« (K 11) glaubt. Hochgradig sensibel, nervös

---

[25] Catani: Das fiktive Geschlecht. S. 109.
[26] Vgl. Catani: Das fiktive Geschlecht. S. 109.
[27] Vgl. Thomalla: Die ›femme fragile‹. S. 14.
[28] Terézia Mora: Der einzige Mann auf dem Kontinent. München: Luchterhand 2009. S. 51. Im Folgenden zitiert mit der Sigle ›K‹ und der Seitenangabe direkt im Fließtext.

und schwer depressiv, ist sie psychisch überaus labil; heilend wirkt auf sie einzig das Sein in der Natur:

> Ich habe die ganze Nacht geträumt, dass ich im Garten arbeite. [...] Ich glaube, ich bin lachend aufgewacht. Ich habe an meinen Händen gerochen, ob sie nach Zwiebeln riechen. Ich hatte nämlich Zwiebeln angefasst. Und? Haben sie nach Zwiebeln gerochen? Nein. Ich war so enttäuscht [...], ich bin in den Garten gerannt und habe schnell Zwiebeln angefasst. (K 85)

Flüchtend aus ihrem von Ablehnung, Missachtung und Ängsten geprägten städtischen Leben, zieht sie sich schließlich in das im Wald gelegene Wochenendhaus einer Freundin zurück: Obwohl ihr diese naturnahe Abgeschiedenheit zunächst wohlzutun scheint (U 391), wird sie »drei Tage vor ihrem 38. Geburtstag«[29] erhängt an einem Baum aufgefunden. Für ihren Ehemann Darius Kopp, die Hauptfigur der Trilogie, für den sie »die Liebe [s]eines Lebens« (K 379) ist, gerät Floras Selbstmord zu einem sozial-ökonomischen und persönlichen Meltdown: Von Trauer, Verzweiflung und Schuldgefühlen niedergedrückt, bricht er mit all seinen bis dato existierenden beruflichen und privaten Beziehungen (U 56 f.).

Flora ist der Kontrapunkt zu Darius Kopp, der maßlos essend, konsumierend und exzessiv Medien nutzend durch seinen (Arbeits-)Alltag driftet. Er ist ein unreflektierter ›Down-to-Earth‹-Genussmensch, der als »sales manager« (K 23) für eine US-amerikanische IT-Firma Komponenten für Drahtlosnetzwerke im mittel- und osteuropäischen Raum vertreibt. Während ihm grundsätzlich eine optimistische und Probleme verdrängende Sicht auf sich und sein soziales Umfeld eigen ist, zeigt Flora sich bezüglich der Gesellschaft insgesamt desillusioniert (K 59). Sie unterscheiden sich

> mehr oder weniger in allen Punkten [...], äußerlich wie innerlich wie von den Interessen her – sie musisch, er technisch, auch politisch waren sie nicht einer Meinung (er steht dazu, den Kapitalismus für das einzig funktionierende Wirtschaftssystem zu halten, sie nicht) [...]. (K 57)

Flora betört: Bereits am Abend ihres Kennenlernens beginnt Darius Kopp, sich eine gemeinsame Zukunft mit ihr zu imaginieren: »Er merkte: er war schon dabei, sich auf den Rest seines Lebens mit dieser Frau einzurichten, und [...] er war glücklich« (K 57). Mit ihr glaubt er sich »wie aus einer anderen Welt beschenkt« (U 92), bringt sie doch

---

[29] Terézia Mora: Das Ungeheuer. München: Luchterhand 2013. S. 45. Im Folgenden zitiert mit der Sigle ›U‹ und der Seitenangabe direkt im Fließtext.

»Feinheit in sein Leben, das bis dahin vor allem opulent und laut gewesen war« (U 89 f.). Auch das, was sie ihm von ihrer beruflichen Situation und ihren Plänen erzählt – sie ist zu diesem Zeitpunkt (unter ausbeuterischen Bedingungen) Assistentin eines Filmproduzenten, überlegt allerdings, sich als Übersetzerin selbstständig zu machen (U 88 f.) –, klingt für ihn, den profanen IT-Spezialisten, »wie ein Märchen« (U 89). Es sind ihre Andersartigkeit ebenso wie ihr zartfeminines Aussehen, die ihn in den Bann ziehen und sie für ihn sexuell begehrenswert machen (K 57 f., U 90). Nach ihrem Tod wird er sie in die Sphäre des Überirdischen entrücken und zeitweilig religiös verklären:

> Auf Darius Kopps Lieblingsfoto trägt Flora nur einen Rock und sonst nichts. […] Deine Brüste in der Sonne. […] Dein Oberkörper ist wie der klassischer Statuen. Meine Göttin. Ich schäme mich nicht, das zu denken. (U 106)

Die Ehe mit Flora ist für Darius Kopp der zentrale Ankerpunkt in seinem Leben, »eine Art Hafen in dem beruflichen Auf und Ab«.[30] ›Daheim‹ fühlt er sich nicht an einem Ort, sondern emotional verbunden mit Flora: »Sie war da, dein Zuhause war da« (U 362). Zeit ihres gemeinsamen Lebens wird sie ihm jedoch – im Hinblick auf ihre Vergangenheit ebenso wie ihre Ängste und Bedürfnisse – fremd bleiben. Sie führen ein »Parallelleben« (U 363), dessen Wahrnehmung er sich teils bewusst verschließt (U 361 f.). Erst posthum durch die Lektüre ihres – von ihm unbemerkt verfassten – Tagebuchs wird sie ihm sukzessiv in ihrer biografischen sowie emotional-psychischen ›Tiefenschärfe‹ sichtbar werden, und er beginnen, ihre Beziehung – vor allem hinsichtlich seiner eigenen Rolle – kritisch zu reflektieren:

> Keine Ahnung von nichts hast du gehabt. Du hast dich davon blenden lassen – Und zwar gerne! –, was sich deinem Auge als Erstes anbot. Das sie da war, wenn du nach Hause kamst. Sie war da, dein Zuhause war da, ein warmes Abendessen da: alles in Ordnung. (U 361 f.)

Erfahrungen mit sozialer Ausgrenzung, emotionaler und verbaler Gewalt sowie (sexueller) Ausnutzung bestimmen Floras Leben und prägen ihren Blick auf die Gesellschaft: »Die Leute sind einfach ein roher Haufen, so sieht es aus.« (K 59) Aufwachsend bei ihren gefühlskalten und sie ablehnenden Großeltern in einem ungarischen Dorf – ihre

---

[30] Nerea Vöing: Arbeit und Melancholie. Kulturgeschichte und Narrative in der Gegenwartsliteratur. Bielefeld: transcript 2017. S. 208.

psychisch erkrankte Mutter verstirbt in einer Klinik, ihr Vater ist unbekannt (U 83) – wird ihr Status »als Verstoßene und Außenseiterin«[31] bereits in ihrer Kindheit festgeschrieben. Auch ihre beruflichen Integrationsversuche scheitern sämtlich. In ihren diversen Jobs erlebt sie wiederholt persönliche Diffamierungen und finanzielle Ausbeutung ihrer Arbeitskraft: Bei ihrer Arbeit in einem Immobilienbüro wird sie von anderen Angestellten gemobbt (U 294–300), als Bäckereiverkäuferin von einem Kunden als »Ausländerin« (U 589) rassistisch beschimpft (U 588–590) und von ihrem Vorgesetzten bei einer TV-Produktionsfirma sexuell belästigt (U 141). Als scheinselbstständige Bürokraft leistet sie über ihre körperliche Belastungsgrenze hinausgehend unbezahlte Überstunden (U 313 f., 317 f.), und als Assistenz eines Filmproduzenten bekommt sie, trotz mehrwöchigen ›Dauerarbeitens‹, das ihr vertraglich zugesicherte Honorar nicht ausgezahlt und wird ihre diesbezügliche Nachfrage von ihrem Chef gar als eine unverschämte Forderung verstanden (K 64). Floras unbeirrtes Bemühen, sich durch irgendeinen Job erfolgreich in die Arbeits- und Leistungsgesellschaft einzugliedern, endet schließlich in ihrem Zusammenbruch, während sie in einem Strandcafé kellnert:

> […] sie konnte nicht einmal mehr aufrecht stehen. Sie stützte sich auf die Theke. Ulysses [Floras Chef] fuhr sie an, sie möge hier nicht herumhängen […]. Sie versuchte sich wieder in Bewegung zu setzen, das Tablett zu heben, es fiel zurück auf die Theke. Ulysses fuhr sie an. Als sie gekrümmt zur Toilette ging, sah sie noch, dass er die Augen verdrehte. In der nächsten halben Stunde gab es Momente, in denen sie dachte: Jetzt ist es aus mit mir, ich verliere das Bewusstsein, und wenn das geschieht, dann sterbe ich auch. Alles kam auf einmal: der Durchfall, das Blut, das Erbrechen. (K 338)

Ebenso wie Flora die Arbeitswelt als abweisenden, angstbesetzten und selbstzerstörerischen (Überlebens-)Kampf erlebt, erfährt sie auch in ihrem Alltag immer wieder aggressive Übergriffigkeiten und wird auf ihrem Nachhauseweg gar mehrfach sexuell belästigt (U 318, 360). Ihr ist das Agieren in gesellschaftlichen Zusammenhängen gleichbedeutend mit einem gefahrvollen Unterwegssein in feindlichem Gebiet: »Ich gehe auf die Straße und habe das Gefühl, jeder, dem es einfiele, könnte einfach in mich hineingreifen und mir Herz und Lunge herausreißen.« (U 113) Selbstzweifel und Unsicherheit prägen ihr Auftreten, wodurch ihr »[d]raußen […] die Eleganz verloren [geht], sie w[i]rd[ ] steif und

---

[31] Vöing: Arbeit und Melancholie. S. 210.

brüchig« (U 92). Bezeichnenderweise lässt sie sich denn auch auf die Beziehung mit Darius Kopp ein, den sie anfangs als »liebe[n] Mensch[en]« (U 59) einschätzt, der »keinem jemals absichtlich weh tun« (U 58) könne. Floras prekäre ökonomische und soziale Situierung korreliert mit ihrem hochgradig fragilen Gesundheitszustand:

> Sie leidet unter Angstzuständen, Schuld- und Schamgefühlen, Wut- und Weinattacken, Konzentrationsschwäche, Unruhe und Rastlosigkeit und psychosomatischen Beschwerden wie zum Beispiel Kopfschmerzen und Übelkeit.[32]

Chronisch schwer depressiv und an Hypersensibilität leidend, bricht sie wiederholt psychisch zusammen. Ausgelöst werden ihre »Nervenkrisen« (U 858), die ihr selbst basale Handlungen wie Essen, Reden und Gehen schier unmöglich machen (U 22) und mitunter in Suizidversuche münden (K 67), oftmals durch vermeintliche Nichtigkeiten. In diesem Sinne resümiert Darius Kopp:

> Eine Weile läuft es gut, dann passiert wieder etwas –
> Sie ruft in Tränen aufgelöst an, weil die Nachbarin mit ihrem Kind geschrien hat […]
> – oder es passiert auch nichts. Kleinigkeiten sammeln sich an. Auch, wir wollen es nicht verschweigen, bei der Arbeit. Wir wollen gar nicht so weit gehen, von Mobbing zu reden, es ist häufig *nur die Atmosphäre* oder, noch banaler, einfach die akkumulierte Müdigkeit, und Flora bricht wieder zusammen [.] (K 71 f.)

Ihre Tagebucheinträge spiegeln Floras verzweifeltes Bemühen wider, ihre Krankheit beherrschbar und ›sinnhaft‹ zu machen. Sie misst ihre Depression symptomatisch, diagnostisch sowie therapeutisch aus: Sie listet Tests zur Feststellung des Schweregrads einer depressiven Störung auf (U 223–231), zitiert Packungsbeilagen von Psychopharmaka (U 232–235), setzt sich mit medizinischer Fach- als auch Ratgeberliteratur auseinander (U 243–249, 409–428) und reflektiert darüber hinaus den herabwürdigenden gesellschaftlichen Umgang mit psychischen Störungen: »Wenn ich jemandem sage: ich leide unter der manisch-depressiven Krankheit, bin ich auf der Stelle durch bei ihm« (U 613).

---

[32] Melina Gundermann u. Jaqueline Thör: Macht Globalisierung krank? Isolation und Depression in Terézia Moras Romanen *Der einzige Mann auf dem Kontinent* und *Das Ungeheuer*. In: Corinna Schlicht u. Christian Steltz (Hrsg.): Narrative der Entgrenzung und Angst. Das globalisierte Subjekt im Spiegel der Medien. Duisburg: Universität Rhein-Ruhr 2017. S. 97–109. S. 107.

Mit jedem Job aufs Neue hofft sie, sich durch einen beruflichen Arbeitsalltag psychisch zu stabilisieren: »Jeder ist ein Held, der nicht aufgibt. Jeder ist ein Held, der sich selbst ernähren kann.« (U 286) Am Ende scheitert sie jedoch in der Arbeitswelt sowie im gesellschaftlichen System:

> Meine Seele? – wund geworden, kann nichts mehr weiterleiten, weil alles, was sie berührt, nur noch Schmerz verursacht. Als hätte ich überhaupt keine Haut mehr. Als hätte man mir die Haut abgezogen, so ist das. (U 666)

Sie geht dementsprechend letztlich an der Erfahrung fortwährender Machtlosigkeit und Erniedrigung zugrunde.

Zusammengefasst: Flora scheitert aufgrund ihrer Fremdstilisierung als andersartige Schöne, als Opfer prekärer Arbeitsverhältnisse und verzweifelte Kranke an der umfassenden sozialen Exklusion sowie der Fragilität ihrer Existenz. Im Wechselspiel von äußeren Um- und inneren Zuständen gelingt es ihr nicht, zentralen gesellschaftlichen Wert- und Normvorstellungen zu entsprechen: beredt sein, arbeiten, gesund sein. Es ist damit zugleich das Bild einer empathielosen, unsolidarischen und leistungsorientierten Gesellschaft, das durch Flora als Außenseiterin offenbar wird.

Resümee

Flora entdeckt: Anhand ihrer rückt in der Darius-Kopp-Trilogie die Figuration der postmodernen Arbeits- und Leistungsgesellschaft in den Fokus der Kritik. Der Aktualisierung des Motivs ›pathologisierte Weiblichkeit‹ kommt dabei funktional eine entscheidende Bedeutung zu: Dieses wird nämlich erst durch die ökonomisch-soziale Deformierung des kapitalistischen Systems und deren individuelle Folgewirkungen offenbar. Symptomatisch von psychischer Krankheit, Handlungsohnmacht und gesellschaftlicher Fremdheit gezeichnet, präsentiert sich Flora darüber hinaus als eine fragile Frau, die haltsuchend und verzweifelt durch ihr Dasein irrt, bis sie den Selbstmord als Erlösung wählt. Demgemäß lässt sie sich in die lange Reihe zerbrechlicher Frauenfiguren in der Literatur stellen. Rekurrierend auf deren literaturgeschichtlich wohl prominenteste Vertreterin – die Femme fragile der Jahrhundertwende –, kann Flora als eine Neuinterpretation und -justierung dieser ›klassischen‹ Frauenfigur verstanden werden. So ist es gerade diese Konzeption Floras als leidende ›fragile Frau‹, die die kapitalistisch ausgerichtete Gesellschaftsordnung als krankhaft entlarvt; oder in ihren eigenen Worten auf den Punkt gebracht: »Der Wahnsinn des Einzelnen ist ein Ausdruck des Wahnsinns der Verhältnisse.« (U 405)

Bibliografie

Primärliteratur (chronologisch, inkl. Siglen)

Mora, Terézia: Der einzige Mann auf dem Kontinent [K]. München: Luchterhand 2009.
——: Das Ungeheuer [U]. München: Luchterhand 2013.
——: Auf dem Seil. München: Luchterhand 2019.

Sekundärliteratur

Catani, Stephanie: Das fiktive Geschlecht: Weiblichkeit in anthropologischen Entwürfen und literarischen Texten zwischen 1885 und 1925. Würzburg: Königshausen & Neumann 2005.

Gundermann, Melina u. Jaqueline Thör: Macht Globalisierung krank? Isolation und Depression in Terézia Moras Romanen *Der einzige Mann auf dem Kontinent* und *Das Ungeheuer*. In: Corinna Schlicht u. Christian Steltz (Hrsg.): Narrative der Entgrenzung und Angst. Das globalisierte Subjekt im Spiegel der Medien. Duisburg: Universität Rhein-Ruhr 2017. S. 97–109.

Pott, Sandra: Wirtschaft in Literatur. ›Ökonomische Subjekte‹ im Wirtschaftsroman der Gegenwart. In: KulturPoetik 4 (2004). S. 202–217.

Rutka, Anna: Literarische Imaginationen des Endes im Umfeld der globalen Finanzkrise 2008. In: Aneta Jachimowicz, Alina Kuzborska u. Dirk H. Steinhoff (Hrsg.): Imaginationen des Endes. Frankfurt am Main: Peter Lang 2015. S. 447–465.

Schuchter, Veronika: Wahnsinn und Weiblichkeit: Motive in der Literatur von William Shakespeare bis Helmut Krausser. Marburg: Tectum 2009.

Thomalla, Ariane: Die ›femme fragile‹: ein literarischer Frauentypus der Jahrhundertwende. Düsseldorf: Bertelsmann Univ.-Verl. 1972.

Voing, Nerea: Arbeit und Melancholie. Kulturgeschichte und Narrative in der Gegenwartsliteratur. Bielefeld: transcript 2017.

Zusätzliche Primärliteratur

Bossong, Nora: Gesellschaft mit beschränkter Haftung. München: Carl Hanser 2012.

Mann, Thomas: Tristan [1903]. In: Ders.: Große kommentierte Frankfurter Ausgabe. Werke, Briefe, Tagebücher. Hrsg. von Heinrich Detering u. a. Bd. 2: Frühe Erzählungen. 1893–1912. Hrsg. von Terence J. Reed. Frankfurt am Main: Fischer 2004. S. 319–371.

Reh, Sascha: Gibraltar. Frankfurt am Main: Schöffling & Co. 2013.

Reuter, Gabriele: Aus guter Familie. Leidensgeschichte eines Mädchens [1895]. Hrsg. von Katja Mellmann. Marburg: Verl. LiteraturWissenschaft 2006.

Schnitzler, Arthur: Fräulein Else [1924]. Ditzingen: Reclam 2019.

Steinaecker, Thomas von: Das Jahr, in dem ich aufhörte mir Sorgen zu machen und anfing zu träumen. Frankfurt am Main: Fischer 2012.

Wedekind, Frank: Die Büchse der Pandora [1894]. In: Ders.: Werke. Kritische Studienausgabe in acht Bdn. mit drei Doppelbdn. Hrsg. von Elke Austermühl u.a. Bd.: 3/I: Les puces. Hrsg. von Hartmut Vinçon. Darmstadt: Häusser 1996. S. 145–312.

—: Erdgeist [1895]. In: Ders.: Werke. Kritische Studienausgabe in acht Bdn. mit drei Doppelbdn. Hrsg. von Elke Austermühl u. a. Bd. 3/I: Les puces. Hrsg. von Hartmut Vinçon. Darmstadt: Häusser 1996. S. 319–400.

Andreas Jungwirth | Terézia Mora

Fühl dich umarmt: Hörstück nach Briefen (Februar 2020 bis Juli 2021)

Andreas Jungwirth und Terézia Mora unterhalten seit 20 Jahren eine Brieffreundschaft. Der vorliegende Text zum geplanten Hörstück ist aus Briefen entstanden, die sie sich während der ersten und zweiten Welle der Corona-Pandemie, zwischen Februar 2020 und Juli 2021, geschrieben haben.

1.

MORA
In der letzten Nacht habe ich übel geträumt. Der Traum war so zwingend, dass ich nach dem Aufwachen meiner Mutter schreiben musste –

JUNGWIRTH
Woran erinnerst du dich, wenn du an deine Schulzeit zurückdenkst?, fragt Professor P., 1977 bis 1985 mein Klassenvorstand am Gymnasium in Traun bei Linz. Via Facebook Messenger bittet er mich um einen Text für ein Buch über die Schule, die nächstes Jahr 50 wird –

MORA
Ob es denn stimme, frage ich meine Mutter: Dass ich als Kleinkind die Woche über nicht bei ihr war, sondern in einer Art »Wochenkrippe« in »Stalinstadt«, damit sie einen neuen Mann finden konnte und der mich nicht sofort sah.

JUNGWIRTH
An die Lateinmatura –

MORA
Ich schreibe meiner Mutter – sie solle mir die Wahrheit sagen, weil ich vielleicht den Grund für meine Angststörung gefunden habe: diese frühe Verlassenheit.

JUNGWIRTH
Noch Jahre später habe ich davon geträumt, wie ich nach zweieinhalb Stunden so sicher gewesen war, den Text von Ovid einwandfrei übersetzt zu haben. Das Ergebnis war dann ein niederschmetterndes Nichtgenügend. Ich erinnere mich an die Niederlage, die Scham, die mir tagelang in den Knochen steckte –

MORA
Meine Mutter schreibt sofort zurück, dass es in Ungarn keine Wochenkrippe gegeben hat.

JUNGWIRTH
Die mündliche Prüfung hat mich dann vor einer endgültigen Blamage gerettet.

MORA
Und selbst wenn es eine gegeben hätte, schreibt meine Mutter, hätte sie mich dort niemals hingegeben. Ich sei bei meiner Oma gewesen, als sie wieder angefangen habe zu arbeiten.

JUNGWIRTH
Ich erinnere mich, die Tage nach der Matura in Wien verbracht zu haben – bei meinem Cousin am Nestroyplatz, in dem auch Elias Canetti gewohnt hat, woran auch heute noch eine Gedenktafel erinnert. Ob es dieselbe Wohnung war? – Diese Frage habe ich mir erst später gestellt, bin ihr aber nie ernsthaft nachgegangen. Wie viele Wege/Umwege danach? Und heute wohnen F. und ich in unmittelbarer Nähe.

MORA
Ich sei für sie gewesen, schreibt meine Mutter, was I. heute für mich sei. Sie hätte mich niemals irgendwo abgegeben.

JUNGWIRTH
Ich erinnere mich an einen Artikel für die Schülerzeitung: »Fußballspielen im Turnunterricht«. Der Protagonist war jener Schüler, den niemand in der Mannschaft haben wollte. Ich erzählte von der Qual, als Letzter ausgewählt zu werden. Ich war dieser Schüler. Der Direktor wollte wissen: Welcher Psychopath hat das geschrieben?

MORA
Ich glaube meiner Mutter –

JUNGWIRTH
Ich erinnere mich, wie der Religionslehrer den Ehering ein Fangeisen nannte und sich über den Mann lustig machte, der ihm in einer Bar aufs Knie gegriffen hatte –

MORA
Dennoch kann ich mich an sämtliche Tage und auch Stunden erinnern, in denen ich als Kind von ihr getrennt war, weil sie verreist war oder auch nur (einmal im Jahr) zu einem Abendessen mit Kolleginnen ging.

JUNGWIRTH
Und daran, dass, wenn ich mit meinem Mitschüler B. alleine in einem Raum war, zu zittern anfing, als fröre ich.

MORA
Wie sehr man zu einem kleinen Kind werden kann, immer wieder, sein ganzes Leben lang. Wie man immer wieder in diese säuglingshafte Verlassenheit zurückfallen kann. Vielleicht denken wir deswegen, es lägen dem reale Erinnerungen zugrunde, weil die Psyche so ähnlich reagiert. Aber ich kann mir vorstellen, dass da meist nichts ist, kein »Vorfall« – es ist einfach die Funktionsweise unserer Psyche. Urängste, Urvertrauen.

JUNGWIRTH
Wenn ich Schülern aus meinen Büchern vorlese, sprechen wir über Charaktere. Warum wird jemand zu dem, der er ist? Was prägt einen Menschen, was macht ihn aus? Gene, Eltern, Freunde, Schule, lauten die Antworten. Dann denke ich an meine Schulzeit zurück und versuche zu verstehen, was (und was keinen) Einfluss auf das hatte, was ich heute bin.

MORA
Ich beende diesen Brief, bevor ich zur Lesereise losfahre. In einer Stunde muss ich das Haus verlassen. Wir sehen uns ja bald. Fühle Dich umarmt!

2.

JUNGWIRTH
Du in Wien. Das war schön. Und I. habe ich nach über zehn Jahren zum ersten Mal wiedergesehen. Damals waren meine Schwester und C. bei mir in Berlin zu Besuch. Wir haben uns in einem Park getroffen. Die beiden Kinder haben in der Sandkiste gespielt, wir haben uns unterhalten.
 I. ist nicht abgemagert, nicht kraftlos, nicht in sich gekehrt, scheu ja, aber auf bezaubernde Weise. Sozial kompetent. Klug. Hübsch ist sie außerdem. Sie hat ein wunderbares Lachen. Formt komplexe Sätze, wie ich sie von Jugendlichen in ihrem Alter nicht kenne. Ich habe etwas von ihr lernen können (über die Manga-Welt, was TikTok von anderen Plattformen unterscheidet). Ich habe mich gefragt, ob ich falsch verstanden habe, was du über sie geschrieben hast?

MORA
I. hat wieder angefangen zu essen, hat jetzt wieder ihr normales Gewicht. Dementsprechend steht sie mal jammernd vor dem Spiegel und spricht über den angeblichen Schwabbel an ihrem Bauch. Und dass ihr Gesicht zu rund sei. Aber sie ist glücklicher als noch als Klappergestell. Sie war auch sehr glücklich, dass ihr in Wien ein Erwachsener zugehört hat, während sie über Mangas redete – von dem unsereins ja kaum etwas kapiert, selbst ich nicht, die ich jeden Tag informiert werde, was sie gerade schaut, zeichnet, als wen sie sich gerade verkleidet.
 Vor einem Jahr war sie übrigens noch ein Kind. Der Wechsel vollzog sich quasi über Nacht.
 Gerade jetzt ist sie rausgegangen, verkleidet, um sich mit Leuten zu treffen. Und ich mache mir überhaupt keine Sorgen. Die ersten 10 Jahre ihres Lebens hätte ich jedes Mal sterben können vor Angst, wenn sie irgendwo ohne mich war –

3.

MORA
27. Februar.
Heute an Munas Roman gearbeitet. In den Notizen Folgendes gefunden: Ich habe ambivalente Gefühle, wenn eine Freundin zu mir sagt: Du bist ein verkleideter Prinz. Heißt: Ich sei keine Frau wie andere, ich sei in Wahrheit ein Mann. Eine maskuline Frau. Hier die Gefühle, die ich dabei habe: Nr. 1.: Frechheit, wie kann sie so etwas sagen, nur weil ich nicht so rund und weich und sanft und geschminkt bin wie sie? Nr. 2.: Stolz. Ja, ich bin ein Prinz, noch dazu ein verkleideter, also einer, der schlau und interessiert genug ist, sich zu verkleiden, damit er unterwegs sein kann in seinem Reich und Dinge erfahren, die er, würde er seine wahre Identität preisgeben, nicht erfahren könnte. Würde ich das dagegen eintauschen ›one of the girls‹ zu sein? Ja, bin ich denn verrückt? Aber das bin *ich*, das ist nicht Muna, die intelligent sein soll, aber auch schwach und von einer natürlichen Sexyness, die die oben erwähnte Freundin hat, ich aber nie hatte.

Nachdem ich mich 5 Tage jeden Tag mit Muna beschäftigt habe, bin ich am Freitagabend dann platt. Mittlerweile haben sich die Schmerzen von Muskeln auch in die Gelenke ausgebreitet. Tägliches Yoga hilft nur mäßig. Gestern Abend dann endlich wieder Schmerzmittel genommen.

Das ist so ein peinliches Klischee, dass man nicht öffentlich darüber sprechen kann, aber Schreiben tut tatsächlich weh. (Vermutlich nicht allen. Aber die, die glücklich genug sind, dass es ihnen nicht wehtut, bin ich nicht.) Es dauerte bis (heute) Montagfrüh, bis ich mich wieder aufgerappelt hatte.

4.

JUNGWIRTH
15. März.
Wir hatten ja schon eine Weile von der SACHE gehört und gelesen. Haben gelernt, dass es in China eine Stadt namens Wuhan gibt. Dass die SACHE vor allem Ältere befällt und im schlimmsten Fall tödlich ist. Aber es spielte sich anderswo ab. Und wir gingen davon aus, dass es dort bleiben würde. Vogelgrippe, Rinderwahnsinn etc. waren ja auch nach ein paar Tagen wieder vergessen.

Plötzlich aber beschäftigt uns neben den anderen Fragen (wozu arbeiten, wieviel essen, wann schlafen) auch die Frage: Wie überleben?
Sieht man mir mein Unbehagen an beim Verlassen des Hauses? (Man soll es mir nicht ansehen.)
Auch beim Einkaufen soll es möglichst so aussehen, als würde ich *nicht* hamstern.
Wozu auch? Die Nahrungsmittelversorgung ist ja garantiert, sagt der jugendliche Kanzler. Überhaupt ist in Österreich noch alles relativ entspannt. Aber Mailand und Venedig sind bereits abgeriegelt.

MORA
Auch hier mittlerweile leeres Flugzeug, leere U-Bahn, leerer Alexanderplatz (Fotos, die mir K. schickt). H. schreibt mir, er arbeite im Homeoffice, weil er zur Risikogruppe gehöre.
Warum? Wegen Asthma? Und wegen seiner Angsterkrankung, die er natürlich nicht behandeln lässt. Seine kurze Mail beinhaltet die Aussicht auf eine Infektionsrate von 70 % und 400.000 Toten in Deutschland.

JUNGWIRTH
Hier mittlerweile erste Maßnahmen: Schulschließungen. Betrifft C. und meine Schwester als alleinerziehende Mutter. Im Pflegeheim, wo meine Schwester als Psychologin arbeitet, Urlaubssperre für alle, weil osteuropäische Pflegekräfte es nicht mehr über die Grenze schaffen. Unsere Mutter kommt als Betreuerin für C. nicht in Frage. Wir müssen ohnehin auf sie einreden, damit sie versteht, dass sie mit ihren fast 80 Jahren zur Risiko-Gruppe gehört. Unsere Mutter hat ihr Haus und ihren Garten. Dort soll sie (verdammt noch einmal) bleiben. Der Notfallplan meiner Schwester sieht vor: private Betreuung für C. am Vormittag. Bei Schulkameradinnen. Bei Freunden im Haus. Bei Freunden, die Homeoffice machen. Bei mir – weil mittlerweile alle Veranstaltungen abgesagt sind: Die Lesereise nach Südtirol –

MORA
Abgesagt: Die Lesung in Marburg –

JUNGWIRTH
Lesereise nach Vorarlberg –

MORA
Die Litcologne –

JUNGWIRTH
In die Slowakei –

MORA
Das internationale Übersetzertreffen im lcb –

JUNGWIRTH
Reisen nach Berlin/Leipzig/Premiere in Magdeburg –

MORA
Lesung Biesdorf, die Lesungen an der schweizerisch-deutschen Grenze.

JUNGWIRTH
So kommen übrigens schnell ein paar Tausend Euro Verlust zusammen.

MORA
Auch bei mir: mehrere Tausend Euro Ausfall.

JUNGWIRTH
Oben rechts am Bildschirm schieben sich Breaking News herein, Infektionszahlen, Prognosen. In Italien stapeln sich Tote in den Krankenhausgängen. Militärfahrzeuge mit Leichen stehen vor Krematorien Schlange.
　F.'s Strategie lautet: Mir macht das alles keine Angst. Gleichzeitig zappt er von Kanal zu Kanal, immer dorthin, wo gerade ein Bericht, eine Talkrunde zur Seuche läuft.
　Ich habe Angst, etwas falsch zu machen. Angst, zu denen zu gehören, die sich nicht richtig geschützt haben. Angst, krank zu werden, ins Krankenhaus zu müssen. Auf die Intensivstation. Letztlich: zu ersticken.

MORA
Wer tot ist, hat es hinter sich, sage ich zu I. während unseres sonntäglichen Spazierganges über den Friedhof (weil dort keine Hunde erlaubt sind, es dafür viele Frühjahrsblüher und kaum Menschen gibt). Sie findet das morbide.
　I.: Sag so etwas nicht. Ich habe Angst vorm Tod.
　Ich sage ihr, in ihrem Alter hatte ich auch Angst vorm Tod.
　Nun ja, sagt sie, du hast einen Großteil deines Lebens ja auch schon hinter dir.

Wir reden darüber, dass es eine Katastrophe wäre, wenn meine Mutter (69) sterben würde und die Großeltern (87, 85) überlebten. Die würden eher sterben, indem sie vom Baum fallen, sagt I. Und wir lachen.

JUNGWIRTH
Dann geht es Schlag auf Schlag. Der jugendliche Kanzler verkündet für ganz Österreich eine Ausgangssperre, geschlossen jetzt auch Restaurants, Geschäfte, außer jene des täglichen Bedarfs und Apotheken. Militäreinheiten werden in Alarmbereitschaft versetzt, sagt der jugendliche Kanzler, um die Grundversorgung abzusichern.
 Freitag. F. und ich fahren ins Haus am Kollmannsberg. Dort sind wir weit weg von allem. Abstand ist hier kein Problem. Kein Straßenseite-Wechseln, wenn jemand entgegenkommt. Keine bösen Blicke, weil man jemandem mit seinem Einkaufswagen zu nahe gekommen ist etc.

MORA
I. ist heute noch ein letztes Mal zur Schule gegangen, wo sie vermutlich darüber instruiert werden, wie das digitale Klassenzimmer funktionieren soll. I. freut sich, ebenso wie ich, darauf, dass sie in den nächsten 5 Wochen ihre Zeit selbst einteilen kann.

JUNGWIRTH
Samstag. Beim Spazierengehen um den Langbathsee wird F. und mir klar, dass der Notfallplan meiner Schwester so nicht funktionieren kann. C. wird in einer Woche mehr Kontakte haben als üblicherweise. In Zeiten einer Pandemie geht das nicht. Wir sagen: C. und meine Schwester sollen zusammen sein, ohne Kontakte nach außen. (Klingt brutal, aber eine andere Lösung haben wir nicht.)

MORA
Derweil schieben die »Schwabenmütter« in meinem Prenzlauerberg-Umfeld Panik. A. hat prompt die Gruppe »Corona Community« gegründet. Ich aus Solidarität beigetreten. Fünf Minuten später wieder ausgetreten, nachdem die ersten zwei Beiträge folgenden Inhalt hatten: Noch am selben Tag um 13:00 würde Berlin »abgeriegelt«. Lasst uns einen Spaziergang mit anschließender Meditation machen.
 Zuvor hatte A. Blödsinn geteilt, wonach Corona schon nach einer Stunde zu Lungenfibrosen in 50 % der Lunge führen würde. Ich hielt

mich zurück und kommentierte nicht: Mir geht es, wie der von Kirsten Dunst gespielten Figur im Film MELANCHOLIA.[1] Je näher der Melancholie-Planet kommt und je verzweifelter die anderen werden, umso mehr kennt sie sich aus und wird ruhiger.

JUNGWIRTH
Zurück vom See ins Haus telefoniere ich mit meiner Schwester. Lege ihr unsere Überlegungen dar.
    Sie versteht. Aber wie soll das gehen?
    Du musst dich krankmelden, zuhause bleiben.
    Ja, aber wie? Sie fürchtet um ihren Job.
    Ich habe das Gefühl, sie im Stich zu lassen.
    Aber dann, zwei Tage später, als ihre Chefin fragt, wie es ihr ginge, bricht meine Schwester in Tränen aus, und die Chefin schickt sie nach Hause.

MORA
Unsere Situation ist natürlich eine ganz andere als die deiner armen Schwester. Ich werde weiterhin das machen, was ich immer mache, wenn ich nicht reise, sondern zu Hause bin. Ich werde an Muna arbeiten, während I. an ihrem Ding arbeitet.

JUNGWIRTH
Meine Schwester fragt: Was wird im Sommer sein? Was im Herbst?
    Wir werden sehen. Kommt Zeit, kommt Rat usw. (etwas Besseres als Plattheiten fällt mir nicht ein).
    Wieder habe ich das Gefühl, sie im Stich zu lassen.
    Die Sonne über Wien scheint durch das Fenster herein und blendet, ich lasse das Rollo herunter. Und ich werde, nachdem ich den Brief an dich abgeschickt habe, meine Marokko-Notizen und Marokko-Bilder durchsehen.

MORA
Interessant ist im Übrigen, wie das Wetter die Sensibilität verändert. Ein Regenband zieht über Berlin, und ich werde richtiggehend wütend, wenn ich an die Flüchtlinge an der türkisch-griechischen Grenze denke, die von irgendwelchen gnadenlosen Arschlöchern dorthin verfrachtet worden sind und die einer Pandemie unter ganz anderen Um-

---

[1] MELANCHOLIA (DK/S/F/D 2011) ist unter der Regie von Lars von Trier entstanden.

ständen ausgesetzt wären als jemand wie du und ich. Fuck these old assholes very much!

5.

MORA
Muna. Gegenwärtig habe ich meine Probleme mit der weiblichen Hauptfigur, die ich leider immer noch ein wenig für ihre Schwäche verachte, aber ebenso habe ich Probleme, und zwar größere, mit der männlichen Hauptfigur, weil mir die Ausübung körperlicher Gewalt so unverständlich ist. Respektive: Es ist mir unverständlich, wie man sich für einen Mann begeistern kann, egal, wie klug und/oder schön er ist, der einen schlägt. Ich bekomme es hin, die Gewaltszenen zu schreiben, was mir nicht gelingt, ist, zu zeigen, was das Anziehende und Faszinierende an ihm sein soll. Was mich vielleicht etwas weiterbringen wird, ist die Unterhaltung mit D. darüber, dass diese Menschen zwei Gesichter haben. Das gilt auch für Männer, die ihre Familien *nicht* schlagen, die aber, wenn Außenstehende dabei sind, den Eindruck einer völlig anderen Person erwecken: charmant, offen, lebendig, hilfsbereit, und sobald sie zu Hause mit ihren Familienmitgliedern sind, sich verschließen, mürrisch und faul sind und sich offenbar nicht für die Anderen interessieren. Ich kenne es von R. und meinem Großvater, und ich kenne es aus der Beobachtung von und aus Erzählungen über Haustyrannen. Die Lehre, die ich aus der Unterhaltung mit D. gezogen habe, ist also, dass ich mich um das zweite Gesicht kümmern muss. Oder um das erste, je nachdem, wie man es betrachtet. So weit, so gut. Ich weiß aber immer noch nicht, wie ich es machen soll. Wie stellt man einen charmanten Mann dar? Im Moment ist niemand in meinem Buch charmant. Alle sagen frei heraus und nicht um Freundlichkeit bemüht, was sie denken.

6.

JUNGWIRTH
Mittlerweile ist F. seit 3 Wochen im Homeoffice – wir essen und kochen zusammen, sind mehr in Kontakt als sonst, bleiben in Wien, sind am Wochenende nicht ins Haus am Kollmannsberg gefahren, als wäre

das plötzlich eine lästige Unterbrechung, wo es sonst eine willkommene ist.

Als wir dann doch fahren, ist die Autobahn leer, nur vor und nach größeren Städten ein paar wenige Autos.

Ich sage: Als würden wir etwas Verbotenes tun.

F. sagt: Als wäre wo eine Seuche ausgebrochen.

Aber müssten dann nicht alle auf der Flucht sein?

Vielleicht sind ja alle schon weg, und wir sind die Letzten.

Wir lachen.

Nach 6 Wochen kehrt F. ins Büro zurück. Und schon vermisse ich ihn tagsüber. Vermisse die kurzen Gespräche zwischendurch. Bedeutende und unbedeutende Dialoge. Die, die weiterführen. Die, die versanden. Das, was man aus Gewohnheit sagt, um den Alltag zu organisieren. Jetzt ist alles wie davor. F. kommt erst spät abends nach Hause. Ich warte mit einem Essen auf ihn.

Frühstück, Kochen, Müll. Während der Jahre unseres Zusammenlebens habe ich nach und nach – und dann zur Gänze – den Haushalt übernommen.

Irgendwann, sagt F., wirst du mir das alles zum Vorwurf machen.

Nein, sage ich, ich werde es dir niemals zum Vorwurf machen.

Ich mag klare Aufgabenverteilungen. Ich muss meine Rolle wissen. Nur dann funktioniere ich. Und es ist wohl so: Diese Aufgaben wurden mir nicht zugeteilt, mir nicht aufgezwungen usw. Man könnte es auch so sehen: Ich habe sie mir genommen, sie an mich gerissen. F. nichts vom Alltäglichen übriggelassen. (Wird er mir das eines Tages vorwerfen?)

Kurzum: Deine Rolle wird dir zugeteilt, oder es ergibt sich so, oder du nimmst sie dir – da nehme ich sie mir lieber. Also – warum sollte ich mich beschweren?

7.

MORA

Seit 6 Wochen sitze ich mehr oder weniger an einem Tisch mit I. Sie macht was für die Schule, ich versuche Munas Roman zu schreiben. Immer noch ist er schwach, mit einzelnen guten Szenen darin, aber noch ohne richtigen Fokus und ohne gute Erzählweise. Im Moment ist es eher »die Geschichte einer Frau«, bei der die Misshandlungen durch die »Liebe ihres Lebens« eine wesentliche, aber nicht die einzige wichtige Story ist. Wieder so ein »globaler« Roman. Hm. Ich muss nachdenken.

JUNGWIRTH
Während du am globalen Roman arbeitest, bin ich mit dem Projekt »The New Together« beschäftigt – rumänische und österreichische Künstler produzieren Videos, reden über den Lockdown. Ich entscheide mich dafür, Texttafeln aus Buchstaben und Wörtern zusammenzustellen, die ich aus Zeitungen ausschneide (eine Reverenz an Herta Müller). Diese Tafeln halte ich in die Kamera meines Laptops. Ein ganzes Wochenende (unbezahlte) Arbeit –

> Since the Epidemic things have changed
> I have never lived healthier before
> I'm irritated because I feel very comfortable
> Living with social distancing and in isolation
> Does it correspond to my personality?
> I write texts with titles like »the dead house« or »return to paradise«
> After the daily work is done
> I watch: »the walking dead«
> My sister sewed this mask
> Her daughter dressed up as a pirate at the carnival
> There was still material left
> The music in the background comes from the Austrian composer Bernd Preinfalk
> Music for the film »not only for Chinese«
> (the film was never made)
> Sometimes I am afraid
> That I never will have the freedom to do things that contradict my personality
> Vienna April 2020

Schreibe Texte mit Titeln wie »Das tote Haus« oder »Rückkehr ins Paradies« ist gelogen. In Wahrheit rudere ich (arbeitsmäßig) orientierungslos herum. Am vielversprechendsten erscheinen mir momentan tatsächlich die Notizen, die ich zur Marokko-Reise gemacht habe. Ich habe sogar Dialoge wiedergefunden, die ich nach F.'s und meiner Rückkehr entworfen habe.

Am Schreibtisch liegt aber auch das Jungwirth-Mora-Brief-Radio-Projekt. Während der nächsten Tage will ich prüfen, ob sich aus den hunderten von Seiten tatsächlich ein Hörstück bauen lässt. Wie das Material zu handhaben ist, wie viele Freiheiten ich mir gönne etc.

MORA
Ich habe vergessen, was wir vereinbart haben, wie es vor sich gehen soll. Ich weiß zwar selbst nicht, wie ich anfangen sollte –

JUNGWIRTH
Man müsste sich vor allem einen Rahmen setzen, der überschaubar ist.

MORA
Also ein Jahr aussuchen? Vielleicht könnten wir mal schauen, ob wir einen Meilenstein unserer Bekanntschaft ausmachen können. Wir kennen uns seit dem Open Mike 1997. 20 Jahre später wäre 2018. Hm. Ich weiß nicht.

JUNGWIRTH
Vielleicht haben wir ja bereits angefangen –
   Ich werde dich jedenfalls über einzelne Schritte auf dem Laufenden halten. Wir wollen uns ja entlang dieses Projekts nicht überwerfen, haben wir gesagt –

MORA
Okay. Aber ich kann mir vorstellen, wenn ich deine Version gesehen habe, den Wunsch verspüre, eine ›eigene Variation‹ zu erstellen. Also, quasi: ›seine Variante‹, ›ihre Variante‹. Wobei dieses seine/ihre weniger auf Gender fokussiert wäre als eben darauf: Hier sind zwei Personen.

JUNGWIRTH
Den Tante-Hansi-Stoff habe ich auch wieder im Blick, eigentlich im Ohr. 8 Stunden Tonaufnahmen. 150 Seiten Transkript. Das Material liegt jetzt seit 4 Jahren herum. Manches braucht Zeit. Wie erkennt man, dass jetzt die richtige Zeit dafür ist? Manches bleibt (für immer) dort, wo es abgelegt worden ist (bis zum Tod des Autors, und dann wandert es ins Archiv oder in den Müll).
   Dieses Material kam mir in den Sinn, als ich deine Ausführungen zu Muna gelesen habe.
   Meine Tante hat sich in ihrer Ehe nie gegen ihren Mann, den Tyrannen im Rollstuhl, aufgelehnt. Immer hat sie geschwiegen – um des lieben Frieden Willen. Schließlich konnte sie jede noch so unerträgliche Situation so lange ertragen – bis sie ihren Vorteil darin erkannte.

Vielleicht bin ich ja meiner Tante ähnlicher, als ich bisher dachte. Vielleicht mache ich die Dinge im Haushalt weniger freiwillig, als ich bisher angenommen habe –

MORA
Entschuldige, aber die Entscheidung, Dinge klaglos zu machen, kannst du vielleicht für dich in Anspruch nehmen, weil du alles davon tatsächlich freiwillig tust und weil es dich an nichts hindert, was du für dein persönliches Vorankommen, Glück, Gesundheit etc. brauchst. Wir müssen aber auch klarsehen, dass die (meistens) Frauen, die klaglos oder nicht klaglos Dienst an der Karriere ihres Partners und an der Familie tun, das nicht ganz freiwillig tun –

JUNGWIRTH
Verstanden. Und ich gehe jetzt laufen.
Wie seit Pandemiebeginn (fast) jeden Tag. Manchmal übertreibe ich es. Dann bin ich so müde, dass ich mich den Rest des Tages nicht mehr erhole.
Während des Laufens habe ich mich entschieden (wie so oft), ich werde mich an das Marokko-Hörstück machen. Marokko heißt Dialoge schreiben. Dialoge-Schreiben ist für mich wie tanzen. Prosa-Schreiben ist wie Bergsteigen. Bergsteigen ohne die nötige Kondition. Ich schnaufe und keuche den Weg hinauf und denke zwischendurch immer wieder darüber nach, auf den Gipfel zu verzichten.

8.

MORA
Lieber Andreas,
ich bin traurig. Ich muss mit jemandem reden.
Ich bin heute möglicherweise deswegen so »am Rande eines Nervenzusammenbruchs«, weil ich in der Nacht nicht geschlafen habe. Ich denke die ganze Zeit an die geschlossenen Grenzen, und ich glaube, ich erlebe hier gerade ein Emigranten-Trauma, das ich ja nie zu haben brauchte, denn ich konnte immer nach Ungarn reisen, seitdem ich von dort weg bin, wie auch an jeden anderen Ort, an den ich unbedingt wollte. Doch nun befinde ich mich in der Situation, wie echte Exilanten, die nicht zurück können. Als wäre man für immer abgeschnitten

von dem Land, in dem man nicht leben konnte, das man aber dennoch als Teil seiner selbst begreift.

In Wahrheit ist die Situation so, dass ich mit meinem ungarischen Pass durchaus einreisen könnte. Vielleicht müsste ich in Quarantäne, aber ich dürfte. Aber R. und I. dürften es nicht.

Und wie soll ich nach Ungarn, wenn I. nicht darf? Das würde ihr kleines Herz brechen.

Ich bin im Übrigen dafür, dass R. und I. bei Mörbisch illegal über die Grenze gehen. Ich würde es tun. Mir scheint, sie haben Angst. Vor allem I. Meine bisherigen Versuche, meiner Tochter ein Minimum an Rebellentum einzuimpfen, sind gescheitert.

Nichtsdestotrotz habe ich Pläne ausgearbeitet, die zum Einsatz kommen würden, sollten die Grenzen zubleiben. Du spielst dabei auch eine Rolle. Denn wenn es uns gelingt, R. und I. in den Grenzbereich zu bringen, aber nicht offiziell nach Ungarn, dann müsste vor allen Dingen G. mit ihrem Ferienhaus auf der österreichischen Seite des Sees zu Verfügung stehen. Von dort sind es nur 20 km bis zu der Stelle, wo man normalerweise über die grüne Grenze kann – auch wenn das natürlich auch dann nicht erlaubt ist, aber »in Friedenszeiten« wird darüber hinweggesehen. Falls das scheitert, muss sie I. und R. zur Verfügung stehen, dass sie erst einmal wo unterkommen können. Falls sie dazu nicht bereit ist, müsstest du sie von Wien aus unterstützen, bis ich sie abholen und wieder nach Hause bringen kann.

In einer früheren Variante hätte G. bereit sein müssen, unser Auto mit dem deutschen Kennzeichen bei sich zu verstecken, aber da ich, wie es scheint, einreisen darf, ist das nicht mehr notwendig.

Ja, mit solchen Plänen unterhalte ich mich hier.

9.

JUNGWIRTH
22. Juni.
Ich habe heute von einem Wettlauf geträumt: Ein Wettrennen gegen M. M., Schauspieler am Burgtheater. Er erscheint aber nicht am Start. Ich laufe die Strecke alleine – nicht er wird disqualifiziert, ich bin der Verlierer (die Logik dieses Wettbewerbs verstehe ich nicht, bin aber machtlos). Jemand nimmt sich meiner tröstend an. (Er zeigt sich mir aber nicht, sodass ich ihn nicht beschreiben kann.) Ich frage ihn, ob er mit mir essen gehen will. Nach dem Essen werde ich mit ihm Sex ha-

ben wollen. Ich weiß aber jetzt schon, dass ich für beides zu erschöpft sein werde. Statt in ein Lokal, führt mich der Unbekannte aber ohnehin zu einem Arzt. Dort vernebelt alles. Als ich wieder zu Bewusstsein komme, sind alle Last, alle Sorgen, alles Gift, alle Erschöpfung aus meinem Körper gewichen. Und wieviel es von all dem in mir gab! Wenn ich die Praxis verlassen haben werde, zurück auf der Straße, werde ich ein anderer Mensch sein, kein getriebener, keine zweifelnder, keiner, der, nur während er rennt, Entscheidungen treffen kann, sondern ein gestaltender, ein Mensch, der einen anderen Menschen in seiner Gänze wahrnimmt (auch seine Tricks durchschaut und nie wieder in so eine Lage wie bei dem Wettrennen gegen M. M. kommen wird). Unschwer zu erraten: So wäre ich gerne.

Als ich aufwache, bin ich glücklich.

10.

MORA
Ich bin einsam. Ich bin einsam, weil der Kontakt zu Personen außerhalb des eigenen Haushalts offenbar doch eine wichtigere Rolle für mich gespielt hat, als ich es wusste. Aber vor allem bin ich einsam, weil R. und I. unerreichbar sind. I., weil sie Teenager ist, und R., weil er nicht da ist, und wenn er da ist, schläft er oder ist vollkommen mit seinen eigenen Angelegenheiten beschäftigt. Früher ist I., wenn sie nach Hause gekommen ist, als erstes zu mir gekommen und hat mich umarmt, um sich mit Energie zu versorgen. Jetzt bettle ich sie an, sie soll kommen und mich umarmen. So bekomme ich 30 Sekunden am Tag zusammen.

Neulich war ich so einsam, dass ich schrieb: »Warum habe ich nicht einen zweiten Vornamen?« Damit dieser wenigstens bei mir wäre. Also gab ich mir einen zweiten Vornamen. Einen guten, starken, keinen aus der Leidensgeschichte katholischer Heiliger. Denn hätte ich einen zweiten Vornamen, den mir die Familie gegeben hätte, wäre es garantiert so einer. Aber ich habe jetzt einen zweiten Vornamen, der so gut passt, dass ich kurzzeitig sogar dachte, die ekelerregend lange Prozedur der Namensänderung zu durchlaufen, um ihn eintragen zu lassen. Aber dann dachte ich mir: Fuck die Papiere. Meinen Schutznamen brauche ich da nicht eintragen zu lassen.

Diese Frage nach dem wahren Namen eines Menschen, dem, den er sich selber gibt, oder den er (oder auch: sie, nicht wahr?) von einer höheren Macht erhält, fasziniert mich schon von Anfang an.

Meine Figuren haben häufig mehrere Namen, zweckgebundene Namen, die sie brauchen, weil sie illegal sind oder sonst irgendwas erreichen wollen, oder ihnen werden in neuen Gemeinschaften, in die sie kommen, neue Namen gegeben. All diese Namen sind Schutznamen, und ich bin der Überzeugung, jeder Mensch braucht einen. Es ist mir vollkommen unverständlich, wie manche ihren Geburtsnamen als beschützend genug empfinden können, so sehr, dass sie ihn auch als Künstler nutzen. Ich weiß, dass das DIE MEISTEN sind. Dass die meisten Menschen sich mit dem Namen, den sie von Anfang an hatten, identifizieren. Sie erkennen sich als den, der so heißt. Wenn es einem nicht so geht, ist das eine fundamentale Heimatlosigkeit, die man nie ganz loswird.

Unterbrechung –

Wir sind ins Haus in Ungarn gefahren. Jetzt sitzen wir im großen Wohnzimmer am wackligen Plastikgartentisch.

11.

JUNGWIRTH
25. Juni.
Flieger sind Virenschleudern. Also heuer nirgendwohin, worüber F. und ich gesprochen haben. Kein Meer, nicht nach Kroatien, nicht Frankreich, nicht Griechenland.

MORA
Seit dem 28. Juni also in Fertőrákos.

JUNGWIRTH
Kein Hotel, keine Strandliege. Zwei Wochen ins Haus am Kollmannsberg. Ich aber froh darüber.

MORA
Der Lockdown, den wir anfangs, sagen wir, in den ersten zwei, vielleicht auch drei Wochen, als sehr positiv empfanden, hat uns (mich) nicht nur mit weiterem Übergewicht, sondern auch mit noch geringerer Fitness als ohnehin schon zurückgelassen.

JUNGWIRTH
F. hingegen beschwert sich, dass das kein richtiger Urlaub sei, dass das Meer fehle, das Wegfahren, die vierzehn Tage fühlen sich jetzt schon für ihn an wie aneinander gereihte Wochenenden.

MORA
Der eigentliche Plan war, diese fünfeinhalb Wochen in Ungarn als eine Art ›Kur‹ aufzufassen –

JUNGWIRTH
Aber dann nehmen wir das, was da ist (Berge sind da).

MORA
Mehr Bewegung, selfcare.

JUNGWIRTH
Nehmen uns ein paar Trainingsberge vor und dann den spektakulärsten Gipfel der Gegend: den Traunstein. Vom Seeufer aus etwa 1.000 Höhenmeter. Eine Herausforderung.

MORA
Nun hat sich herausgestellt, dass ich selbst fürs Radfahren in dieser hügeligen Umgebung zu unfit geworden bin. Jede Tour ist eine Qual, ständig muss ich absteigen.

JUNGWIRTH
Mindestens ein tödliches Unglück pro Jahr. Dieses Jahr bereits zwei.

MORA
Mein Cityrad, mit dem ich in Berlin das Gefühl habe, mit wenig Anstrengung zu ›fliegen‹, scheint hier ganz und gar aus Blei zu bestehen und rollt von alleine nicht einmal einen Meter.

JUNGWIRTH
Der Traunstein ist das Ziel – denkbar aber auch, den Traunstein in den Herbst hinein zu verschieben, auf nächstes Jahr –

MORA
Gestern zweimal meine Gedärme ausgespuckt (Hungarismus), um die Hügel Richtung Mörbisch zu bewältigen, um dort ein Schiff zu besteigen, um auch etwas vom See zu sehen –

JUNGWIRTH
Aber dann – wir nähern um dem 7. Gipfel, dem des Kasbergs, es ziehen Regenwolken auf.

MORA
Was schön ist, natürlich: die Natur.

JUNGWIRTH
Wind fegt über Felsen und Latschen.

MORA
Wenn zum Beispiel der Wald zu dröhnen anfängt als Ankündigung eines Windes, der noch gar nicht hier angekommen ist.

JUNGWIRTH
Das Dröhnen machte mir Angst.

MORA
Immer dröhnt es erst, erst mit einiger Verspätung kommt der Wind aus dem Wald –

JUNGWIRTH
Ein mögliches Gewitter machte mir Angst.

MORA
Und dann, noch später, eventuell auch der Regen.

JUNGWIRTH
Ich bleibe stehen und sage: Ich gehe nicht weiter.
Aber F. sagt, wir schaffen das, du wirst sehen, das »Wetter« verzieht sich.
F. will nicht umkehren. Er *muss* abwarten (es liegt in seiner Natur).
Was für eine Niederlage, sagt er später, nachdem wir doch umgekehrt sind.
Ich sage, am Berg muss der Vorwärtsstrebende auf den Zögernden Rücksicht nehmen.
F. sagt, ich hätte mich kindisch benommen etc. Und F. sagt, wenn wir schon den Kasberg nicht gemacht haben, dann machen wir aber jetzt den Traunstein, alles andere wäre (er sagt es erneut): eine Niederlage.

Nein, weder den Kasberg bei Regenwetter (es kam dann tatsächlich eines, und wir hätten ohnehin umkehren müssen) nicht gemacht zu haben, noch den Traunstein in den Herbst oder auf nächstes Jahr zu verschieben, ist eine Niederlage, nicht für mich.

Aber ich lasse mich überreden. Bestehe allerdings nach sieben Touren an sieben aufeinander folgenden Tagen auf einen Tag Pause. Vor allem, um das Bewusstsein zu schaffen, dass ich den Traunstein »kann«.

Rauf und runter in 8 Stunden. Keine Angst. Immer trittsicher. Nur manchmal außer Atem. Dann pausiert.

Selbst kurz vorm Ziel sieht man dieses noch nicht. Der Bergsteiger macht einen letzten Schritt nach oben, geht um einen Felsen herum, und er steht buchstäblich auf dem Gipfel.

Da trieb es mir vor Freude und Erschöpfung die Tränen in die Augen. Geschafft!

MORA
Ansonsten: Ich freue mich, nicht an Muna schreiben zu müssen. Aber ich denke darüber nach. Ich glaube, ich muss das Konzept ändern. Weg vom Epischen: Erst passierte das, dann das, als sie 17 war, als sie 35 war. Ich sollte mich auf das THEMA konzentrieren: auf den Missbrauch. Obwohl mein ursprünglicher Gedanke ja war, zu zeigen: auch missbrauchte Personen haben ein LEBEN, ein Vorher, ein Nachher, ein Außerhalb, und auch im Währenddessen gibt es Entscheidungsmöglichkeiten. Besonders bei einer gebildeten Person wie meiner Hauptfigur. Ich kann keine von ihrem Milieu schon vorgeschädigte, arme, ungebildete Frau als Hauptfigur nehmen. Die Gefahr von Elendsporno wäre zu groß. Es reicht schon, dass Muna keine Familie hat, keine »Karriere« und kein Geld. Wobei die Rolle der Familie in solchen Geschichten interessant sein könnte. Hm. Und wenn ich die Mutter nicht sterben lasse, sondern sie lediglich als »nicht zu gebrauchende Alkoholikerin« existieren lasse? Ich habe das bisher ausgeschlossen, um ja nicht zu nah an E. zu sein – gerade, weil ihre Mutter keine Alkoholikerin ist, lediglich eine Frau, die sich über Männer definiert und keinerlei brauchbaren Ratschlag in so einer Situation geben kann. Als ob Frauen in solchen Beziehungen auf Ratschläge hören würden. – Siehst du? Gut, dass ich dir schreibe. Der Gedanke, die Mutter am Leben zu lassen, ist mir bis jetzt gar nicht gekommen.

12.

JUNGWIRTH
24. August.
Zurück in Wien. Büroarbeiten, Laufen am Donaukanal, Bügeln und Kochen.
F. kommt abends aus dem Büro nach Hause. Während des Essens fragt F., was hast du dir für den Herbst vorgenommen? (Er meint Schreibarbeit.)
Nachdem wir heuer nicht richtig verreisen konnten (mit Ironie vorgetragen), mache ich mich an das Marokko-Hörspiel.
F. fragt: Was ist das THEMA?
Ich: Du meinst, was ist der Fokus?
F.: Nenn es, wie du willst.
Ich sage: Gib mir noch Zeit.
Am nächsten Morgen verstaue ich endgültig alles andere (Tante Hansi, das Mora/Jungwirth-Hörspiel etc.) – die Transkripte, die Notizen, die Ausdrucke etc. weit hinten im Schrank, die Gedanken daran, weit hinten im Kopf.

MORA
Noch langsam im Kopf vom Urlaub. Überfordert von der Rückkehr in die Stadt. Ich bin etwas melancholisch und besorgt, weil I. auch so still, verschlossen und träge ist (aber sie ist schließlich ein Teenager!) und auch wieder kaum was isst.
Das Mädchen, das ich liebe, redet nicht mit mir, sage ich.
Sie lächelt. Sie sagt, das stimmt nicht. Aber fragt mich immer wieder, ob ich sauer sei.
Ich bin meistens nicht sauer, ich habe ein Resting Bitch Face, ich denke nach, ich konzentriere mich, manchmal bin ich traurig oder lustlos, aber ich bin nicht sauer auf sie.
Diese beiden Dinge fragt sie mich immer wieder: Bin ich dünn genug? Und: Bist du sauer auf mich?
1.: Ja. 2.: Nein. Das ist die Wahrheit.
R. wandert derweil über Gletscher in der Schweiz.
Am selben Abend, spät: die Nachricht, dass die ungarische Regierung ab dem 1. September wieder die Grenzen zumacht. Wir sind natürlich alle niedergeschlagen, auch die anderen Auslandsungarn oder die, die Familie (meist ihre Kinder) im Ausland haben. G. schreibt, sein Sohn wollte ausgerechnet am 1. September von Berlin nach Bu-

dapest fliegen. Jetzt nimmt er einen Bus, um noch rechtzeitig reinzuschlüpfen und nicht in Quarantäne zu müssen. Ebenso die anderen, die der Papier-Putin noch vor kurzem an die Adria geschickt hat mit den Worten, der Ungar sei nun einmal so, dass er einmal im Jahr das Meer sehen müsste, dann aber jetzt, schnell, bevor sich die Lage ändert. Und dann verkünden sie 3 Tage vor der Änderung, dass die Änderung kommt. Alle Hals über Kopf auf der Flucht nach Hause –
Wie auch immer.
Mittlerweile ist Montag, und ich habe beschlossen, mich nicht mit Gewalt von der Arbeit abzuhalten. Ich mache einfach weiter, wenn ich müde werde, dann werde ich eben müde. Es werden sicher wieder Zeiten kommen, in denen mir wieder NICHTS einfällt.

13.

JUNGWIRTH
Die Fenster sind offen. Mit geschlossenen Augen lausche ich auf den Verkehr, der entlang des Kanals braust. Ich höre die Krähen auf der Platane am Platz vor dem Haus. Lasse die vergangenen Wochen (September) vorbeiziehen, um etwas zu finden, von dem es sich zu erzählen lohnt. Plötzlich kommt mir eine Szene mit C. in den Sinn. Die Krähen flattern auf. Und ich erinnere mich an etwas, das du im Frühjahr geschrieben hast. Ich öffne den Ordner und lese in deinem Brief vom März 2020, nachdem wir uns in Wien begegnet waren.
Du schreibst: I. war auch sehr glücklich, dass ihr in Wien ein Erwachsener zugehört hat.
Damals habe ich sie insgeheim mit C. verglichen, die nur wenig (ein/zwei Jahre) jünger ist. Habe C. damals um so viel kindlicher empfunden.
Du schreibst: Vor einem Jahr war I. übrigens noch ein Kind. Der Wechsel vollzog sich quasi über Nacht.
So eine Nacht scheint es auch für C. mittlerweile gegeben zu haben. Man wird über Nacht zu einer anderen Person. Hat jeder von uns so eine Nacht hinter sich? Was da wohl passiert in so einer Nacht? Ein Wunder? Ist sie eine Qual? Hat jemals jemand darüber Zeugnis ablegen können? Oder haben wir alle, was da passiert ist, verschlafen?
Keine Antworten, aber eine Szene, in der C. so ganz anderes ist, als ich sie bisher wahrgenommen habe, bestimmter, herausfordernder.

Sie kommt nach der Schule vorbei, knallt sich aufs Sofa, spielt irgendein Spiel auf ihrem Tablet (ich wusste nicht, dass sie eines hat). Ich bitte sie den nervtötenden Sound abzustellen.
Sie: Okay. Und ach ja, wenn du irgendwas mit mir machen willst, sag es mir.
Ich: Lust mit mir Teig für Tortellini zu machen?
Sie: Nö.
Ich leg mich im anderen Zimmer aufs Bett, um zu lesen.
Irgendwann ruft C. aus dem Nebenzimmer: Schläfst du?
Ich: Nein, ich lese die ZEIT.
Sie: Auf deinem Bett.
Ja.
Sie: Wo ist eigentlich F's Bett?
Ich: Wir schlafen im selben Bett.
Sie: Echt jetzt?
Ich: Was hast du gedacht?
Sie: Aber das ist komisch.
Ich: Paare schlafen in der Regel im selben Bett.
Sie: Paare ja.
Ich: Aber wir sind ein Paar, das weißt du doch.
Sie: Ich dachte, ihr seid Freunde.
Nach einer Weile, C.: Das ist peinlich.
Ich: Was ist peinlich?
Sie: Du weißt schon.
Ich: Du meinst, dass wir schwul sind?
Sie: Genau.
Ich: Wieso ist das peinlich?
Sie: Ist eben so.
Nach einer Weile, ich: Ist es dir peinlich, dass wir schwul sind, oder sind wir dir peinlich?
Sie: Weil ich sage, dass es peinlich ist, muss es das ja nicht sein.
Ich: Da hast du recht. Ich finde es nicht peinlich.
C. sieht mich an, als könnte sie das nicht glauben.
Im Marokko-Hörspiel stellen sich David und Stefan übrigens die Frage: Was sagen wir Kalifa (dem muslimischen Fahrer) über unser Verhältnis, denn eine Frage kommt garantiert: Habt ihr Frauen? Kinder? So war es in Sri Lanka, so war es in Marokko.
David und Stefan sagen, sie seien Cousins, die seit ihrer Jugend gemeinsam Reisen machen, eine Tradition, die sie auch heute noch fortsetzen. Der Fahrer durchschaut sie schnell – und erzählt von einer ei-

genen schwulen Erfahrung. Die Touristin, Vera, der sie bei einer Wüstentour begegnen, glaubt auf den ersten Blick zu durchschauen, dass die beiden ein Paar sind, aber Stefan erzählt die »Cousin-Geschichte« so überzeugend, dass sie ins Schwanken gerät. (Diesmal geht es ihm nur darum, herauszufinden, wie überzeugend er sein kann). Arib, der Bergführer, durchschaut von Anfang an, was mit »Cousin« gemeint ist, tut aber so, als würde er »Cousin« glauben. Als David ihm gesteht, dass Stefan sein Boyfriend sei, empfiehlt Arib bei »Cousin« zu bleiben. Du willst nicht ins Gefängnis kommen, nicht in Marokko, glaub mir!, sagt Arib.

Ich bin jetzt im Manuskript an dem Punkt angekommen, an dem David und Stefan von Kalifa irgendwo in der Pampa im Atlas stehen gelassen werden. Ihre einzige Chance, zu Fuß ins nächste Dorf. Es ist das Dorf, wo die beiden Touristinnen umgebracht worden sind.

Ich notiere: Beide verhalten sich in dem Dorf, wo die Morde passiert sind, konträr zu ihren eigentlichen Charakteren. Stefan, der alles immer genau plant, lässt sich treiben. David hat plötzlich einen Plan, den er zielstrebig verfolgt. Beide scheitern. (Heißt das, man kann sich nie anderes verhalten, als man sich bisher verhalten hat / die Angst davor, dass es so sein könnte?)

14.

MORA
Lieber Andreas,
der letzte Tag des Septembers. Ich habe in den vergangenen Wochen am Roman gearbeitet, hauptsächlich am Ablauf, seit gestern denke ich: Der steht jetzt. Jetzt müsste man die Pandemie bedingt ausgefallenen Recherchen nachholen: London, Basel, Wien, Thüringen. Auch habe ich immer noch eine bis Jahresende gültige Eintrittskarte für das Museum Leopold, in das wir im Februar nach meiner Lesung in Wien nicht gehen konnten, weil I. krank geworden ist. Dann konnten wir im April nicht kommen, dann haben wir es im Sommer vergessen, dann werden wir jetzt im Oktober auch wieder nicht fahren können, und wer weiß, was Weihnachten ist.

Und plötzlich: großer Schmerz im Hals, und als steckte eine Melone dort fest: keine Luft mehr bekommen. Stürze aus dem Bad, hole pfeifend, rasselnd, unter Anstrengung und Schmerzen Luft, sage R., was los ist.

Er sitzt auf dem Sofa, wie betäubt, versteht nicht, was ich will.
Ich die Treppe hinunter, mir wird schwarz vor Augen, so kann ich meine Medizin nicht suchen, ich knie mich vors Bett und versuche, meinen Atem zu beruhigen.
R. kommt hinterher und fragt, ob er das Fenster aufmachen soll.
Ich sage ja.
Er versteht es nicht.
Ich muss noch zweimal Ja hervorwürgen, dann öffnet er das Fenster – aber das hilft nicht.
Ich sage, er solle mein Medikament suchen.
Er weiß nicht wo.
Ich stehe selbst auf und gehe zum Medizinschrank (!), hole die Schachtel hervor. Schaffe es nicht, die Tablette aus der Hülle zu lösen.
Ich gebe sie ihm und bitte ihn, die Tablette herauszuholen.
Er: was er machen soll?
Ich, noch einmal: Die Pille!
Ob er mir ein Glas Wasser holen soll?
Nein! (Es sind Schmelztabletten.)
Er fummelt die Tablette aus der Folie, ich halte die Hand auf.
Er: Was soll ich machen?
Ich: In die Hand!
Er schaut verwirrt. Ich entreiße ihm die Tablette und lege sie mir auf die Zunge.
20 Minuten, bis sie wirkt.
Er: Aber warum hattest du eine Panikattacke?
Als ich in der Lage bin, es zu erklären, erkläre ich es.
Er: Deswegen muss man doch keine Panikattacke bekommen.
Das alles ist vor über einer Woche passiert. Heute, an diesem Vormittag des 30. September, während ich dir von all dem schreibe, habe ich beschlossen, ich fahre in der zweiten Ferienwoche mit I. nach Thüringen und hole die Recherchen nach und von dort aus dann mit dem Zug nach St. Pölten. Dauert 6 Stunden mit Umsteigen in Nürnberg. Und dann mit dem Flieger ab Wien zurück. Ich muss mich dann nicht mal testen lassen, wenn St. Pölten bis dahin kein Risikogebiet wird.

15.

JUNGWIRTH
Noch bevor wir uns in St. Pölten getroffen haben, hat F. mich gebeten ihm das Marokko-Hörspiel vorzulesen, schließlich hätten wir die Reise (nach Marrakesch, über den Atlas, in die Wüste) zusammen gemacht. (Ist F. beunruhigt, weil er nicht weiß, was ich da, im Geheimen, vor mich hinarbeite?)
Ich mag es nicht, Unfertiges, Noch-nicht-zu-Ende-Gedachtes, vorzulesen. Aber ich weiß auch aus Erfahrung, F. hat manchmal Lösungen. Gute Lösungen. Ich wäge ab, stimme schließlich zu.
Und lese alles, was da ist (nicht das Ende, weil es noch nicht geschrieben ist).
F. sagt schließlich: Ich habe etwas ganz anderes erwartet.
Schon dieser erste Satz ist wie ein Faustschlag in die Magengrube.
Du musst wissen – um das Stück in Schwung, der Reise der beiden Protagonisten einen Anlass zu geben – habe ich als Voraussetzung geschaffen: Schwules Paar, das seit 2 Jahren zusammen ist, hofft auf Reise herauszufinden, »wer wir füreinander« sind.
F. fühlt sich angegriffen. Weißt du das nicht, »wer wir füreinander sind«?
Ich sage: Man kann einen anderen Menschen nie ganz kennen. Aber man kann Vertrauen haben.
F.: Aber wenn du über die Unmöglichkeit schreibst, Vertrauen zu haben, wie soll ich dann Vertrauen in dich haben.
Er sagt, jeder wird denken, das sind wir.
Je länger das Gespräch geht, je länger es sich im Kreis dreht, umso mehr erodiert mein Vertrauen – in den Text.
Vielleicht hast du Recht, vielleicht bin ich mir selbst auf den Leim gegangen. Vielleicht fehlt mir die Distanz. Vielleicht taugt das alles nichts.
F. sagt: Das zu sagen, dafür bist zu alt.

MORA
Du weißt, dass er nicht recht hat. Man wird dafür – leider – nie zu alt.

JUNGWIRTH
Trotzdem. Während der nächsten Tage bin ich deprimiert. Fürchte, der Text hat (weil ich ES nicht beherrsche) etwas offenbart, das ich nicht über uns gedacht hatte. Fürchte, ihm und mir mit dem Text auf

eine Weise zu schaden, die ich nicht gesehen habe – derartige Gedanken überverfallen mich halb-Tage-weise, manchmal auch nur Minuten-weise, überschwemmen mich mit Hitze.

Ich denke, wenn ich diese Gedanken wirklich zuließe, wenn ich ihnen doch nur recht geben würde, könnte ich nie wieder etwas schreiben. Ich denke weiter: Dann wäre ich befreit, geradezu erleichtert. Ich müsste von nun an nichts mehr können, nichts mehr erreichen. Ich wäre einfach nur da. Aber es gäbe auch keine Ziele mehr, keine Verbindlichkeiten, kein Verbunden-Sein mit der Welt, nichts –

Schließlich lese ich in unseren Briefen, um Halt zu finden. Und stoße auf eine Passage über I.

MORA

Noch am Anfang des Sommers, während eines gemeinsamen Spaziergangs, sagte sie zu mir: Wenn ich es schaffe, Abitur zu machen, was sehr anstrengend ist, und wenn ich es dann schaffe, einen Beruf zu haben, dann wird weiter alles sehr anstrengend sein. Es wird immer alles anstrengend sein, mein ganzes Leben lang.

Ich sagte ihr, dass das Gymnasium tatsächlich sehr anstrengend ist, aber das Studium schon leichter, und in ihren Zwanzigern und Dreißigern wird sie eine blühende junge Frau sein mit viel Energie und Lebenshunger, sie wird die Welt genießen können.

Sie nickt, ihre Augen leuchten ein wenig, ein wenig Hoffnung ist da, aber ich sehe auch, dass sie sich nicht traut, zu fragen: und danach?

JUNGWIRTH

Ich lese diese Passage und denke: I. darf auf diese Weise verzweifelt sein. Sie ist ein Kind. Ich darf es nicht. Ich bin ein Erwachsener. Ich weiß, das stimmt so nicht (zumindest was meinen Part betrifft).

MORA

Ich sage ihr, ja, ich bin alt, fett, krank und hässlich geworden, aber ich liebe meinen Beruf und habe dafür Energie, und obwohl ich, leider, die meisten Menschen bzw. das, was sie tun, verachte, gibt es einige, die meinem Herzen nahe sind und die es in meinen Augen gut machen, und das ist schon Grund genug, sich zu freuen und dankbar zu sein. Sie nickt und ist danach etwas fröhlicher.

JUNGWIRTH
Ein paar Tage später fahre ich – zu dir/deiner Lesung – im Theater in St. Pölten. Während ich dir zuhöre, denke ich: Wie weit sie ist. Soweit werde ich nie kommen.

MORA
Du weißt, dass das Blödsinn ist.

JUNGWIRTH
Weiß ich das?

MORA
Ich werde – zum Beispiel – nie ein Hörspiel schreiben, das wirklich eins ist etc. etc. Und: heißt, bei einem Autorenporträt in St. Pölten aufzutreten, »weit« zu sein? Nicht, dass ich meine Lage herunterspielen will. Tatsache ist, dass man mir seit Jahren Vorschüsse zahlt, die ich noch nie eingespielt habe und auch nie einspielen werde. Andererseits bekomme ich das gleiche Lesungshonorar wie vor 20 Jahren (wie alle anderen auch) und mit den Übersetzungen der Bücher ins Englische klappt es einfach nicht.

JUNGWIRTH
Ich meine nicht Vorschüsse, Honorare, Übersetzungen oder Auftrittsorte. Ich meine: Was du kannst.

MORA
Fassen wir es so zusammen: Wir also in der Mitte unserer Karrieren, in ganz komfortablen Positionen, also in nicht zu extremen in die eine oder die andere Richtung, so dass uns das keine Kraft zu rauben braucht.
   Wobei ich manchmal denke und zu R. auch sage: Ich war auf ein möglichst langweiliges bürgerliches Leben aus, weil man so ruhiger schreiben kann und es auch für I. entspannter ist. Nur manchmal wird es mir dann doch zu langweilig, und ich mache mir Sorgen: nicht um I., sondern ums Schreiben.

JUNGWIRTH
P.S.: Danke für Deine Anmerkungen zu meinem letzten Brief – vor allem dafür.

MORA
Lass dich nicht durcheinanderbringen / bring dich nicht selbst durcheinander. Schon als du es zum ersten Mal erwähnt hast, als es nur eine Skizze in einem deiner Briefe war, wusste ich, dass das Marokko-Stück etwas sehr Interessantes werden kann.

16.

JUNGWIRTH
2. November.
Ab Mitternacht erneut (harter) Lockdown. Für drei Wochen. Es ist erstaunlich warm an diesem Abend. F. und ich fahren vom Haus am Kollmannsberg nach Wien. Wollen abends noch irgendwo draußen sitzen, etwas essen. Kurz vor der Stadtgrenze hören wir im Verkehrsfunk, der Schwedenplatz sei gesperrt (noch wird kein spezifischer Grund genannt) – wir *mussten* aber über eine der Brücken, die den 1. und 2. Bezirk verbinden, also fahren wir nah an die Sperrung, nah an den großen Polizeieinsatz. Signalhörner. Blaulicht. Immer noch ist uns nicht klar, wozu das alles. Erst zuhause den Fernseher an – Terror, Tote, Verletzte. Bis in die Nacht hinein vor der Glotze. Ungewissheit, ob es ein (mittlerweile) erschossener Einzeltäter ist, oder ob noch andere unterwegs sind. Auch am nächsten Tag keine Sicherheit in diesem Punkt. Ich gehe den ganzen Tag nicht aus dem Haus – der Innenminister warnt, man sei immer noch auf der Jagd, erst am Nachmittag Entwarnung. Mittlerweile ist auch der Name des Täters bekannt: Kujtim Fejzulai.

Als du im Frühjahr in Wien warst, sind wir nach deiner Lesung alle zusammen noch ins »Salzamt«, wo I. mir Mangas und Tiktok erklärt hat. Eine aus Deutschland stammende Studentin an der Kunstakademie, die in diesem Lokal gejobbt hat, wurde von Kujtim Fejzulai erschossen, unmittelbar vor dem Lokal.

Nun ist da also ein Tatort, in ein paar wenigen hundert Metern Entfernung (und ich kenne die Geschichte eines Opfers, wie David und Stefan die Geschichte der Opfer des Terroranschlages im Atlas kennen), und eigentlich sollte ich dorthin gehen – als Recherche für das Marokko-Stück –, vielleicht erfahre ich auf diesem Weg, was es an einem Tatort für meine Hauptfigur zu finden gibt. Aber ich zögere. Aber Davids Gefühl, den Ort des Attentats sehen zu wollen, verstehe ich jetzt besser.

Am Tag nach dem Attentat hat jemand am Donaukanal (meine Laufstrecke), der ja tiefer als das Stadtniveau liegt und von Wegen und Mauern, die üblicherweise Wände für Graffitis sind, auf Länge des Weges, den der Attentäter zurückgelegt hat – also etwa von Höhe Schwedenplatz bis Höhe »Salzamt« –, entlang dieser Strecke, hat jemand diese immer bunt bemalten Wände mit schwarzer Farbe übermalt, deckend, über die Länge von ein paar Hundert Metern. Diese schwarze, wie eine Leinwand anmutende Mauer erschütterte mich mehr als die Berichte über das Attentat.

Drei Tage später war die (schwarze) Wand erneut als ›Leinwand‹ verwendet worden. Jemand hat mit weißer und gelber Farbe großflächig darüber gepinselt, Schnörkel, Kreise – und damit war etwas zerstört. Leinwände, die zum Übermalen da sind, müssen das ertragen – und ich muss es auch, obwohl es mich erneut erschütterte (auf andere Weise).

Eine Woche später, bevor ich mich wieder an das Marokko-Stück mache, ein Spaziergang – und ich gehe zum Tatort, wie zufällig (war es natürlich nicht). Auch für David wird der Weg zum Tatort von Zufällen begleitet sein, bzw. es wird ihm so erscheinen, als wären es Zufälle.

Ich stehe da, sehe auf die im Wind tanzenden Flammen der vielen Kerzen. Im Gegensatz zu der schwarzen Wand am Donaukanal ergreift mich hier nichts. Ich bleibe ungerührt.

17.

MORA
Gestern. Am Abend: Mit T. und M. videotelefoniert. Anschließend hasse ich sie, weil sie Deutsche sind und zu Weihnachten ihre Familien besuchen können, aber ich nicht, weil ich Ausländerin bin und es eine geschlossene Grenze dazwischen gibt. Darüber beklagte ich mich heute Nachmittag bei mir selbst. Es war noch hell, ich hätte noch rausgehen können, aber ich saß nur da, schaute zu, wie das Licht verschwand und bedauerte mich.

Mit Muna geht es schleppend voran. Sollte ich es aber (trotz allem) nach Ungarn im Januar schaffen (ich alleine, ohne R. und I.), werde ich dort zu Muna zurückkehren können oder (wegen Aufträgen, die ich angenommen habe) doch erst im März?

Geimpft werde ich jedenfalls auch im Sommer noch nicht sein. Da ich in die 6. von 6 Impfgruppen gehöre.

Neulich im Übrigen im Zusammenhang mit den »Impfgruppen« etwas Lustiges: Hab darauf bestanden, H. meine beiden Scherzgeschenke zu Weihnachten auf den Fußabtreter zu legen: eine »Pluto – never forget«-Tasse und ein T-Shirt mit dem Spruch: »YOU MATTER, unless you multiply yourself times the speed of light squared, then you're ENERGY.« Ich fand das so lustig, dass ich mir das keinesfalls nehmen lassen wollte.

H. allerdings, der seit April nicht mehr auf der Straße war und niemanden in Person getroffen hat, weigerte sich, sich mit uns zu treffen, aber wir haben uns über sein offenes Fenster zugerufen.

Durchhalten, rief ich. Ihr Asthmatiker seid in Gruppe 3 dran.

Worauf H.: Ach, Asthma bringt nichts. Aber die Adipositas bringt uns sogar in Gruppe 2!

Und wir lachten dort in der Eiseskälte.

18.

MORA
Am 3. Januar:
Die zu Walzermusik bei der offenen Flugzeugtür hereintanzenden Schneeflocken. Dass man überall 1,5 Meter Abstand halten soll, außer, natürlich, im engen Economy-Bereich einer Dash 8-400. Und die Krönung, weswegen ich mich dazu entschloss, überhaupt diese Aufzeichnungen zu beginnen: drei späte Passagiere, die im Schneefall über die Landebahn hetzen und anschließend vollkommen orientierungslos im Business-Bereich des Flugzeugs ihre Plätze nicht finden und sich auch nicht beeilen, sie zu finden. All dies zu Walzermusik.

Als der Zug auf Sopron zurollt, sind wir nur noch zu zweit an Bord. Ein einzelner Polizist an den Treppen vom Bahnsteig. Ich zeige ihm meinen zusammengeklappten ungarischen Pass. Der Polizist nickt.

Und nun im Haus. Ich bin wärmere Häuser gewöhnt und friere. Der See liegt gänzlich unter Nebel. Jedes Mal, wenn ein Auto die Straße hochkommt, bekomme ich ein wenig Angst, weil ich von meiner Mutter und meinen Großeltern gelernt habe, dass man Angst haben muss, wenn sich andere unserem Haus nähern. Das große Tor kann man nicht abschließen. Aber das Haus, in dem ich bin, ist von innen abgeschlossen. Trotzdem könnten sie kommen, das Auto beschädigen, die Fenster einschmeißen, im Garten randalieren usw. Seitdem ich auf der Welt bin (50 Jahre), ist das noch nicht geschehen. Seitdem meine Großmutter auf der Welt ist (88 Jahre) schon.

JUNGWIRTH
Während du ohne R. und I. in Ungarn warst, war ich ohne F. im Haus am Kollmannsberg. Habe vier Tage (von früh bis spät) am Marokko-Manuskript gearbeitet. Und dann auch noch die halbe Nacht darüber nachgedacht. Schließlich die Marokko-Datei geschlossen.

Die Terrasse vom Wintermüll befreit, die Steine gefegt, die Pflanzen aus dem Winterquartier ins Freie übersiedelt. Mich verhalten, als wäre der Frühling bereits ausgebrochen. Obwohl es nochmals Frost geben soll. Schließlich sitze ich in der Sonne, im Haus bullert der Kachelofen, die Tür ist offen. Ich schaue in das Gespinst blattloser Zweige der wild wuchernden Sträucher zwischen den dreißig Meter hohen Fichten. Bin zufrieden (wegen der körperlichen Arbeit).

MORA
Schneeflocken. Eher wenig als viel, eher klein als groß. Der Schnee ist wieder geschmolzen. Ein Gang durch den Wald. Wenn man bei Schneeschmelze neben dem Wald spazieren geht, dann hört sich der Wald an, als würde es in ihm regnen, während es auf dem Weg, auf dem man geht, nicht regnet. Schmelzwasserbäche zwischen Kalksteinen. Groll auf die, die mit ihren Geländewagen die Waldwege umpflügen.

JUNGWIRTH
C. ruft an. Meine Schwester, berichtet sie, habe ihre zweite Impfdosis bekommen.
(Ich, Mitte 50, nicht im Gesundheitsbereich tätig, keine Lehrperson, muss vermutlich bis Juni warten).
C. ist aufgeregt: Können wir jetzt Ostern nach Venedig fahren?
Der jugendliche Kanzler übt sich im Pathos: Licht am Ende des Tunnels. Wiederauferstehung zu Ostern. Etc.

MORA
Später habe ich mich verlaufen, einen Trampelpfad gefunden, er war mit jeansblauen Stofffetzen markiert. Als wären hier noch Schmuggler und Wilderer unterwegs –

JUNGWIRTH
Mir fällt auf, wie viele Menschen auch jetzt schon in der Welt herumgondeln – und das bei Facebook posten.
 Telefoniere mit F.: Reisen geht offenbar doch. Ich dachte, das geht nicht.
 Und warum tun wir es dann nicht?
 Und dann stehe ich auf, gehe ins Haus, öffne den Laptop und schicke das Marokko-Hörspiel an die Redaktion des MDR – trotz mancher (immer noch) ungelösten Fragen.
 4 Tage später ruft J. K. an. Er wird das Marokko-Stück inszenieren. J. K. ist überzeugt: Der Anfang sei immer noch zu »groß«, er bedeute zu viel – und damit beschädige ich mir meinen Protagonisten (und Erzähler). Betrifft die Szene – das Video, auf dem ein Mord auf Touristinnen zu sehen ist –, von der ich immer ausging. Außerdem schlägt er für den Schluss eine Überraschung vor. Aber welche?
 Drei Tage lang beschäftigt mich die Frage: Wo liegt in dem Stück das Potenzial für eine Überraschung?
 Und tatsächlich finde ich es.
 (Mehr verrate ich nicht, sonst bist du ja, wenn du das Stück hören wirst, nicht mehr überrascht).
 J. K. schickt mir daraufhin ein Foto von seiner Sicht aus dem Arbeitsfenster Richtung Alexanderplatz, ein Bild mit dem großen Regenbogen, den dutzende meiner Berliner Facebook-Freunde (u. a. dein R.) auch an diesem Tag gepostet haben.

19.

MORA
Es ist der 2. April.
Es gab also einen Februar, einen März.
 Meine Oma hat angefangen, Gemüsebeete für meinen Bedarf im Sommer anzulegen. Meine Oma berichtet bei jedem Videotelefonat, dass die Leute jedes Mal erstaunt sind, wenn sie sie noch lebend und im Garten arbeitend sehen. Als wäre sie ein Wunder der Natur. Aber vielleicht ist sie nur so empfindlich, weil sie selbst Angst vor den 90 hat, sagt sie. Den unvorstellbaren 90. (Für mich ist es unvorstellbar, wie ich mit diesem zerfallenden Körper auch nur 30 weitere Jahre – bis 80 – durchhalten soll.)

Außerdem habe ich herausgefunden, dass »Pflanzen Kölle« auch ins Haus liefert und habe Erdbeeren, Blutampfer, Eukalyptus und Zwerghimbeere für den Balkon geordert.
Die Hälfte da, eingepflanzt.
Zwischendurch alte Fotos eingescannt und mit denen angefangen, auf denen E. drauf war. Sie ihr über Messenger geschickt. Sie begeistert. Wir machen einen Videochat. Sie zeigt mir ihren Garten: den grünen Spargel, der gerade herauskommt, die drei Tulpen, die blühen, den Rhabarber, den blühenden Mirabellen- und den blühenden Apfelbaum. Aber man kann bei ihnen keinen richtigen Gemüse- oder Obstgarten machen wegen des subtropischen Klimas und den massenhaft vorhandenen Insekten und Eichhörnchen. Dieses Jahr sind die 17-Jahre-Zikaden wieder dran. Diese ruhen 17 Jahre in der Erde und haben dann 24 Stunden Zeit, hervorzukommen, irgendwas abzuwerfen, zu fliegen, sich zu paaren, Eier zu legen und zu sterben. In dieser Zeit fliegen sie alles blind an: Gesichter, Stereoanlagen usw. All das dauert 6 bis 8 Wochen und dabei machen sie laute, laute Zikadengeräusche.

JUNGWIRTH
30. April.
Liebe Terezia,
ich teile deine Gartenfreuden, die von E. und die deiner Großmutter. Was mich momentan am meisten freut: In dem Hirschschädel (Knochen) mit Geweih über dem Tisch auf der Terrasse baut ein Vogel (welcher?) ein Nest. Während ich das schreibe, sehe ich den Vogel hinein- und herausschlüpfen, Moos im Schnabel, das er auf der Wiese findet, weil es dort seit dem Vertikutieren herumliegt.
Am selben Tag noch: Unwetter hier in der Gegend, vor allem die Schneise vom See Richtung Ohlsdorf. 7 cm große Hagelkörner, 40 cm Hagel-Schicht. Schneepflüge fahren aus, hunderte Feuerwehreinsätze, 23 Millionen Hagelschäden für die Bauern. Anrufe, ob alles bei mir in Ordnung sei (was es zuletzt im Sommer beim Terroranschlag um den Schwedenplatz gab).

MORA
Und dann, gestern, aus heiterem Himmel die Bestätigung eines Impftermins beim HNO für diese Woche Freitag, den 14. Hieße: Ich würde am 25. Juni die zweite Impfung bekommen, hoffentlich keine großen Impfreaktionen haben, so dass wir 2 Tage später wie geplant nach

Ungarn fahren könnten, und nach 2 Wochen dort würde ich als voll geimpft gelten.
Dann die Impfung. Heftige Impfreaktion über das Wochenende. Schmerzen, Fieber und vor allen Dingen tennisballgroße Schwellungen unter den Armen. Links ist immer noch was davon da. Meine Mutter schiebt Panik, ich sage ihr (genervt), dass das ja wohl die Aufgabe der Lymphdrüsen sei.

JUNGWIRTH
18. Mai.
Ich jetzt auch erstgeimpft. Keinerlei Reaktionen.
Viel ängstlicher als der Impfung sah ich der Umsetzung des Marokko-Hörspiels entgegen. Gestern kam es hier an. Die Geschichte hält über die 75 Minuten. Die Sounds sind gut. Nur in einem Punkt wäre ich als Regisseur konsequenter gewesen, hätte alle »naturalistischen« Geräusche, die von den Protagonisten verursacht werden, gestrichen. Es wären nur Geräusche zu hören gewesen, die auf sie eindringen.
F. meint, das Ganze sei zu skizzenhaft erzählt, zu sehr »nur« Panorama, zu Vieles zwischen den Zeilen.
Ich habe es mir daraufhin nochmals angehört, und nochmals – insgesamt 7 Mal.
Jetzt habe ich kein Gefühl mehr dafür.
Ich weiß nicht, ob F. recht hat.
Ich weiß nicht, ob das Stück gut ist.

20.

MORA
Lieber Andreas,
gestern (27. Juli) war der bis jetzt glücklichste Tag seit langem. Im Strandbad Alte Donau gewesen. Allein, also ohne ständige Verhandlung, Erklärung, Motivation, Rechtfertigung etc.
Ich habe zahlreiche Notizen für Muna gemacht und tatsächlich auch erzählerische Lösungen für manche Punkte gefunden. Es passiert ja viel zu viel, auch in den Wien-Kapiteln, selbst dieser Mini-Aufenthalt hat schon geholfen, das richtige Tempo an der einen oder anderen Stelle zu finden.
Zusammengefasst: Ich könnte MEIN LEBEN dort verbringen. Unter diesen alten Bäumen, in diesem Gras, in diesem Wasser, mit diesen

alten Leuten mit ihren Kabinen, Campingtischen, mit mitgebrachtem Essen und Kartenspielen. Den vorbeiziehenden kleinen Booten, den Mähbooten, den Leuten auf dem gegenüberliegenden Ufer, wo man offenbar, ohne Eintritt zu zahlen, ins Wasser kann.

JUNGWIRTH
Und was, wenn du tatsächlich einfach dortgeblieben wärst – nur drei U-Bahn-Stationen vom Nestroyplatz entfernt? Hätten wir uns dort getroffen? Hätte ich ab und zu vorbeigeschaut? Und du immer dort, wenn ich komme. Mit dir unter den alten Bäumen gesessen, in diesem Gras, wäre ich mit dir in diesem Wasser geschwommen (und mit den alten Leuten)?

MORA
Aber jetzt sitze ich wieder auf der Terrasse vor meinem Haus in Fertörákos. Das Dach spendet ab 9 Uhr Schatten. Heute weht leider so gut wie kein Wind. Vorgestern gab es das, was ich »den Atem der Hölle« nenne: einen kräftigen, heißen Wind aus Richtung See, der innerhalb einer halben Stunde die Wäsche trocknet, aber auch alles andere. Heute dagegen fast windstill, das ist schlimmer.

JUNGWIRTH
Hätten wir einfach weiter einander Briefe geschrieben? Oder hätten wir einander nie wieder Briefe geschrieben, weil wir uns in der Nähe wüssten – und hätten uns trotzdem nicht gesehen? Ich weiß es nicht. Man hat das Vertrauen, einander nicht zu verlieren, aber natürlich kann man sich trotzdem verlieren.

MORA
Ich schaue in mich und empfinde exakt das gleiche. Ich weiß, dass man sich auf mich verlassen kann, aber auch, dass ich durch eine einzige Sache wegbrechen und blockieren kann. Und ebenso, dass man sich auf dich verlassen kann, aber auch du kannst verstummen und keinen Kontakt mehr finden.

21.

JUNGWIRTH
Seit gestern bin ich zurück im Haus am Kollmannsberg. Solange es noch windstill ist, werde ich an den Langbathsee fahren – ich muss mich aber beeilen, es stehen bereits Wolken (wie Fäuste) am Himmel. Ich werde eine oder zwei Runden laufen, anschließend in den See springen, eine Durchquerung wagen, die Entwicklungen am Himmel im Blick behalten, für Nachmittag / spätestens Abend sind wieder heftige Unwetter angesagt. Da will ich auf jeden Fall wieder zuhause sein, im sicheren Haus. Oder zumindest in einer Gaststätte.

MORA
Zwölf Stunden Autofahrt mit dem halben Garten im Gepäck. Jetzt wieder in Berlin. Die preußischen Schulferien sind viel zu kurz. Mal sehen, wie lange es dauert, bis ich wieder in die Arbeit reinkomme. I. ist jetzt auch endlich dran mit Impfen. Und dann hoffen wir einfach, dass wir dem Druck standhalten, bis wieder Ferien sind, und dass wir dann wieder fahren dürfen, und dass niemand, den wir lieben, schwer erkrankt oder stirbt. Das ist im Grunde alles. Fühle dich umarmt!

Anhang

Zu Terézia Mora: Grimm-Poetikprofessorin 2021

Schriftstellerin. – Autorin von 2 Erzählbänden (*Seltsame Materie*, 1999, Ingeborg-Bachmann-Preis und *Die Liebe unter Aliens*, 2016, Bremer Literaturpreis), 4 Romanen (*Alle Tage*, 2004, u. a. Preis der Leipziger Buchmesser; *Der einzige Mann auf dem Kontinent*, 2009, Chamisso-Preis; *Das Ungeheuer*, 2013, Deutscher Buchpreis; *Auf dem Seil*, 2019), 1 Tage- und Arbeitsbuchs (*Fleckenverlauf*, 2021) sowie einiger Hörstücke (*Miss June Ruby*, NDR 2006; *Die Mimose jedoch ein Strauch*, NDR 2010; *Der König findet keinen Schlaf*, HR 2014; *Der gute Rat*, WDR 3 2019; *Wie du gehen musst*, RBB 2020). – Büchner-Preisträgerin 2018.

Poetikdozenturen an Universitäten in Tübingen (2006), Frankfurt am Main (*Nicht sterben*, 2014), Salzburg (*Die geheime Sprache*, 2015) und Kassel (*Agoraphobiker auf Aussichtsplattformen*, 2021).

Übersetzerin aus dem Ungarischen u. a. von Péter Esterházy (u. a. *Harmonia caelestis*, 2000), István Örkény (*Minutennovellen*, 2002), Zsófia Bán (u. a. *Abendschule*, 2012), Zoltán Danyi (*Der Kadaverräumer*, 2018), Andrea Tompa (*Omertà*, 2022).

Autorinnen und Autoren

Caroline Frank, Dr. phil. – Literaturwissenschaftlerin. Wiss. Mitarbeiterin an der Universität Tübingen (seit 2022). Zuvor Wiss. Mitarbeiterin in der ›Neueren Deutschen Literaturwissenschaft / Medienwissenschaft‹ im Fachgebiet von Stefanie Kreuzer an der Universität Kassel (2017–2022) sowie am Institut für Germanistik der Universität des Saarlandes bei Manfred Engel (2009–2017). Seit 2016 Arbeit an einer Habilitationsschrift zu *Heilung seelischer Störungen in Literatur und Film*. 2015 Promotion an der Universität des Saarlandes mit einer narratologischen Arbeit zu Raum in Erzähltexten.

Forschungsschwerpunkte: Narratologie, serielles Erzählen, Literaturwissenschaftliche Raumforschung, Gegenwartsliteratur, Literatur des 18. Jahrhunderts, Literatur- und Medienvermittlung.

Publikationen: *Raum und Erzählen. Narratologisches Analysemodell und Uwe Tellkamps ›Der Turm‹* (Königshausen & Neumann 2017); *Mysterium ›Twin Peaks‹* (Hrsg. zus. mit Markus Schleich, Springer VS 2020); *Narrative der Flucht. Literatur-/medienwissenschaftliche und didaktische Perspektiven* (Hrsg. zus. mit Christine Ansari, Peter Lang 2022).

Homepage: www.uni-kassel.de/go/frank

Thomas Henke, Prof. – Regisseur, Medienkünstler und Hochschullehrer. *1972 in Korbach. Professor für »Neue Medien« an der Fachhochschule Bielefeld (seit 2009). Er studierte von 1992 bis 1999 Freie Kunst an der Kunstakademie Münster bei Reiner Ruthenbeck (Meisterschüler) und von 1999 bis 2001 Medienkunst und Film an der Staatlichen Hochschule für Gestaltung Karlsruhe.

Im Zentrum seiner künstlerischen Auseinandersetzung steht ein experimenteller Umgang mit dem Format des Video-Porträts. Seine Experimental- und Dokumentarfilme wurden auf internationalen Filmfestivals (und im TV) gezeigt und ausgezeichnet. Im Kunstraum waren Arbeiten von Thomas Henke in Einzel- und Gruppenausstellungen zu sehen, etwa im Leopold Museum Wien, Sprengel Museum Hannover,

Deutschen Filmmuseum Frankfurt am Main, Literaturmuseum der Moderne Marbach, Kunsthaus Graz.
Filme: S*IE SAGEN IMMER TERÉZIA MORA* (D 2021), 3-Kanal-Film-Installation/Film *FELICITAS HOPPE SAGT* (D/CH 2017; R.: zus. mit Oliver Held), *META-PORTRÄTS* (D 2011–2017), filmische Installation *FILM DER ANTWORTEN* (D 2004–2012; R.: zus. mit Peggy Henke).
Homepages: www.thomas-henke.com, www.fh-bielefeld.de/perso nenverzeichnis/thomas-henke

Andreas Jungwirth – Schriftsteller. *1967 in Linz (Donau). Nach einem Schauspielstudium in Wien Engagements in Lübeck, Döbeln und Dessau. Ab 1996 lebt er in Berlin, erste schriftstellerische Arbeiten. 1997 Zusammentreffen mit Terezia Mora im Rahmen des *open mike* (Berlin). Als Autor arbeitet er in den ersten Jahren vor allem fürs Theater und schreibt Hörspiele für ORF, MDR, WDR, DLR und HR. Nach seiner Rückkehr nach Wien (2010) publiziert er Texte für Jugendliche und ist für den ORF als Hörspielregisseur und Moderator tätig (Hörspiel-Gala, Radiophone Werkstatt, Ö1-Kunstsonntag). 2022 erscheint sein erster Roman *Im Atlas*.

Arbeitsschwerpunkte: Hörspielautor und -regisseur, Jugendliteratur, Romane.

Publikationen: *Kein einziges Wort* (Ravensburger 2014), *Schwebezustand* (Cbt 2017), *Wir haben keinen Kontakt mehr* (Edition Atelier 2019), *Im Atlas* (Edition Atelier 2022).

Homepage: www.literaturport.de/andreas.jungwirth

Stefanie Kreuzer, Prof. Dr. phil. – Literatur- und Film-/Medienwissenschaftlerin. Professorin für »Neuere Deutsche Literaturwissenschaft / Medienwissenschaft« an der Universität Kassel (seit 2017) und Organisatorin der Kasseler Grimm-Poetikprofessur. 2013–2017 Vertretungs-/Einstiegsprofessur an der Universität des Saarlandes und 2015–2017 Vizesprecherin des DFG-Graduiertenkollegs »Europäische Traumkulturen«. 2012 Habilitation an der Leibniz Universität Hannover mit einer medienkomparatistischen Arbeit zu Traum und Erzählen in den Künsten. 2005 Promotion an der Goethe-Universität Frankfurt am Main im Kontext von Phantastik und Postmoderne.

Forschungsschwerpunkte: (Film-)Narratologie, transmediales Erzählen; Oneiropoetik; Intertextualität und Intermedialität (Literatur, Film, Fotografie, Theater, bildende Kunst), Experimente in den Künsten; österreichische Literatur, Phantastik, Realismus, Postmoderne.

Publikationen: *FilmZeit – Zeitdimensionen des Films* (Hrsg., Schüren 2021); *Traum und Erzählen in Literatur, Film und Kunst* (Fink 2014); *Literarische Phantastik in der Postmoderne. Klaus Hoffers Methoden der Verwirrung* (Winter 2007).
Homepages: www.uni-kassel.de/go/kreuzer, www.stefaniekreuzer.de

Karin Terborg – Literaturwissenschaftlerin. Lehrkraft für besondere Aufgaben in der ›Neueren Deutschen Literaturwissenschaft‹ an der Universität Kassel (seit 2019). 2007–2015 Studium der Germanistik und Religionswissenschaft an der Georg-August-Universität Göttingen und der Universität Kassel.
Forschungsschwerpunkte: Gegenwartsliteratur, Literatur um 1900. Dissertationsprojekt: Lost in crisis – Dynamiken von Wirtschaft und Identität in der deutschsprachigen Literatur im Kontext der Finanz- und Wirtschaftskrise seit 2007.
Homepage: www.uni-kassel.de/go/terborg